PMP
备考宝典

路晨带你去通关

康路晨 编著

电子工业出版社
Publishing House of Electronics Industry
北京·BEIJING

未经许可，不得以任何方式复制或抄袭本书部分或全部内容。
版权所有，侵权必究。

图书在版编目（CIP）数据

PMP 备考宝典：路晨带你去通关 / 康路晨编著. —北京：电子工业出版社，2021.1
ISBN 978-7-121-40213-5

Ⅰ. ①P… Ⅱ. ①康… Ⅲ. ①项目管理－资格考试－自学参考资料 Ⅳ. ①F224.5

中国版本图书馆 CIP 数据核字（2020）第 250987 号

责任编辑：刘淑丽
文字编辑：刘淑敏
印　　刷：三河市君旺印务有限公司
装　　订：三河市君旺印务有限公司
出版发行：电子工业出版社
　　　　　北京市海淀区万寿路 173 信箱　邮编：100036
开　　本：720×1 000　1/16　印张：18.75　字数：445 千字
版　　次：2021 年 1 月第 1 版
印　　次：2021 年 1 月第 1 次印刷
定　　价：82.00 元

凡所购买电子工业出版社图书有缺损问题，请向购买书店调换。若书店售缺，请与本社发行部联系，联系及邮购电话：（010）88254888，88258888。
质量投诉请发邮件至 zlts@phei.com.cn，盗版侵权举报请发邮件至 dbqq@phei.com.cn。
本书咨询联系方式：（010）88254199，sjb@phei.com.cn。

前　　言

随着 PMP® 认证得到国内更广泛的认可，参加这一考试的人员及对 PMP® 认证有兴趣的项目管理从业者也逐渐增多，PMI 中国在 2019 年预测 2025 年参加认证的人数将达到 80 万人次。2021 年将启用与《PMBOK® 指南》相关性更紧密的新版考试大纲，对考试内容和评定标准都有了进一步改动，这对即将参加考试的考生和学习《PMBOK® 指南》的人员都有了新的要求和挑战，为了能让大家更便捷快速地读懂、理解《PMBOK® 指南》一书的结构、内容及思想，并提高备考和学习人员的效率，作者将阅读技巧、重难点知识、项目管理思想尽可能地融会在一起，让读者在复习备考过程中也能掌握项目管理的思想和思维方式。

本书作者将多年认证备考线下课程的讲授思路融入书中，让读者学习《PMBOK® 指南》时不至于太过生硬，更易于理解《PMBOK® 指南》的内容。另外，还将《PMBOK® 指南》中涉及考试和项目管理实践的工具与技术、管理知识的内容进行了延展，以提升考试通过率和拓展读者的项目管理知识。

目　　录

第 1 章　引言 ··· 1
　1.1　PMP®认证介绍 ··· 1
　　　1.1.1　考试基础 ·· 2
　　　1.1.2　认证方式 ·· 4
　　　1.1.3　试题类型 ·· 6
　　　1.1.4　通过标准 ·· 10
　1.2　PMP®考试学习方法 ··· 10
　　　1.2.1　学习心态 ·· 10
　　　1.2.2　学习思路 ·· 11
　　　1.2.3　学习方法 ·· 13

第 2 章　快速读懂《项目管理知识体系指南》 ··· 15
　2.1　《PMBOK®指南》的内容 ·· 15
　　　2.1.1　《PMBOK®指南》的编写思路 ··· 15
　　　2.1.2　《PMBOK®指南》的结构 ··· 23
　2.2　30 分钟搞懂《PMBOK®指南》 ··· 30
　　　2.2.1　学习《PMBOK®指南》的方法 ··· 30
　　　2.2.2　一张表记忆核心过程 ··· 32
　　　2.2.3　工具与技术解析 ·· 37
　　　2.2.4　一张图记忆数据流向 ··· 37

第 3 章　项目管理概念 ··· 41
　3.1　项目 ··· 41
　　　3.1.1　项目的基本特性 ·· 41
　　　3.1.2　项目的作用与目的 ·· 42
　　　3.1.3　项目的成功标准 ·· 45
　　　3.1.4　项目管理与项目管理计划 ·· 45
　　　3.1.5　典型试题 ·· 48
　3.2　项目管理环境因素 ·· 51
　　　3.2.1　事业环境因素 ·· 51
　　　3.2.2　组织系统 ·· 51
　　　3.2.3　组织过程资产 ·· 53
　　　3.2.4　PMO ·· 53
　　　3.2.5　典型试题 ·· 53

3.3 项目经理能力框架 ·· 56
 3.3.1 项目经理能力构成 ··· 57
 3.3.2 典型试题 ·· 60

第 4 章 项目整合管理 ·· 64
4.1 制定项目章程 ··· 65
 4.1.1 制定项目章程过程的输入 ··· 66
 4.1.2 制定项目章程过程的工具与技术 ·· 67
 4.1.3 制定项目章程过程的输出 ··· 68
 4.1.4 典型试题 ·· 69
4.2 制订项目管理计划 ··· 72
 4.2.1 制订项目管理计划过程的输入 ·· 73
 4.2.2 制订项目管理计划过程的工具与技术 ····································· 73
 4.2.3 制订项目管理计划过程的输出 ·· 73
 4.2.4 典型试题 ·· 74
4.3 指导与管理项目工作 ·· 75
 4.3.1 指导与管理项目工作过程的输入 ·· 76
 4.3.2 指导与管理项目工作过程的工具与技术 ································· 76
 4.3.3 指导与管理项目工作过程的输出 ·· 77
 4.3.4 典型试题 ·· 78
4.4 管理项目知识 ··· 80
 4.4.1 管理项目知识过程的输入 ··· 80
 4.4.2 管理项目知识过程的工具与技术 ·· 81
 4.4.3 管理项目知识过程的输出：经验教训登记册 ··························· 81
 4.4.4 典型试题 ·· 82
4.5 监控项目工作 ··· 83
 4.5.1 监控项目工作过程的输入：工作绩效信息 ······························ 84
 4.5.2 监控项目工作过程的工具与技术 ·· 84
 4.5.3 监控项目工作过程的输出：工作绩效报告 ······························ 84
 4.5.4 典型试题 ·· 85
4.6 实施整体变更控制 ··· 86
 4.6.1 实施整体变更控制过程的输入 ·· 86
 4.6.2 实施整体变更控制过程的工具与技术 ····································· 86
 4.6.3 典型试题 ·· 88
4.7 结束项目或阶段 ·· 90
 4.7.1 结束项目或阶段过程的主要输入与输出 ·································· 91
 4.7.2 典型试题 ·· 92

第 5 章 项目范围管理 ····· 94
5.1 规划范围管理 ····· 95
5.1.1 规划范围管理过程的输入 ····· 95
5.1.2 规划范围管理过程的工具与技术 ····· 96
5.1.3 规划范围管理过程的输出 ····· 96
5.1.4 典型试题 ····· 96
5.2 收集需求 ····· 98
5.2.1 收集需求过程的输入 ····· 99
5.2.2 收集需求过程的工具与技术 ····· 99
5.2.3 收集需求过程的输出 ····· 101
5.2.4 典型试题 ····· 103
5.3 定义范围 ····· 105
5.3.1 定义范围过程的输入：项目章程与项目文件 ····· 105
5.3.2 定义范围过程的工具与技术：产品分析 ····· 105
5.3.3 定义范围过程的输出：项目范围说明书 ····· 106
5.3.4 典型试题 ····· 107
5.4 创建 WBS ····· 108
5.4.1 创建 WBS 过程的工具与技术：分解 ····· 109
5.4.2 创建 WBS 过程的输出：范围基准 ····· 111
5.4.3 典型试题 ····· 112
5.5 确认范围 ····· 114
5.5.1 确认范围过程的输入：核实的可交付成果 ····· 114
5.5.2 确认范围过程的工具与技术：检查与决策 ····· 114
5.5.3 确认范围过程的输出 ····· 114
5.5.4 典型试题 ····· 115
5.6 控制范围 ····· 116
5.6.1 控制范围过程的输入：工作绩效数据 ····· 116
5.6.2 控制范围过程的工具与技术：数据分析 ····· 116
5.6.3 控制范围过程的输出 ····· 117
5.6.4 典型试题 ····· 117

第 6 章 项目进度管理 ····· 120
6.1 规划进度管理 ····· 121
6.1.1 规划进度管理过程的输入 ····· 121
6.1.2 规划进度管理过程的工具与技术：数据分析 ····· 122
6.1.3 规划进度管理过程的输出：进度管理计划 ····· 122
6.1.4 典型试题 ····· 123
6.2 定义活动 ····· 125

VII

  6.2.1 定义活动过程的工具与技术 ·················· 125
  6.2.2 定义活动过程的输出 ·························· 125
  6.2.3 典型试题 ·· 126
 6.3 排列活动顺序 ··· 127
  6.3.1 排列活动顺序过程的工具与技术 ·········· 128
  6.3.2 排列活动顺序过程的输出：项目进度网络图 ·· 130
  6.3.3 典型试题 ·· 131
 6.4 估算活动持续时间 ·· 133
  6.4.1 估算活动持续时间过程的输入 ·············· 133
  6.4.2 估算活动持续时间过程的工具与技术 ···· 134
  6.4.3 估算活动持续时间过程的输出 ·············· 136
  6.4.4 典型试题 ·· 137
 6.5 制订进度计划 ··· 138
  6.5.1 制订进度计划过程的输入 ······················ 138
  6.5.2 制订进度计划过程的工具与技术 ·········· 139
  6.5.3 制订进度计划过程的输出 ······················ 142
  6.5.4 典型试题 ·· 143
 6.6 控制进度 ··· 145
  6.6.1 控制进度过程的输入 ······························ 146
  6.6.2 控制进度过程的工具与技术：数据分析 ·· 146
  6.6.3 控制进度过程的输出 ······························ 147
  6.6.4 典型试题 ·· 147

第 7 章 项目成本管理 ·· 150
 7.1 规划成本管理 ··· 151
  7.1.1 规划成本管理过程的输入 ······················ 151
  7.1.2 规划成本管理过程的工具与技术：数据分析 ·· 152
  7.1.3 规划成本管理过程的输出：成本管理计划 ·· 152
  7.1.4 典型试题 ·· 152
 7.2 成本估算 ··· 154
  7.2.1 成本估算过程的输入：项目管理计划 ···· 154
  7.2.2 成本估算过程的工具与技术 ·················· 155
  7.2.3 成本估算过程的输出 ······························ 155
  7.2.4 典型试题 ·· 156
 7.3 制定预算 ··· 157
  7.3.1 制定预算过程的工具与技术 ·················· 158
  7.3.2 制定预算过程的输出 ······························ 160
  7.3.3 典型试题 ·· 160

7.4 控制成本 ··· 162
7.4.1 控制成本过程的输入：项目管理计划 ··· 162
7.4.2 控制成本过程的工具与技术 ··· 163
7.4.3 控制成本过程的输出 ··· 165
7.4.4 典型试题 ··· 166

第 8 章 项目质量管理 ··· 168
8.1 规划质量管理 ··· 171
8.1.1 规划质量管理过程的工具与技术 ··· 171
8.1.2 规划质量管理过程的输出 ··· 173
8.1.3 典型试题 ··· 174
8.2 管理质量 ··· 176
8.2.1 管理质量过程的输入：项目文件 ··· 176
8.2.2 管理质量过程的工具与技术 ··· 176
8.2.3 管理质量过程的输出：质量报告 ··· 180
8.2.4 典型试题 ··· 180
8.3 控制质量 ··· 182
8.3.1 控制质量过程的输入 ··· 182
8.3.2 控制质量过程的工具与技术 ··· 182
8.3.3 控制质量过程的输出 ··· 184
8.3.4 典型试题 ··· 184

第 9 章 项目资源管理 ··· 187
9.1 规划资源管理 ··· 188
9.1.1 规划资源管理过程的输入 ··· 188
9.1.2 规划资源管理过程的工具与技术 ··· 189
9.1.3 规划资源管理过程的输出 ··· 190
9.1.4 典型试题 ··· 191
9.2 估算活动资源 ··· 193
9.2.1 估算活动资源过程的输入：项目管理计划与项目文件 ··· 193
9.2.2 估算活动资源过程的工具与技术：资源估算工具 ··· 193
9.2.3 估算活动资源过程的输出 ··· 194
9.2.4 典型试题 ··· 194
9.3 获取资源 ··· 196
9.3.1 获取资源过程的输入：项目管理计划与项目文件 ··· 196
9.3.2 获取资源过程的工具与技术 ··· 197
9.3.3 获取资源过程的输出 ··· 198
9.3.4 典型试题 ··· 198
9.4 建设团队 ··· 200

IX

- 9.4.1 建设团队过程的工具与技术 ·········· 201
- 9.4.2 建设团队过程的输出：团队绩效评价 ·········· 202
- 9.4.3 典型试题 ·········· 203
- 9.5 管理团队 ·········· 204
  - 9.5.1 管理团队过程的工具与技术：人际关系与团队技能 ·········· 205
  - 9.5.2 典型试题 ·········· 207
- 9.6 控制资源 ·········· 208
  - 9.6.1 控制资源过程的输入 ·········· 208
  - 9.6.2 控制资源过程的工具与技术：问题解决 ·········· 209
  - 9.6.3 典型试题 ·········· 209

第 10 章 项目沟通管理 ·········· 212

- 10.1 规划沟通管理 ·········· 214
  - 10.1.1 规划沟通管理过程的工具与技术 ·········· 215
  - 10.1.2 规划沟通管理过程的输出：沟通管理计划 ·········· 218
  - 10.1.3 典型试题 ·········· 218
- 10.2 管理沟通 ·········· 220
  - 10.2.1 管理沟通过程的输入：工作绩效报告 ·········· 220
  - 10.2.2 管理沟通过程的工具与技术：项目报告发布 ·········· 220
  - 10.2.3 管理沟通过程的输出：项目沟通记录 ·········· 220
  - 10.2.4 典型试题 ·········· 221
- 10.3 监督沟通 ·········· 222
  - 10.3.1 监督沟通过程的工具与技术：沟通渠道 ·········· 222
  - 10.3.2 典型试题 ·········· 223

第 11 章 项目风险管理 ·········· 225

- 11.1 规划风险管理 ·········· 227
  - 11.1.1 规划风险管理过程的工具与技术：会议 ·········· 227
  - 11.1.2 规划风险管理过程的输出：风险管理计划 ·········· 227
  - 11.1.3 典型试题 ·········· 229
- 11.2 识别风险 ·········· 231
  - 11.2.1 识别风险过程的输入：采购文档 ·········· 232
  - 11.2.2 识别风险过程的工具与技术 ·········· 232
  - 11.2.3 识别风险过程的输出 ·········· 232
  - 11.2.4 典型试题 ·········· 233
- 11.3 实施定性风险分析 ·········· 235
  - 11.3.1 实施定性风险分析过程的工具与技术 ·········· 235
  - 11.3.2 实施定性风险分析过程的输出 ·········· 237
  - 11.3.3 典型试题 ·········· 237

11.4 实施定量风险分析 ... 239
11.4.1 实施定量风险分析过程的输入：项目文件 ... 239
11.4.2 实施定量风险分析过程的工具与技术：不确定性表现方式 ... 240
11.4.3 实施定量风险分析过程的输出 ... 240
11.4.4 典型试题 ... 243

11.5 规划风险应对 ... 244
11.5.1 规划风险应对过程的输入 ... 245
11.5.2 规划风险应对过程的工具与技术 ... 246
11.5.3 规划风险应对过程的输出 ... 248
11.5.4 典型试题 ... 248

11.6 实施风险应对 ... 250
11.6.1 实施风险应对过程的输出：变更请求 ... 250
11.6.2 典型试题 ... 250

11.7 监督风险 ... 252
11.7.1 监督风险过程的输入：工作绩效报告 ... 252
11.7.2 监督风险过程的工具与技术 ... 252
11.7.3 监督风险过程的输出 ... 253
11.7.4 典型试题 ... 253

第 12 章 项目采购管理 ... 255

12.1 规划采购管理 ... 256
12.1.1 规划采购管理的输入 ... 257
12.1.2 规划采购管理的工具与技术 ... 261
12.1.3 规划采购管理过程的输出 ... 262
12.1.4 典型试题 ... 263

12.2 实施采购 ... 265
12.2.1 实施采购过程的输入 ... 265
12.2.2 实施采购过程的工具与技术 ... 266
12.2.3 实施采购过程的输出：协议 ... 267
12.2.4 典型试题 ... 267

12.3 控制采购 ... 268
12.3.1 控制采购过程的输入 ... 269
12.3.2 控制采购过程的工具与技术 ... 270
12.3.3 控制采购过程的输出：采购关闭 ... 270
12.3.4 典型试题 ... 271

第 13 章 项目相关方管理 ... 273

13.1 识别相关方 ... 274
13.1.1 识别相关方过程的输入 ... 274

XI

    13.1.2 识别相关方过程的工具与技术 …… 275
    13.1.3 识别相关方过程的输出：相关方登记册 …… 276
    13.1.4 典型试题 …… 278
  13.2 规划相关方参与 …… 279
    13.2.1 规划相关方参与过程的输入：协议 …… 279
    13.2.2 规划相关方参与过程的工具与技术 …… 280
    13.2.3 典型试题 …… 280
  13.3 管理相关方参与 …… 282
    13.3.1 管理相关方参与过程的工具与技术 …… 282
    13.3.2 典型试题 …… 283
  13.4 监督相关方参与 …… 284
    13.4.1 监督相关方参与过程的工具与技术 …… 285
    13.4.2 典型试题 …… 285
参考文献 …… 287

第1章 引 言

1.1 PMP®认证介绍

作为即将参加 PMP®认证考试或打算参加抑或对认证有兴趣的朋友在了解 PMP®认证之前都应该了解清楚项目管理资格认证的一些基本情况。市面上比较流行的有关项目管理资格认证的考试有四大类：PMP®认证、IPMP®认证、PRINCE2®认证及国内的系统集成项目管理工程师考试（常说的软考），前三类认证属于国际性认证，也是不分行业的通用型认证，软考属于行业性的资格认证。本书主要针对的是 PMP®认证，即项目管理专业人员的资格认证。它是由项目管理协会（Project Management Institute，PMI）发起的，严格评估项目管理人员知识技能是否具有高品质的资格认证考试。其目的是给项目管理人员提供统一的行业标准。作为项目管理资格认证考试，已在国际上树立了其权威性。

对 PMI 的其他相关认证做一些梳理，以便朋友们能够了解你所了解的 PMP®认证处于哪一级，以及未来项目管理更高阶的发展是什么样的？PMI 的认证体系设计从全球来讲应该是最完整的，它在全球范围内推出的针对项目经理的资格认证体系，包括：

- Program Management Professional（PgMP）® 项目集管理专业人士。
- PMI Scheduling Professional（PMI-SP）® 项目进度管理专业人士。
- PMI Risk Management Professional（PMI-RMP）® 项目风险管理专业人士。
- Project Management Professional（PMP）® 项目管理专业人士。
- Certified Associate in Project Management（CAPM）® 助理项目管理专业人士。
- PMI Agile Certified Practitioner（PMI-ACP）® 敏捷项目管理专业人士。
- PMI Professional in Business Analysis（PMI-PBA）® 商业分析专业人士。
- Portfolio Management Professional（PfMP）® 项目组合管理专业人士。

以上 PMI 项目管理资格认证间的关系，如图 1-1 所示。

根据 PMI 中国官网的数据显示，至 2019 年 12 月，PMI 全球认证人士统计数据如下：

- PMP®（项目管理专业人士）997 608 人。
- CAPM®（助理项目管理专业人士）41 339 人。
- PgMP®（项目集管理专业人士）2 861 人。
- PMI-RMP®（项目风险管理专业人士）5 591 人。
- PMI-SP®（项目进度管理专业人士）2 072 人。

- PMI-ACP®（敏捷项目管理专业人士）32 781 人。
- PfMP®（项目组合管理专业人士）819 人。
- PMI-PBA®（商业分析专业人士）3 982 人。

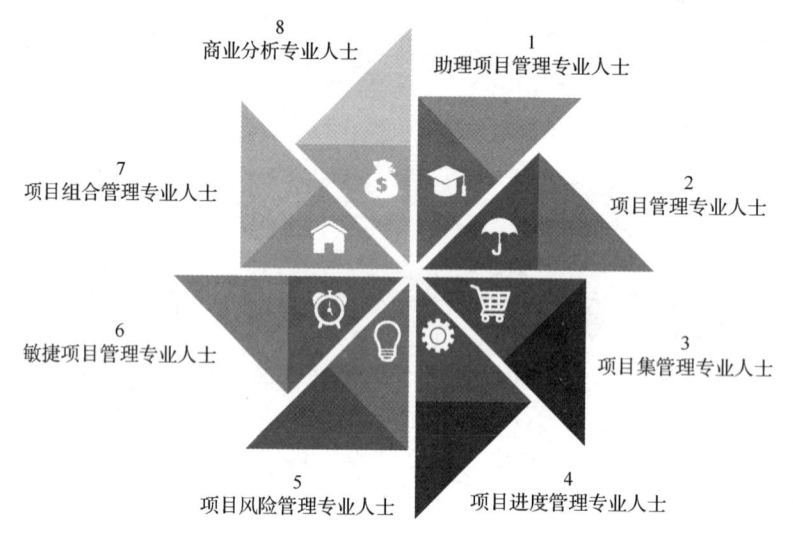

图 1-1　PMI 项目管理资格认证间的关系

1.1.1　考试基础

PMP®认证考试是 PMI 以《项目管理知识体系知识指南》一书为基础内容开展的，《项目管理知识体系知识指南》即通常人们所说的《PMBOK®指南》。《PMBOK®指南》是 PMI 的权威经典著作，已经成为美国项目管理的国家标准之一，也是当今项目管理知识与实践领域事实上的世界标准。

《PMBOK®指南》涵盖了项目管理所需知识技能的各个方面，它是知识框架和体系，不是方法论。《PMBOK®指南》中主要涉及的五大过程组（启动过程组、规划过程组、执行过程组、监控过程组、收尾过程组）和十大知识领域（整合管理、范围管理、进度管理、成本管理、质量管理、资源管理、沟通管理、风险管理、采购管理、相关方管理）是 PMP®认证考试的立足点与基础。同时，项目管理是一门实践性学科，所以考试也会尽可能地贴近实际项目，这也就意味着在《PMBOK®指南》基础之外与项目实际操作有关的其他相关领域的知识与工具、技术也可能成为考核点，如财务知识、供应链知识、经济分析模型、结对编程等。

根据 2019 年 12 月开始使用的新版《PMP®认证考试大纲》可以更清晰地了解 PMP®认证考试。

1. 考试结构

考试结构由三个模块——人员管理、过程管理和商业环境管理构成，各模块考核试题比例如图 1-2 所示。

考点比例

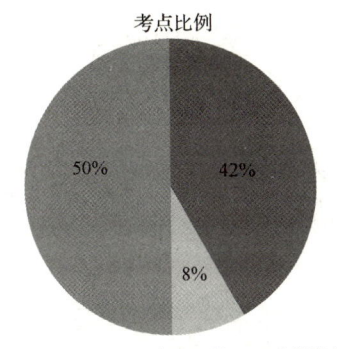

50%　42%

8%

■ 人员管理　■ 商业环境　■ 过程管理

图1-2　PMP®考试各模块考核试题比例

无论考纲如何变化，《PMBOK®指南》都是立足点，这种变化反映了当前全球项目管理实践中对于项目管理成功的认识的转变。

（1）**人员管理**：这一部分主要考查人际关系与团队技能，也就是我们平时所说的软技能，《PMBOK®指南》（第6版）中一共提到了17种软技能，需要考生深刻理解并灵活应用，很多软技能涉及价值观判断，这一点需要注意东西方文化的不同。17种软技能包括积极倾听、沟通风格评估、冲突管理、文化意识、制定决策、情商、引导、影响力、领导力、会议管理、激励、谈判、人际交往、名义小组技术、观察/交谈、政治意识、团队建设。

主要涉及的知识领域是项目资源管理、项目沟通管理、项目相关方管理。另外，也涉及了少量的风险采购管理。涉及敏捷独有的知识并不多，只有一个服务型领导。大部分知识都是敏捷方法和预测型方法论通用的。

（2）**商业环境**：商业环境模块与《PMBOK®指南》的关联程度最低，绝大部分知识需要从PMI的其他标准或实践指南获取，对于PMP®考生来讲，重点是理解商业环境对项目的影响，而不是要精通这些知识。可以参考的文献有：《PMI商业分析指南》《组织变革管理实践指南》。

（3）**过程管理**：过程模块基本上是按照十大知识领域的结构来考查的。整合知识领域被拆解成多个部分，启动、规划、执行、监控、变更和收尾等内容分布在不同的"任务"中，其他九大知识领域相对来说比较完整地以任务的方式呈现。

总体来说，除了可行性分析、敏捷方法论和项目治理三个子任务有点超出《PMBOK®指南》范围，其他内容在教材中都可以找到。可以参照《PMI商业分析指南》《项目组合、项目集和项目治理实践指南》和《敏捷实践指南》来补充或拓展相关知识。

敏捷的知识在进度管理知识领域最集中，因为敏捷绝大部分的工具是在开发生命周期阶段使用的，所以与进度管理最为密切。

2．考试大纲

PMP®认证考试大纲将每个模块的考点细分为三部分——领域、任务、使能因素，大纲具体内容示例如图1-3所示，《PMP®认证考试大纲》可在PMI中国网站下载。

（1）**领域**：项目管理实践所必需的高层级知识领域。

（2）**任务**：项目经理在每一个领域中的基本职责。

（3）**使能因素**：与任务相关工作的演示示例。请注意，使能因素并不是一个详尽的列表，而是提供一些示例来帮助演示任务所包含的内容。

领域 I Domain I	人——42% People——42%
任务 1 Task 1	管理冲突 • 说明冲突来源和阶段 • 分析冲突发生的背景 • 评估/建议/协调适当的冲突解决方案 Manage conflict • Interpret the source and stage of the conflict • Analyze the context for the conflict • Evaluate/recommend/reconcile the appropriate conflict resolution solution
领域 II Domain II	过程——50% Process——50%
任务 1 Task 1	以交付商业价值所需的紧迫性执行项目 • 评估增量交付价值的机会 • 自始至终检查项目的商业价值 • 支持团队根据需要细分项目任务，以找到最小可用产品 Execute project with the urgency required to deliver business value • Assess opportunities to deliver value incrementally • Examine the business value throughout the project • Support the team to subdivide project tasks as necessary to find the minimum viable product
领域 III Domain III	商业环境——8% Business Environment——8%
任务 1 Task 1	规划和管理项目的合规性 • 确认项目合规性要求（如保护措施、健康与安全、监管合规性） • 对合规类别进行分类 • 确定在合规性方面的潜在威胁 • 使用方法来支持合规性 • 分析不合规的后果 • 确定必要的方法和行动来满足合规性（如风险、法律） • 衡量项目合规性的程度 Plan and manage project compliance • Confirm project compliance requirements (e.g., security, health and safety, regulatory compliance) • Classify compliance categories • Determine potential threats to compliance • Use methods to support compliance • Analyze the consequences of noncompliance • Determine necessary approach and action to address compliance needs (e.g., risk, legal) • Measure the extent to which the project is in compliance

图 1-3 《PMP®认证考试大纲》示例

1.1.2 认证方式

1. 考试方式

中国大陆的 PMP®认证考试以纸质笔答方式进行，考试方式：

（1）**PMP®考试语言**：中英文对照。

（2）PMP®考试时间：4小时，9:00—13:00。

（3）PMP®考试题型：200道单选题，4选1。

（4）PMP®考场规定：

- 证件要求：可接受的真实、有效身份证件和PMI准考信（两者缺一不可）。办理了第一批二代身份证的考生请注意身份证的有效期，到期的证件需要及时更换，提醒正处于身份证更换和身份证丢失的考生注意，公安局开具的身份证更换凭条不能作为身份证件参加考试。
- 允许带入考场的物品：有效身份证件、准考信、机械计时表。

2. 报考流程

很多考生觉得PMP®报考的流程很复杂，我们现在就来介绍一下，让大家不再对报考有担心。首先，大家必须明确一点，想要参加PMP®认证考试必须拥有35个PDU（培训教育小时数）的资格，而获得这一资格的渠道就是通过参加PMI认证的注册培训机构的考前教育培训，这个是硬门槛，必须过，不得不说这也是PMI很聪明的操作模式。下面我们将报考的基本流程梳理一下：

第一步：参加REP机构考前培训，获取35个PDU。

第二步：在PMI的官网（www.pmi.org）上进行注册。

第三步：通过已注册的PMI身份填写PMP®申请资料并提交；进入个人首页后，点击Certifications按钮，然后进入账号登录页面，选择PMI申请点击此处进入PMI申请资料填写。

第四步：根据步骤填写完相关资料后，提交并等待PMI审核，一周左右收到审核通过的邮件后，英文报名就结束了。

这里要提一下，英文报名会审核考试的资质：

（1）本科及以上学历：要求达到36个月及以上的项目管理工作经验，累计完成4 500小时及以上的项目管理工作时间。如果一个项目达到3年，填一个项目即可。

（2）专科及以下学历：要求达到60个月及以上的项目管理工作经验，累计完成7 500小时及以上的项目管理工作时间。最好填两个项目。

（3）项目经验请填写近六年内的。如果毕业后项目经验不满3年或者5年，可降低学历进行报考，降低学历报考不影响PMP®考试，学历也不会反映在证书上面。

（4）项目时间可适当延长或缩减，但不可重叠计算。不重叠的意思是，第二个项目开始的时间最早也得是前一个项目结束时间的下一个月。

第五步：英文报名结束证明你已获得参加PMP®考试的基本资质。

第六步：进入中国国际人才交流基金会的网站（http: //exam.chinapmp.cn/），注册并提交相应审核资料，等待审核通过，一旦审核通过就等待通知缴纳认证考试费（考试费：3 900元人民币）。

第七步：网上缴费通过后等待考试通知及考场安排通知，下载准考证。

第八步：按时参加考试。

第九步：等待一个月左右获取成绩。

1.1.3 试题类型

PMP®考试最主要的依据是《PMBOK®指南》,在学习这本书的过程中大家会发现需要记忆的主要内容是过程的数据流向、工具技术、各流程的输入输出,考试中也是以这些内容为基础而设计题目类型的。

1.1.3.1 流程类

例题1:

在项目执行阶段,项目经理意识到项目相关方一直延迟答复敏感性电子邮件。项目经理应该怎么做?

A. 将其作为一个沟通问题记录在风险登记册中

B. 参阅监督沟通过程,获得替代沟通方式

C. 修订沟通管理计划中使用的沟通渠道

D. 请求项目发起人解决该项目相关方的问题

答案:B

解析:可能影响沟通技术选择的因素包括信息的敏感性和保密性。题目中说到敏感性电子邮件,说明需要采取相应的安全措施,并在此基础上选择最合适的沟通方式。项目经理意识到相关方一直延迟,首先要调整沟通方式,如沟通管理计划中没有合适的替代方式再进行修订,之后才是将其记录在风险登记册中。

例题2:

由于不可预测的项目整合复杂性和资源可用性,导致项目发生进度超支。为了满足项目期限,职能经理要求项目经理在未经测试的情况下上线。若要避免这种情况,项目经理事先应该做什么?

A. 管理进度偏差

B. 管理风险

C. 识别风险

D. 识别质量问题

答案:C

解析:避免项目在执行过程中发生问题,需要规划项目风险管理,首先识别风险,然后分析和管理风险。

1.1.3.2 工具技术类

例题1:

离完成分配的任务只剩 30 天时,一名项目团队成员离开公司。可惜的是,没有可用的替代资源。项目经理在项目进度计划中包含一个应急储备金。为了计算剩余的应急储备金,项目经理应该使用什么技术?

A. 风险审计

B. 趋势分析

C．储备分析

D．技术绩效衡量

答案：C

解析：所属过程组为监控过程组。所属知识领域为项目风险管理。考点为风险监督的工具和技术及储备分析。

例题 2：

一名项目经理负责管理一个已经经历质量问题的项目。项目经理应使用什么来控制这些质量问题？

A．蒙特卡洛模拟

B．专家判断

C．帕累托图

D．工作绩效数据分析

答案：C

解析：帕累托图是一种特殊的垂直条形图，用于识别造成大多数问题的少数重要原因。

1.1.3.3 概念定义类

例题 1：

应急储备应：

A．隐蔽，以防止管理层不批准该项资金

B．加到每项任务上，以防止客户知道该储备金的存在

C．由管理层掌握，用来填补成本超支

D．加到项目的基本成本上，用来解决风险问题

答案：D

解析：在风险管理过程中，你为风险事件确定适当的成本储备。这些储备的总和加到项目的总估算上，用来填补风险事件发生的成本。此处的储备既可以理解成应急费用，也可以理解成应急储备。

例题 2：

项目开始时，项目发起人通知项目经理必须优先考虑成本控制。在规划期间，项目经理确定由外部供应商制造的部件需求明确，不大可能发生变化。项目经理应该对该供应商使用什么合同类型？

A．总价加激励费用合同（FPIF）

B．成本加激励费用合同（CPIF）

C．工料合同（T&M）

D．固定总价合同（FFP）

答案：D

解析：采用总价合同，买方需要准确定义拟采购的产品或服务。虽然可能允许范围变更，但范围变更通常会导致合同价格提高。固定总价合同（FFP）是最常用的合同类

型。大多数买方都喜欢这种合同，因为采购的价格在一开始就确定，并且不允许改变（除非工作范围发生变更）。

1.1.3.4 计算题类

例题 1：

在一个施工项目中，项目经理识别到图中的某些风险。如果所有三个风险全部发生，项目经理应请求多少额外资金？

	风险类型	风险描述	若发生此风险，结果是：
1	天气	25%的发生概率可能导致施工延期两周	需要额外的80 000美元
2	材料成本	施工材料成本可能降低10%	节省100 000美元
3	人工成本	由于罢工导致项目停工的概率为5%	损失150 000美元

A. 13 000 美元

B. 37 500 美元

C. 27 500 美元

D. 17 500 美元

答案：D

解析：80 000×25%-100 000×10%+150 000×5%=17 500（美元）

例题 2：

编制沟通计划时，项目经理确定了 10 名相关方，之后其中两名相关方离开了项目，沟通渠道数量将发生什么样的变化？

A. 增加 2 个

B. 增加 17 个

C. 减少 2 个

D. 减少 17 个

答案：D

解析：所属知识领域为项目沟通管理，所属过程组为规划过程组，考点为沟通需求分析。本题涉及沟通管理计划中沟通渠道的计算，因为 10×9/2=45，8×7/2=28，45-28=17，所以项目团队减少了 2 名相关方，沟通渠道减少 17 个。

1.1.3.5 敏捷类

例题：

一家公司的组织文化是开放的，积极并重视持续改造，员工在会议期间自由表达自己对流程、政策和程序的意见。项目经理希望在项目期间尊重组织的持续改造价值。项目经理应该从哪里收集经验教训？

A. 回顾总结会议

B. 每日站会

C. 相关方参与计划

D. 团队章程

答案：A

解析：此题在考查敏捷项目管理的内容。与《PMBOK®指南》第 4 章整合管理中的结束项目或阶段过程相关联。

1.1.3.6 输入输出类

例题 1：

确定需求应从分析下列哪一项的信息开始？

A．项目章程及问卷或调查

B．组织项目资产和项目范围说明书

C．项目章程和相关方登记册

D．相关方登记册和项目范围说明书

答案：C

解析：项目章程和相关方登记册都是收集需求过程的重要输入。

例题 2：

对要交付的产品和服务的描述可从下面哪里找到？

A．项目计划

B．项目工作说明书

C．项目范围

D．项目整体计划

答案：B

解析：项目工作说明书是对可交付成果的叙述性描述，而项目范围说明书详细描述可交付成果和需要的工作。

1.1.3.7 扩展知识

例题：

项目经理相信，管理的最佳方式是在团队中形成良好的、和谐的工作关系，高效团队将随后而来，从而带来高绩效。项目经理可被定义为一个____经理。

A．1,9

B．9,1

C．1,1

D．9,9

答案：A

解析：管理方格理论（Management Grid Theory）是研究企业的领导方式及其有效性的理论，是由美国得克萨斯大学的行为科学家罗伯特·布莱克（Robert R Blake）和简·莫顿（Jane Mouton）在 1964 年出版的《管理方格》一书中提出的。在管理方格图中：1,1 定向表示贫乏的管理，对生产和人的关心程度都很小；9,1 定向表示任务管理，重点抓生产任务，不太注意人的因素；1,9 定向表示所谓俱乐部式管理，重点在于关心人，企业充满轻松友好气氛，不大关心生产任务；5,5 定向表示中间式或不上不下式管理，既不偏重于关心生产，也不偏重于关心人，完成任务不突出；9,9 定向表示理想型管理，对生产和对人都很关心，能使组织的目标和个人的需求最理想、最有效地结合起来。重点放在满足职工的需要上，而对指挥监督、规章制度重视不够。

1.1.4　通过标准

2020 年 9 月考试开始将启用新的考试大纲，通过标准将基于 1.1.1 中所说的考试大纲的三个考查领域进行审核，按照之前的通过标准进行推测，应该是每一部分至少要达到 50%的正确率方可通过。具体的通过标准我们通过对之前标准的对比详细了解。

大陆的 PMP® 考试只有笔试，考试为单选题，共 200 道，考试题干皆为中英文对照，其中有 25 道题不计分，除去不计分的试题，估计答对 106 道题及以上，以及正确率达到 65.5%即可通过考试。 但 PMP® 考试并非看你的成绩来判定是否通过，而是看它所界定的各部分是否达到考核标准。

考生看到的成绩并非直接的分数，而是用 A、T、B、N 表示的，即 Above Target（高于目标）、Target（达到目标）、Below Target（低于目标）、Needs Improvement（有待提高），考生最终得到的成绩就是每个过程组所获得的等级，比如 4A1T 等。

A、T、B、N 四个级别是有区间的，同时每个领域的题目数量也是不一样的，所以有时候会出现某学员 3T2B 没通过，另一个学员 3T2B 却通过的情况。因此，查看成绩报告时不能简单地根据 A、T、B、N 的数量，仍需以 PMI 给出的 PASS 或 FAIL 为准。

1.2　PMP®考试学习方法

1.2.1　学习心态

参加过 PMP® 认证的人都有过这种感受：就像重新参加了一次高考。虽然考试难度没有多大，但大多数人都是在边工作边学习中备考的，时间是最大的约束条件，但如果心态和学习思路找对了，学习起来也会相对轻松一些。

参加 PMP® 认证的备考阶段，按照老话说 "要在战略上轻视它，在战术上重视它"。这里所谓的 **战略** 就是要把这一次备考看成对项目管理知识体系的搭建，把学习的过程当成对项目管理实践的梳理，目的是建立一种完整的项目管理思维方式，并在流程、工具和技术的认知中提升自己的工作能力与生活品质。工作能力好理解，之所以说生活品质，是因为项目管理圈子里有句话 "人生处处皆项目"，项目管理不仅是一种管理模式和管理学科，同时也可以看作解决问题的一种方法。认真且有效地在三个月的时间里学习一种管理生活的理论对你的人生只有好处没有坏处，所以，既然花了钱，耗费了时间，就静下心来认认真真地看看学习了这套体系指南，到底还能给你带来哪些好处。

所谓 "战术"，备考的目的最终是要参加考试，那我们就把它当成一个项目来看待。想尽一切能用可用的办法让自己快速高效地掌握考点与考试技巧，所以，要在学习之前给自己设定好时间目标和成果目标，并把自己可用的资源整理好，利用好身边培训资料和培训老师，甚至是和你一起参加备考的同学，他们都是你最有效的学习资源。例如，对于资料，不要抱着资料越多越好的心态，所谓"一入备考门，资料深似海"，如果你参加了 REP 机构的培训课程，那么就尽可能地听从备考机构教务老师和培训主讲的建议复习，而且大多数 REP 机构都有自己的一套备考体系，多数机构是值得信任的，尤其这样做也符合项目管理的基本思路，即要学会运用有效的组织过程资产，切不可手里已经一堆备考资料，还去网上或和在培训机构学习的朋友搜罗资料，这样反而容易搞乱备考计划，当然，你要是学有余力就另说了；对于一起备考的同学，可以组成复习小组，利用其他人的才智在备考学习中取长补短，查漏补缺，具体方法会在 1.2.2 节中详细说明。

在 PMP 备考中对于个人执行力的考验也是很大的，学生综合征即拖延心态是每一位考生需要正视的，成人学习对于时间的安排是一大难点，之所以让大家把备考当成一个项目来对待就是要在正式学习前就要有一定的备考计划，并在执行中不断循序渐进地改进，尽可能让计划可行，以促使自己不会犯拖延症的毛病，这里就要注意，不要一开始就给自己太大的阅读压力，比如必须在培训前一周看一遍《PMBOK®指南》，或是在网上到处搜索、下载学习资料，把自己的文件夹塞得满满当当，似乎时刻准备着要开始大干一场，这样做的结果是等你考完试很多文件可能还没有打开过，反而增加了你备考学习时的压力。

接下来就给大家总结一下在备考过程中应该注意的心态：**备考之路千万条，一次通过第一条。**

将准备 PMP® 考试视作一个项目，合理分配时间与精力，一次通过考试最经济；图 1-4 说明了备考过程中的主要误区与合适的方法。

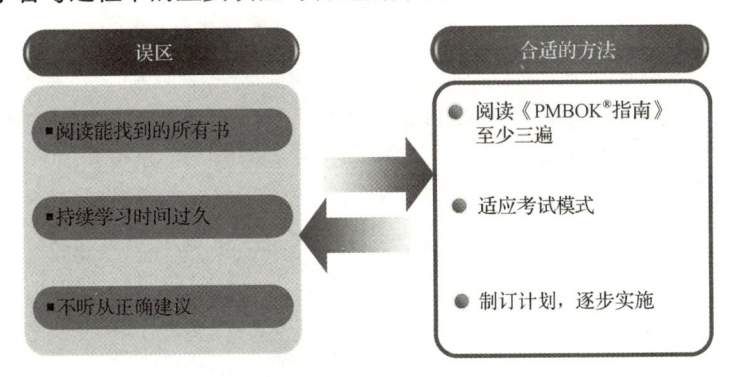

图 1-4 备考过程中的主要误区与合适的方法

1.2.2 学习思路

因为多年从事 PMP® 认证备考的培训，根据众多已认证通过考生的复习备考经历总结出的基本思路：精读、精讲、模拟、串讲。

1.2.2.1 精读

PMP®考试的主要立足点是《PMBOK®指南》一书，另外，PMI 组织这样的考试目的之一也是对项目管理标准的推广和使用，所以，精读《PMBOK®指南》是每一位考生应该认真去做的备考工作。很多备考的朋友总问应该读几遍，其实，读几遍不是重点，读的目的是搞懂项目管理的体系与架构及做事的思路和书中真正要传递的内容，如果一遍就能搞明白，那就省很多时间做做题，看看其他资料。当然，想一遍读懂这本大部头属实有点困难，所以最好是有已经读得比较明白的人带着与读，这也符合项目管理的基本思想，学会使用过程资产，在第2章会着重介绍如何快速读懂《PMBOK®指南》。

1.2.2.2 精讲

俗话说："师傅领进门，修行在个人。"但大多时候都关注在后半句，我觉得前半句很重要，能有一个好的导师带领你走到康庄大道的路口，那你继续修行就会相对平坦，但如果方向就领错了，你这修行的结果的不确定性就很大了。所以，学会利用好培训讲师或身边已经通过PMP®考试的朋友的可参考的过程资产很重要。

所谓"精讲"就是围绕《PMBOK®指南》一书，将项目管理的体系、流程、知识领域、术语及项目管理实践中的主要工具技术进行梳理，并对易混淆概念、重难点内容进行解析，比如，绩效测量基准、工作绩效数据、工作绩效信息和工作绩效报告之间的关系，挣值管理中的偏差分析与预测方式等。通过这些已经经历过备考的人给你进行的解析，会更容易理解书中的内容，从而让书变得"薄"一些。

1.2.2.3 模拟

PMP®认证考试虽然很强调实践性，所以它对报考人员有经验的要求，但这毕竟是一次考试，对于大多数考生来说备考的成本接近万元，更别说所搭上的时间或其他机会成本，所以一次性通过考试也是我们这一备考项目的目标之一。鉴于此，针对PMP®考试的模拟试题的训练就必不可少。

首先关于试题我们要澄清一件事，PMI所组织的PMP®认证考试，在4小时的答题之后，考卷是要被收回的，所以，市面上理论上是不会有PMP®考试真题出现的。个人认为这是PMI为了增强PMP®认证的含金量所做的很好的一项措施。这样就意味着考试的通过率并非100%，即便采取国人所惯用的刷题策略也不会百分百奏效。但各个REP机构作为从事备考培训的机构多年来都在研究这一考试，所以即便没有真正的PMP®真题，也会根据题型和考试的变化总结出很多贴近真题模式与类型的练习题。因此，给大家的建议是，无论你参加哪一家培训机构的考前培训（当然是要有一定资历的REP机构或培训讲师的资历比较深），都要相信你的机构，一般情况下它们给出的练习和模拟题基本够用，不用在网上到处搜题，那样反而容易扰乱自己思路。

所谓模拟习题一般包含三部分内容——针对每一章节的练习题、综合练习题、模拟试题，它们在程度上一般是递进的关系。在做模拟练习时试题量在两千以内即可，可以少而精但不要多而滥。搞清一道题比没头没脑地做十道题要强很多。

1.2.2.4 串讲

在考前一周最好能够对之前所学习的和练习的所有东西串一遍，因为一般的备考时间都是三个月左右，在这段时间内，虽然在学在练，但很容易把很多内容割裂开来，或者有些没有练习到的知识点，所以，在考前一周在老师的带领下或通过学习小组的形式来查漏补缺很重要。尤其对重点内容着重记忆会对考试有不少的裨益，尤其是计算类题型的公式和结果的使用，如挣值管理公式、合同额的计算等。

1.2.3 学习方法

1.2.3.1 以"经"为主

在项目管理圈子里很多人称《PMBOK®指南》为项目管理"圣经"，的确作为一本全球使用的国际标准，这样称呼也不为过，更重要的是在 PMP®认证考试中它的内容占75%左右，也就是说，如果能较充分地掌握这本"经文"中的内容，通过应该没问题，可难就难在既然是"经"那读起来是需要花精力去理解的，所以，建议大家读"经"的基本思路：第一遍通读，不要想着读懂读透，能完整读完就好，如果有条件就大声读出来；第二遍慢读，但也不要太慢，比之前慢点就好，但可以开始思考里面一些内容；第三遍细读，就像平时看书一样，开始去进一步思考那些不理解的内容，开始找问题并记录；如果有时间和精力则第四遍精读。这样的读书比较符合项目管理的迭代思想。

1.2.3.2 搞懂术语

《PMBOK®指南》开篇就提到，起初：项目管理协会（PMI）制定了一套有关项目管理知识体系的图表和词汇标准。项目经理很快意识到，并非一本书就可以包含项目管理知识体系的所有内容。因此，PMI 制定并发布了《项目管理知识体系指南》。从这段话可以看出，《PMBOK®指南》最基础的是要统一项目管理的沟通语言及形成一套标准的通用词汇及术语。所以在学习《PMBOK®指南》之处最好是对它的术语表有了解，在统一了与《PMBOK®指南》的沟通语言后，再阅读这本书就会轻松一些，图 1-5 是《PMBOK®指南》中术语表示例。

> **2。定义**
> 　　术语表中的许多单词，在词典中都有更广泛甚至不同的含义。本术语表遵循如下惯例对术语进行定义。
> **RACI 矩阵 RACI Chart:** 责任分配矩阵的一种常见类型，使用执行、负责、咨询和知情等词语来定义相关方在项目活动中的参与状态。
> **SWOT 分析 SWOT Analysis:** 对一个组织、项目或备选方案的优势、劣势、机会和威胁的分析。
> **WBS词典 WBS Dictionary:** 针对工作分解结构的每个组件，详细描述可交付成果、活动和进度信息的文件。
> **报价邀请书 Request for Quotation (RFQ):** 采购文件的一种，用来向潜在卖方征求对通用或标准产品或服务的报价。有时可用来代替建议邀请书。在某些应用领域，其含义可能更狭窄或更具体。
> **备选方案分析 Alternative Analysis:** 一种对已识别的可选方案进行评估的技术，用来决定选择哪种方案或使用何种方法来执行项目工作。
> **变更 Change:** 对任何正式受控的可交付成果、项目管理计划组成部分或项目文件的修改。
> **变更管理计划 Change Management Plan:** 项目管理计划的一个组成部分，用以建立变更控制委员会，记录其具体权限，并说明如何实施变更控制系统。

图 1-5 《PMBOK®指南》术语表示例

1.2.3.3 明确数据流

在《PMBOK®指南》中，很重要的一部分内容就是关于相关数据流向的内容，它反映了项目管理中各个过程之间的具体关系与整体性，比如，控制质量过程中的输出的核实的可交付成果会被确认范围过程获取成为输入形成最终的验收的可交付成果，这样一个可交付成果目标才可以关闭。考试中这是很重要的一类考查题型，同时也是整本书脉络的重要内容。图 1-6 是《PMBOK®指南》中每一章知识领域前的数据流向图示例。

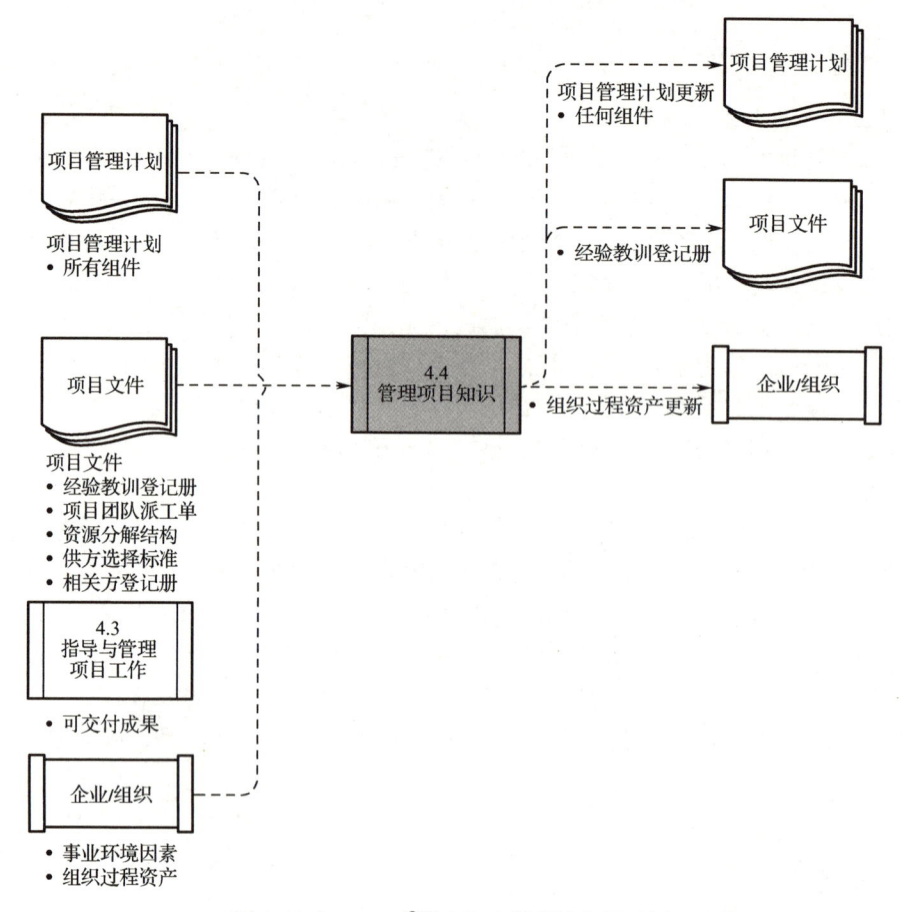

图 1-6 《PMBOK®指南》中数据流向图示例

第 2 章
快速读懂《项目管理知识体系指南》

2.1 《PMBOK®指南》的内容

《PMBOK®指南》中文全称为《项目管理知识体系指南》，从名称上就可以看出这本项目管理界的"圣经"涵盖了项目管理的方方面面，所以才敢叫"知识体系"，"指南"两字确定了这本书只是对项目管理的最佳实践做了说明，告诉读者可以怎么做，而并未说明应该怎么做，所以，《PMBOK®指南》不是方法论，而是对全球项目管理界普遍认可的良好实践的收录。学习这本书的朋友一定要理解这一点，因为很多备考的朋友课后都会反映学完了这本厚厚的书，可操作性不是很强，很难将书中的知识快速地运用到工作中。请大家记住，你所学习的是告诉你应该做什么的"知识体系的指南"，而非教你怎么做的"方法论"。

《PMBOK®指南》包括三个部分，第一部分　项目管理知识体系指南；第二部分　项目管理标准；第三部分　附录、术语表、索引。《PMBOK®指南》主体是第一部分指南，可以说是对第二部分项目管理标准更详细的说明，原文描述是"《PMBOK®指南》更详细地说明了核心概念、新兴趋势、裁剪项目管理过程时应考虑的因素，以及如何将工具和技术应用于项目中"。所以，指南在一定程度上是对项目管理标准的更详细的说明性描述。另外，大家在阅读时还要明确的一点是《PMBOK®指南》涉及的范围"仅限于项目管理领域"，对项目组合与项目集管理仅做提及，这就是说这本书只关注单项目的管理。

2.1.1 《PMBOK®指南》的编写思路

《PMBOK®指南》与"项目管理标准"其实是一个整体，所以直接说指南是标准也可以。《PMBOK®指南》是美国的国家标准和项目管理全球标准，这一标准的草稿版是 1987 年发布的，那时的标题中并没有"指南"两个字，也不是像现在我们所看到的《PMBOK®指南》一样包含项目管理的十大知识领域，所以在 1996 年的第一版标题中加上了"指南"两个字，从第一版开始《项目管理知识体系指南》的名称就一直被沿用至今。

至今，《PMBOK®指南》已经发行到了第 6 版，这里不得不提的是《PMBOK®指南》作为一门学科的基础知识体系，它的版本内容更新是很具有时效性的，这也是这本书含金量较高，受到业界普遍认可的很重要的一点，PMI 的贡献功不可没。从 1996 年的第 1 版到 2016 年的第 6 版，这一标准每 4 年会根据全球最佳实践进行更新，它的演变比较完整真实地反映了项目管理的基本发展趋势，这从它的结构逐渐完善，内容逐渐丰富，对知识的阐述逐渐清晰就可以略窥一二。例如，对于项目管理过程、工具与技术、术语名称、项目生命周期的不断演进，按我们中国人常说的就是比较能"与时俱进"。

作为一部全球公认的标准，自然要求在编写上要严谨，语言描述上要准确，尤其对于中国读者还要考虑它是英语思维编写的，虽然落地国内经过众多志愿者的辛勤翻译并尽可能贴近中国读者的阅读习惯，但仍然不可避免一些文化思维上的差别。所以在阅读和学习《PMBOK®指南》时要搞清楚它的编写思路和章节结构，以及语言使用习惯，会对更好地理解和记忆相关内容有更大的帮助。

在第一次阅读《PMBOK®指南》时，都会觉得它的语言比较单调枯燥，这是事实，毕竟是一本国际标准，但它编写时的章节结构安排和编写思路其实是比较清晰的。

《PMBOK®指南》的编写思路是基于下面的三维结构来展开的，如图 2-1 所示。

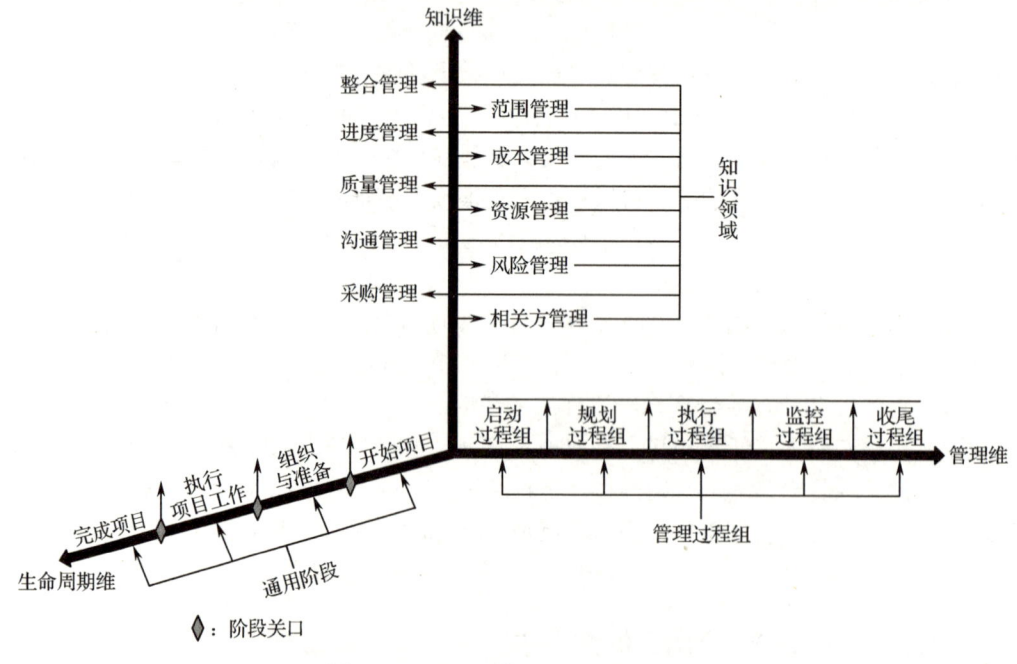

图 2-1 《PMBOK®指南》的编写结构

2.1.1.1 生命周期维

生命周期维是指项目生命周期，即"从启动到完成、开始到结束所经历的一系列阶段"。项目生命周期为项目的管理提供了基本框架。这一框架对于任何行业的项目都适用，这些阶段之间可以是顺序、迭代和交叠进行的。

首先，项目生命周期是由若干阶段构成的，项目管理者在项目规划时，懂得将项目的目标分解成若干指向最终项目目标的阶段性交付成果目标，是管理能力的体现；阶段的划分是以交付成果为基础设定的，成果设定是否有效，是否具备帮助项目经理进行对下一阶段工作规划的判断、决策，是项目经理业务能力的体现。

项目阶段的划分其实并非项目管理所独有的管理模式，而是在工作与实践中解决问题的常用方法。通过一个例子来看看：就好比你要带着一个团队从 A 点走向 B 点，10 公里，你自己走 1.5 小时，团队的目标是 2.5 小时走完，团队中除了你其他人没有走过这段路，行进中多会遇到这样的情况："走多少了不止 10 公里吧""累了，走不动了""你确定没走错？""没带偏吧"。你会发现，若只说"我走过，跟着我走就好了"这样的话根本不好使，这时的主要问题一方面是个人技能（体能），另一方面是队员对你的不信任造成的，而且在实践中若多数人质疑你，你也可能坚持不下去，那在出发前要做些什么才会减少这些问题的出现呢？可以试着告诉大家这一路上一共有五个车站牌（见图2-2），每一站的名字分别是什么。这样当人们看到第一个站牌时他们就可能打消对你的怀疑，承认你的正确性与带领，之后的路上也就好管理了，甚至还可能出现，当到一个站牌时你说咱们休息吧，其他人反而说："一共就五个站牌，没多远就下一站地了，再走一站再休息吧！"此时，可以看出他们自己似乎也可以判断接下来应该如何做了。

图 2-2　站牌节点图

这就是项目划分阶段形成生命周期的基本作用，把一个项目分成若干个阶段来处理，通过渐进明细的方式来一步步完成，这里的关键是以成果为基础设定的阶段关口是否准确，是否具有可以作为判断的依据。

划重点：
阶段关口是以可交付成果为基础设定的。
阶段关口要具备可以进行判断决策的作用。
项目生命周期根据不同项目的独特性，尤其是项目需求的易变性，可以分为预测型和适应型。项目生命周期内通常有一个或多个阶段与产品、服务或成果的开发相关，这些阶段称为开发生命周期。开发生命周期可以是预测型、迭代型、增量型、适应型或混合型。

（1）预测型生命周期：在生命周期的早期阶段确定项目范围、时间和成本。对任何范围的变更都要进行仔细管理。预测型生命周期也称为瀑布型生命周期。

（2）迭代型生命周期：项目范围通常于项目生命周期的早期确定，但时间及成本估算将随着项目团队对产品理解的不断深入而定期修改。迭代方法是通过一系列重复的循环活动来开发产品。

（3）增量型生命周期：通过在预定的时间区间内渐进增加产品功能的一系列迭代来产出可交付成果。只有在最后一次迭代之后，可交付成果具有了必要和足够的能力，才能被视为完整的。

（4）适应型生命周期：适应型生命周期包括敏捷型、迭代型或增量型。详细范围在迭代开始之前就得到了定义和批准。适应型生命周期也称为敏捷或变更驱动型生命周期。

(5) 混合型生命周期：是预测型生命周期和适应型生命周期的组合。充分了解或有确定需求的项目要素遵循预测型开发生命周期，而仍在发展中的要素遵循适应型开发生命周期。

项目生命周期是项目管理模式的重要基础，做项目时间长的人都会有个共识：成熟的项目管理者一定会非常重视项目生命周期。项目管理是一个渐进明细的过程管理，项目规划并非只是从项目计划制订时才开始，而是从项目立项时就已经进入了规划期，生命周期的规划就是之后详细项目计划的前提，可以说生命周期的设定是否有效会直接影响整个项目的成功与否。

划重点：
项目生命周期与开发生命周期的异同：
项目生命周期：项目从开始到完成所经历的一系列阶段。
开发生命周期：项目生命周期内通常有一个或多个阶段与产品、服务或成果的开发相关，这些阶段称为开发生命周期。
前者是**阶段与阶段之间**的关系，后者是**与成果开发有关的一个或多个阶段之间**的关系。

2.1.1.2 管理维

当我们把项目通过若干阶段的联系形成项目生命周期后，我们就可以把每一个阶段也当成一个项目来看待，那么对于每一个阶段的项目如何管理？管理维中的五大过程组即可通过持续改进来加以管控。之所以称之为过程组，是因为每个过程组均由若干个子过程构成，这些子过程又被称为最佳实践，在第 6 版的《PMBOK®指南》中共有 49 个子过程，分别属于五大过程组。

五大过程组是用于实现项目目标的项目管理过程，分别是启动过程组、规划过程组、执行过程组、监控过程组、收尾过程组。

（1）启动过程组：定义一个**新项目**或现有项目的一个**新阶段**，授权开始该项目或阶段的过程。启动并非仅是项目开始时要进行的，而是每个阶段都有可能开展，这是 PMI 所倡导的也是项目管理的最佳实践，体现了渐进明细的持续改进思想。

（2）规划过程组：明确项目范围，优化目标，为实现目标制订行动方案的过程。规划即做计划，这是项目管理中最重要的一个过程，规划是为了给出项目执行时的"规矩"，也就是有据可依的那个"据"。规划过程所制订的项目管理计划是执行过程的基础，也是监控的标尺。它的制定无论是在瀑布型还是适应型的生命周期中都是一个持续渐进的过程，所以当有人问你计划什么时候最完整时，答案是项目结束后。规划过程与其他过程尤其是执行和监控总是在交叠开展。

（3）执行过程组：完成项目管理计划中确定的工作，以满足项目要求的过程。执行过程最通俗的说法是"干就完了"，在实际操作中执行过程关注的是三点：完成计划规定的事，执行已批准并制订了方案的变更请求，在行动中积累和分享项目过程资产及所有有益的显性或隐性的知识。

（4）监控过程组：审查和调整项目进展与绩效，识别必要的计划变更并启动相应变更的过程。监控过程重在对项目进展和状态与规划内容进行对比，是对项目团队绩效、产品质量、成果交付的完整监督，并非简单的"找问题"，还要找到解决问题的方法。当下项目管理新兴趋势对监控过程更加强调全生命周期的监控，而非仅针对项目的执行。

（5）收尾过程组：正式完成或结束项目、阶段或合同所执行的过程。项目收尾的主要工作是行政收尾与合同收尾。一方面是存档项目或阶段信息，完成计划的工作，释放资源；另一方面要进行产品、服务或成果的移交并结束合同。

五大过程组间的相互关系如图 2-3 所示。

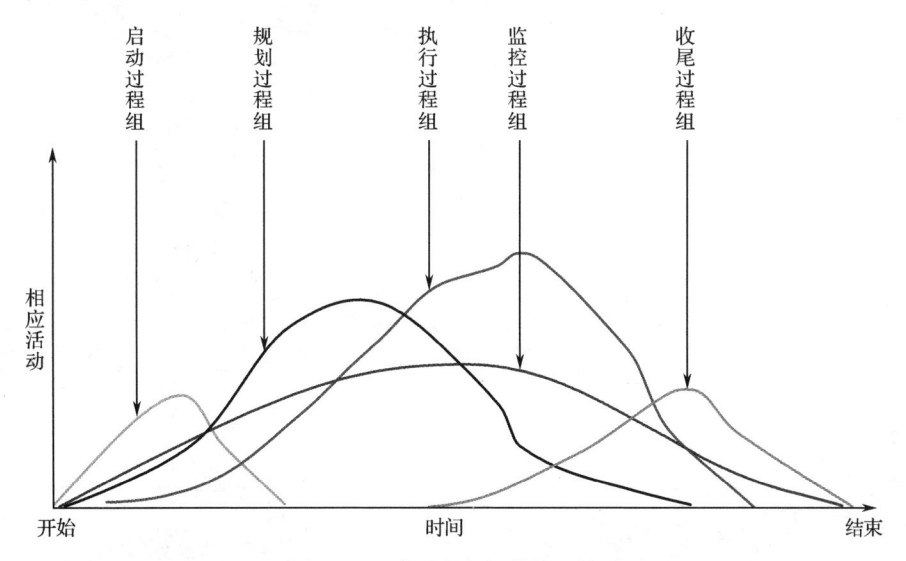

图 2-3　五大过程组间的相互关系

看到这五大过程组的名称时，很多人应该会觉得比较熟悉，与质量管理工具 PDCA 即戴明环很像（见图 2-4）。可以说 PDCA 的持续改进思想也是项目管理思想的灵魂之一，实际上质量管理中的很多好的工具、实践甚至思想都在被项目管理界所借鉴，这本身就符合项目管理的一种重要思想，即整合资源做事情，对项目合适的我就用，不合适的就先舍掉。在这里我们不讲太深关于项目管理过程组之间的联系，通过两张图的对比，大多数人就知道这两者之间的关系了。

2.1.1.3　知识维

所谓知识维，在《PMBOK®指南》中的描述是"除了过程组，过程还可以按知识领域进行分类""本指南确定了大多数情况下大部分项目通常使用的十个知识领域"。这样的描述很准确但对于初学此书的人来说，可能有些摸不着门，为什么要有十个知识领域，它们代表什么？为什么是十个不是更多或更少呢？

图2-4 PDCA与五大过程组间的联系

其实，在第 4 版《PMBOK®指南》之前是九大知识领域——整合管理、范围管理、进度管理、成本管理、质量管理、人力资源管理、沟通管理、风险管理、采购管理，从第 5 版开始增加了干系人管理，到第 6 版时有了两处较大的改动，即人力资源管理改为了资源管理，干系人管理改为了相关方管理。

这些知识领域之间的关系又是什么样的呢？我们先来看一看图 2-5。

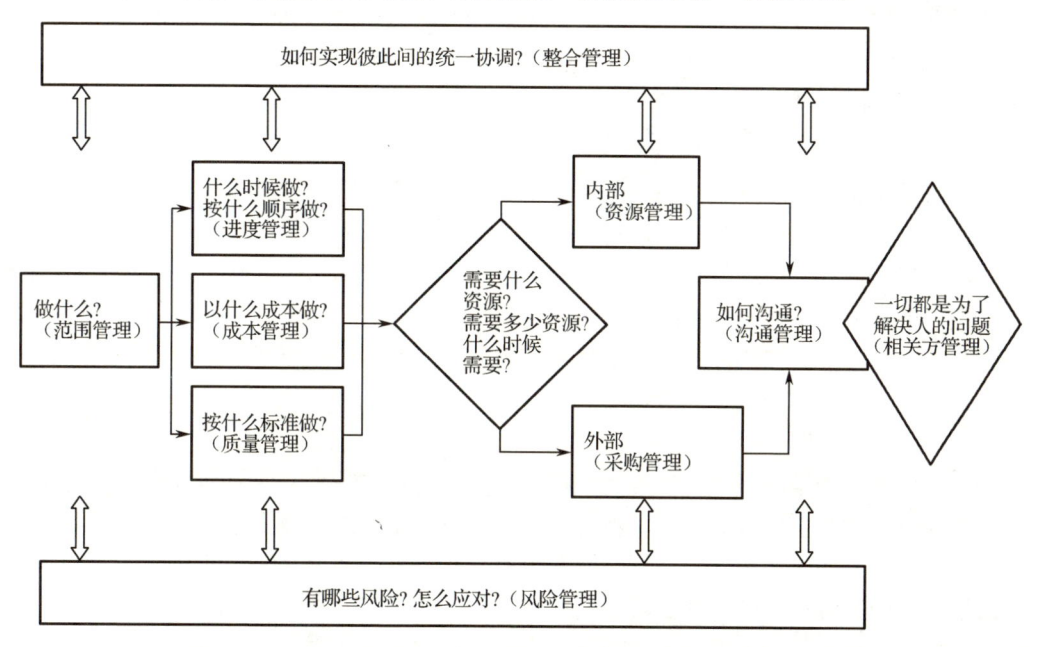

图 2-5 知识领域之间的关系

十大知识领域代表着项目管理者在项目执行时需要考虑的十个主要维度，虽然在项目中不只考虑这十个方面，但通过全球最佳实践得出的这十个维度是较为重要的，能够覆盖项目管理中业务之外的大多数领域。通俗地说，这十个领域告诉项目经理，如果要制订一份完整的项目管理计划需要考虑哪些内容。

通过这张图我们可以了解到：范围管理解决的是项目要达到目的、实现可交付成果先要明确要干什么事，哪些事坚决不能做。这也是《PMBOK®指南》所倡导的一种完成项目的基本思路，因为只有知道了必须做什么、不能做什么，才能逐渐清晰做这些需要花多少钱，怎么管控成本即成本管理；做这些事按什么顺序、用多长时间完成，也就是如何管控进度即进度管理；这些工作要达到什么标准才算是真正完成，如果未达标怎么办即质量管理；做完这些事需要什么资源、多少资源、什么时候使用什么时候释放这些资源即资源管理；在项目中最重要的资源就是人——团队成员、发起人、投资人、用户、客户、供应商、政府等，这些都是相关方，需要通过不断的沟通协调才能调动他们为项目的推进服务，这就需要相关方管理和沟通管理来完成；项目的一个重要特性就是不确定性，而不确定性的主要表现形式是风险和变更，风险的识别、分析与应对要通过风险管理来处理，而变更管理是通过整合管理来处理的，并且也通过对变更的管理对另外的九个知识领域进行协调和统一，比如，范围计划若发生变更就要通过整合管理中的整体变更控制来进行处理，以保证范围的变化不会对成本、进度或风险甚至质量造成连带影响。

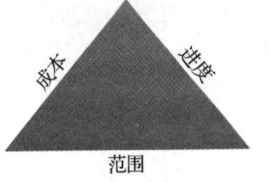

在这里要特别强调一组知识领域间的关系——项目三重制约要素，如图2-6所示。

对项目的管理之所以有难度，很重要的一点就是有很多制约因素，其中项目的范围、进度、成本就是很重要的一组制约要素，并且它们三者之间是一个整体，牵一发而动全身。更重要的是这三者对于项目来说是行动的基准。

图2-6 项目约束三角形

1. 项目范围约束

项目的范围其实就是项目的任务是什么。项目范围会影响你的项目工作分解和任务安排。作为项目经理，在开始项目前一定要明确项目发起人的需求和期望。项目任务的确定依赖客户需求。在项目实际执行过程中，范围会随着项目的进展而发生变化的可能性很大，项目范围变化会与时间和成本等约束条件之间产生冲突。一旦项目的范围基准变化时，就需要根据核心任务做好平衡及范围的变更管理。在取得主要项目相关方的一致同意后，按程序合理变更项目范围。

2. 项目进度约束

项目的进度约束项目要多久完成，项目具有临时性的特点，使得项目有了开始和结束的时间点。要想项目按时完工，就需要项目经理根据范围合理安排项目的进度，以及各活动的逻辑顺序。当进度与计划之间发生差异时，就需要做好活动调整。如果项目调整后还有可能影响里程碑，现在可用的办法就只有"赶工"和"快速跟进"了，以保证活动的时间与质量。在考虑时间约束时，不仅要考虑项目范围变化对项目时间的影响，还应考虑项目时间变化对成本的影响，项目时间和成本之间有一种倒抛物线的关系。

3. 项目成本约束

对于项目来说，按时、按范围完成目标所提供的成本是一定的，这就是成本约束。对于一个项目来说，成本是在计划期的预算中体现的，这是经主要相关方批准的基准文件。当项目范围或时间变化时，成本一定会受到影响。很多人都很重视项目的进度而忽视项目的成本管理，到了项目结束时，和财务部门进行项目结算时，才发现项目的成本和预算有差距。

项目管理的三重制约之间的关系是相互制约的，作为项目经理要学会根据项目最终目标来平衡这三者的关系。而项目最终目标，并不是一成不变的。不同类型的项目，项目最终目标衡量标准也不一样。针对软件开发项目，软件的质量是客户关心的。而政绩工程项目，进度一定是第一关注点，其次是质量，成本已经不那么重要了。因此，该如何平衡三者的关系主要看项目的核心目标是什么，也要看项目目标的背景，理解项目提出者最关注的要素点。

这三重要素因在项目管理中的重要性而成为项目的基准，即衡量项目绩效与状态的准绳。

各知识领域之间具有非常紧密的关系，是一个系统，"牵一发而动全身"，但它们作为独立的知识领域又都有各自明确的概念与作用。要明确的一点是各知识领域都是相关领域的过程与活动的总和。

（1）项目整合管理：识别、定义、组合、统一和协调各项目管理过程组的各个过程和活动。

（2）项目范围管理：确保项目做却仅做达到项目目的的全部工作。

（3）项目进度管理：管理项目按时完成项目所需的工作。

（4）项目成本管理：为使项目在批准的预算内完成而进行的规划、估算、预算、融资、筹资、管理和控制。

（5）项目质量管理：把组织的质量政策运用于规划，管理和控制项目和产品质量要求，以满足项目相关方的期望。

（6）项目资源管理：识别、获取和管理所需资源以成功完成项目的所有工作。

（7）项目沟通管理：为确保项目信息及时且恰当地规划、收集、生成、发布、存储、检索、管理、控制、监督和最终处置所需的工作。

（8）项目风险管理：通过规划风险应对、风险识别、风险定性分析、风险定量分析、规划风险应对、监督风险的工作确保对项目不确定性的管控。

（9）项目采购管理：管控从项目团队外部采购或获取所需产品、服务或成果的工作。

（10）项目相关方管理：通过识别项目各层面相关方，分析他们对项目的期望和影响，制定合适的管理策略，以有效调动相关方参与项目决策和执行。

2.1.2 《PMBOK®指南》的结构

《PMBOK®指南》作为一门重要学科的基础理论书籍，在风格上肯定不会太通俗，但它的结构还是比较严谨且经历了众多版本实践所呈现的状态。有很多读过这本书的人都有个疑问——这到底是指南还是标准，这个问题本身就涉及书的结构。

《PMBOK®指南》主体共由三个部分构成，它们彼此间的关系如图2-7所示。

在学习中，很多学员对指南与标准之间的关系有疑问，根据图2-7我们来做解释。在2.1.2.1中还会进一步对指南进行详细描述。

（1）在通常的认知中，《项目管理知识体系指南》即"项目管理标准"，"项目管理标准"是指南的第二部分，所以以《项目管理知识体系指南》作为二者整体的书名。

（2）"项目管理标准"是《PMBOK®指南》的基础和框架。

（3）《PMBOK®指南》通过对相关背景、环境及其对项目管理的影响进行更深入的阐述，来扩展"项目管理标准"的内容。

（4）《PMBOK®指南》描述项目管理过程的输入和输出及识别项目管理过程的工具和技术。

（5）《PMBOK®指南》是基于项目管理知识维度，即十大知识领域的顺序对"项目管理标准"中的相关内容进行深入说明与阐述的。通过对各知识领域所涉及的分属于五大过程组的49个子过程进行详细描述对"项目管理标准"进行说明。同时，《PMBOK®

指南》也对"项目管理标准"中所提及的相关概念做了进一步说明,如项目管理与组织治理、项目组合管理、项目集管理、项目环境、项目经理角色与职责等。

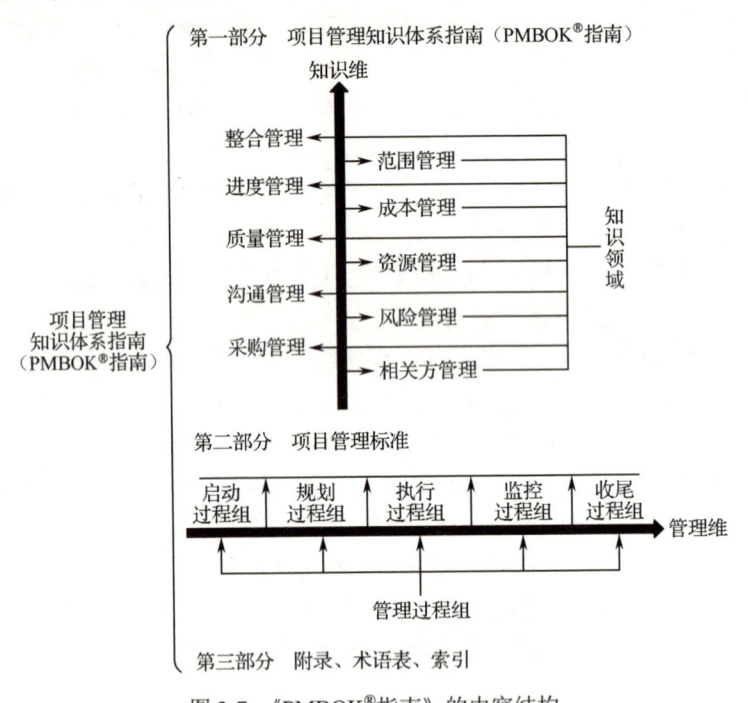

图 2-7 《PMBOK®指南》的内容结构

（6）"项目管理标准"是基于项目管理维度,即五大过程组的顺序展开的,对关键的项目管理概念进行定义,对五大过程组进行定义并描述每个过程组下属的过程,描述各项目管理过程的主要作用、输入和输出。"项目管理标准"中不对工具和技术进行描述。

了解清楚《PMBOK®指南》的主体结构对于我们开始学习这本厚重的学科书籍具有很重要的指导作用。

2.1.2.1 章节结构

《PMBOK®指南》（第 6 版）的内容结构较前 5 版更加清晰明了,通过上文对《PMBOK®指南》基本结构的说明,读者对此书有了初步了解,接下来我们进一步明确它的章节结构内容,这样让大家在之后记忆大量的子过程时轻松些。因为 PMP®考试主要是基于书的第一部分为主要考察对象,所以接下来的章节结构分析侧重于《PMBOK®指南》的第一部分,如图 2-8 所示。

为了让大家能更清晰地了解书的结构安排,把第一部分"PMBOK®指南"和第二部分"项目管理标准"按照它的编撰思路分成了两个层级（见图 2-8）,大家可以更方便地理解它的内容编排,这样也更容易在备考时进行高效的记忆。在接下来的介绍中还会渐进明细地告诉大家如何快速读懂和记忆《PMBOK®指南》中的一些重要内容。

第一部分第一层是对项目管理中的基础概念、相关通用词汇及后面内容的综述,在这里还明确了一些术语间的关系,例如,项目治理中的项目、项目组合、项目集之间的关系，项目经理与 PMO 之间的关系，事业环境因素与组织过程资产，不同组织结构对项目的影响，项目生命周期之间的异同，五大过程组之间的关系等。可以说，这一层是对后面各领域与管理过程的总领，有了对这些通用词汇与概念、关系的了解才能更好地理解第二层中各知识领域与过程的关系与内容。大家可以将第二部分的结构安排与第一部分对比，基本一致，即第一部分的第一层与第二部分的第一层描述内容基本一致，但知识详细程度和角度不同。

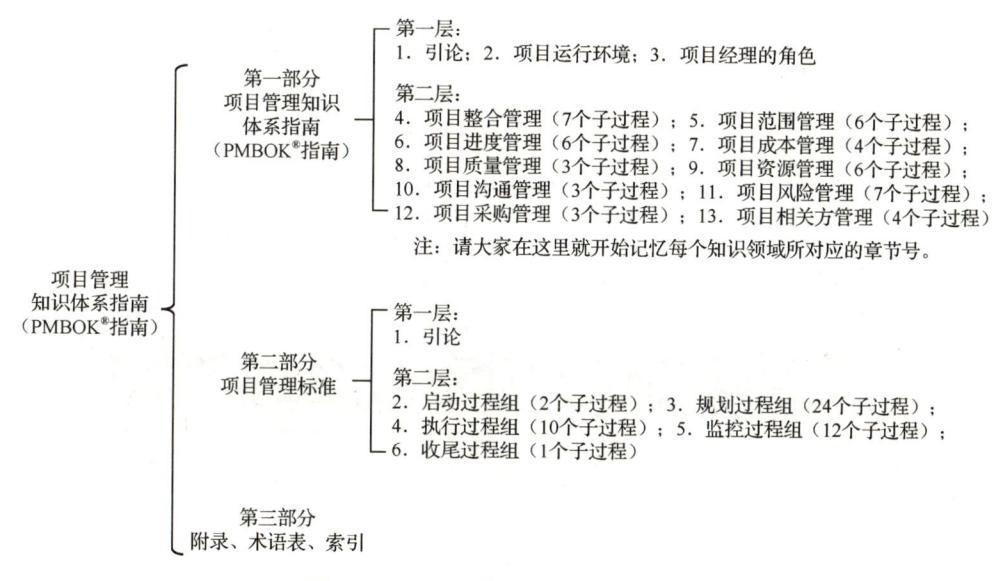

```
                            ┌ 第一层：
                            │  1. 引论；2. 项目运行环境；3. 项目经理的角色
                            │ 第二层：
                   第一部分  │  4. 项目整合管理（7个子过程）；5. 项目范围管理（6个子过程）；
                  项目管理知识 │  6. 项目进度管理（6个子过程）；7. 项目成本管理（4个子过程）；
                  体系指南  ─┤  8. 项目质量管理（3个子过程）；9. 项目资源管理（6个子过程）；
                  （PMBOK®指南）│  10. 项目沟通管理（3个子过程）；11. 项目风险管理（7个子过程）；
                            └  12. 项目采购管理（3个子过程）；13. 项目相关方管理（4个子过程）
项目管理                          注：请大家在这里就开始记忆每个知识领域所对应的章节号。
知识体系指南 ┤
（PMBOK®指南）                ┌ 第一层：
                            │  1. 引论
                   第二部分  │ 第二层：
                  项目管理标准 ─┤  2. 启动过程组（2个子过程）；3. 规划过程组（24个子过程）；
                            │  4. 执行过程组（10个子过程）；5. 监控过程组（12个子过程）；
                            └  6. 收尾过程组（1个子过程）

                   第三部分
                  附录、术语表、索引
```

图 2-8 《PMBOK®指南》章节结构分析

第一部分的第二层对项目管理知识维度中的十个领域进行了详细的阐述，它是通过对每个领域所涉及的管理子过程中的输入、输出和工具与技术的具体说明来告诉读者全球通用的良好做法与工具技术有哪些。在图 2-8 中每个知识领域后标注的子过程数量，就是这一领域在确保本领域内工作完成的所用过程，所以要明确实施领域是一组过程的整合，而不是单一的过程或成果表述。特别要提醒的是，读到这里就要求大家开始逐渐记忆项目管理的各过程了，这样为之后更好地理解和记忆各自过程间的数据流向与 ITTO 的关系和内容会有非常大的帮助。首先我们要把第一部分中第二层的章节号与知识领域一一对应记忆，如第 4 章是整合管理、第 5 章是范围管理。这里有个记忆顺口溜：4 整 5 范 6 时间 7 成 8 质 9 资源 0 沟 1 风 2 采 3 相关。想要把这本厚重的大书快点读薄，快速记忆各章节关系与主题内容很关键。

在这里也对比一下第一、二部分的第二层关系，大家应该很容易发现，第二部分第二层是根据五大过程组来排列的，并未提及知识领域，那知识维与管理维是如何关联的？大家可以看到图中每个知识领域与每个过程组后标出的子过程的数量，这两个部分的子过程数量是相等的，都是 49 个，不仅数量一样，其实它们就是同一个内容，所以，"PMBOK®指南"与"项目管理标准"的交集就是这些子过程，也说明这些子过程才是我们要重点去理解的考试内容，在 2.2.3 中会告诉大家如何记忆这些内容。

第三部分相当于整本书的词典，用好这一部分的内容对于学习这本书有极大的帮助。附录包含六个部分的内容，在学习备考时 X1、X2 两部分没必要看，X3、X4、X5 三个部分对《PMBOK®指南》中的一些重要概念和内容做了更深入的解释和总结，其中 X5 如没有充足的学习时间也可以不看。X6 是对工具与技术的总结和分类，这一部分对于记忆工具与技术具有很大的帮助。

术语表部分是学习本指南的重点内容，是对《PMBOK®指南》所有相关术语定义的总结。

索引，在后期学习《PMBOK®指南》时对于快速查找定位术语、过程、工具与技术可以起到重要帮助作用。

2.1.2.2 过程结构

在对《PMBOK®指南》的学习中，过程的结构和过程中输入输出的数据流向是难点，也是重点之一。过程结构主要包含：五大过程组之间的关系，过程组内部 49 个子过程之间的关系，子过程之间的输入输出关系，如图 2-9 所示。

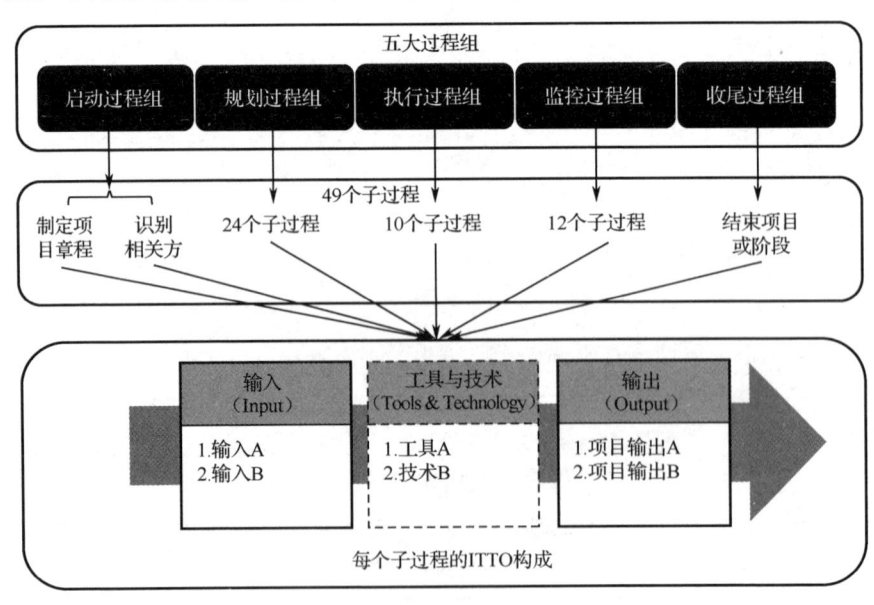

图 2-9 过程组、子过程与 ITTO 之间的关系

1. 五大过程组之间的关系（见图 2-10）

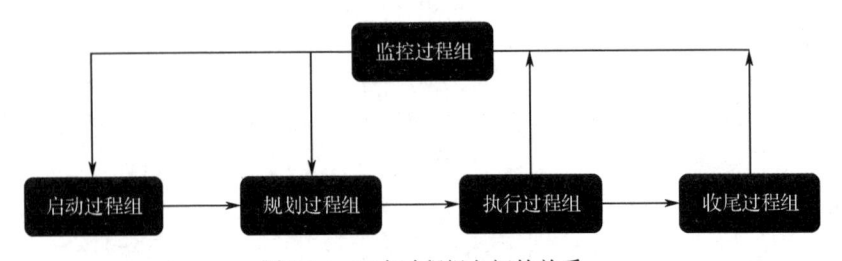

图 2-10 五大过程组之间的关系

启动过程组是定义一个新项目或现有项目的一个新阶段,授权开始该项目或阶段的一组过程。启动过程组的完成意味着规划过程组的开始,启动过程组是明确项目范围、优化目标,为实现目标制订行动方案的一组过程。简单地说,就是做计划,但计划并非在项目中只做一次,根据项目管理渐进明细的原则,在执行过程中发生变更或风险等不确定性时,以及在通过监控过程得到绩效的情况都可能对项目计划进行调整,这样规划、执行和监控过程组就形成了一个闭环。在项目管理的新兴趋势中,项目的监控更倾向于全过程监控,所以,对于启动和收尾也应该受到监控,并根据这一过程所获得的信息对项目的计划与执行进行调整,从而使五大过程组形成一个完整的闭环管理过程,并不断滚动向前。

2. 49个子过程之间的关系

项目的整个生命周期是通过一系列项目管理活动进行关联的,这些项目管理活动即项目管理过程,也就是我们在这里所说的子过程,它们共有49个。这49个子过程分别归属于五大过程组,在每一个过程组内部的它们彼此间的关系是备考中的记忆重点与难点之一。这些子过程与五大过程组和知识领域的关系在2.2.2中会详述。

(1)启动过程组:制定项目章程、识别相关方。

(2)规划过程组:制订项目管理计划、规划范围管理、收集需求、定义范围、创建WBS、规划进度管理、定义活动、排列活动顺序、估算活动持续时间、制订进度计划、规划成本管理、估算成本、制定预算、规划质量管理、管理质量、控制质量、规划资源管理、估算活动资源、获取资源、建设团队、管理团队、控制资源、规划沟通管理、管理沟通、监督沟通、规划风险管理、识别风险、实施定性风险分析、实施定量风险分析、规划风险应对、规划采购管理、规划相关方参与。

(3)执行过程组:指导与管理项目工作、管理项目知识、管理质量、获取资源、建设团队、管理团队、管理沟通、实施风险应对、实施采购、管理相关方参与。

(4)监控过程组:监控项目工作、实施整体变更控制、确认范围、控制范围、控制进度、控制成本、控制质量、控制资源、监督沟通、监督风险、控制采购、监督相关方。

(5)收尾过程组:结束项目或阶段。

基于渐进明细的原则,这些过程彼此间并非完全按顺序进行的,它们之间的相互作用因具体项目的需求而不同,指南中将它们分成三类:

● 仅开展一次或仅在项目与定点开展的过程。
● 根据需要定期开展的过程。
● 在整个项目期间持续开展的过程。

各子过程间的关系示例,如图2-11所示。

每个过程组中的子过程之间的关系在第二部分第二层中的每一章开篇都有流向图说明。

3. 各子过程中输入输出之间的关系

各项目管理过程通过它们所产生的输出建立彼此间的逻辑关系,一个过程的输出通常可能成为另一个过程的输入,或者成为整个项目或项目阶段的可交付成果。

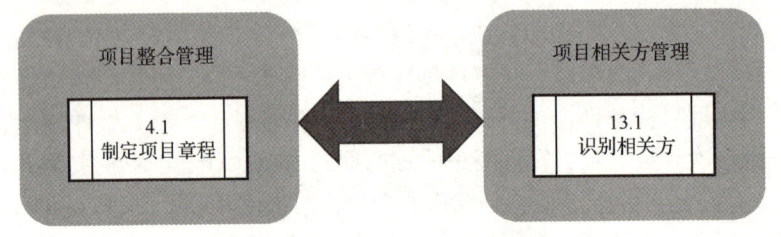

```
┌─────────────────┐           ┌─────────────────┐
│  项目整合管理    │           │  项目相关方管理  │
│  ┌───────────┐  │           │  ┌───────────┐  │
│  │   4.1     │  │ ◄──────►  │  │   13.1    │  │
│  │ 制定项目章程│  │           │  │ 识别相关方 │  │
│  └───────────┘  │           │  └───────────┘  │
└─────────────────┘           └─────────────────┘
```

图 2-11　各子过程间的关系示例

这些过程彼此间通过输入—工具与技术—输出的逻辑展开，即通常所说的 ITTO，这也是备考学习中的重难点。每个子过程的 ITTO 具体表达示例，如图 2-12 所示。

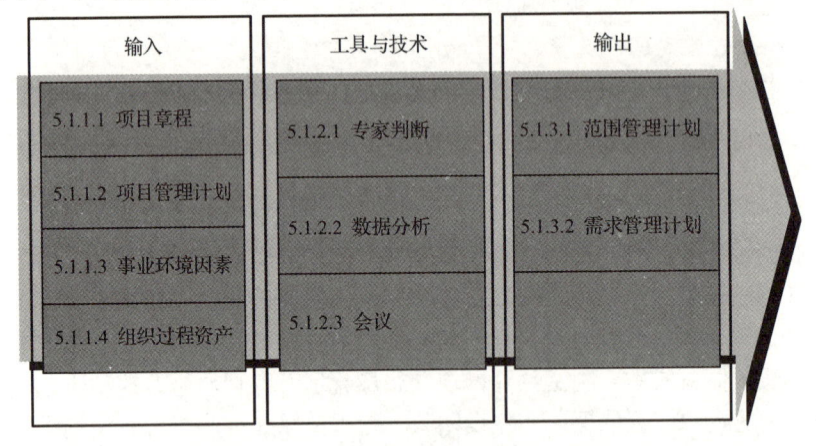

输入	工具与技术	输出
5.1.1.1 项目章程	5.1.2.1 专家判断	5.1.3.1 范围管理计划
5.1.1.2 项目管理计划	5.1.2.2 数据分析	5.1.3.2 需求管理计划
5.1.1.3 事业环境因素	5.1.2.3 会议	
5.1.1.4 组织过程资产		

图 2-12　子过程的 ITTO 具体表达示例

图中的输入项其实就是为了得到本过程输出成果的依据，这些依据中如项目章程是整合管理知识领域在启动过程组中制定项目章程这一子过程输出的文档成果，在这一过程中，项目章程中的相关内容会通过工具与技术中的"专家判断、数据分析和会议"的分析判断，得到相应过程成果"范围管理计划"。

要点总结

大家应该对这本大部头书籍的结构有了基本的认知，现在我们来做一下梳理，以帮助大家有更整体性的把控，从而理解和记忆《PMBOK®指南》的主体内容和过程间的关系（见图 2-13）。

图 2-13 的最上层是由通用阶段构成的项目生命周期，它会根据行业的区别有不同的阶段划分及不同的开发周期，它是项目渐进明细管理的第一步。关于项目生命周期的内容在《PMBOK®指南》第一部分第 1.2.4.1 节和第二部分第 1.5 节中有描述。

项目的每个阶段如何进行滚动规划和循序渐进的执行与控制？答案当然是以五大过程组的方式管理，图中的第二层五大过程组并未在《PMBOK®指南》第一部分进行更详细的说明，第二部分的结构却是以五大过程组的方式展开的。

图中的第三层是项目管理的十大知识领域，这是《PMBOK®指南》第一部分的主体内容，也是考试的重点，它们按照所需的知识内容定义了项目管理领域，并用其所含的实践、输入、输出、工具与技术进行更加详细的描述，也就是图 2-13 中的第四层 ITTO。

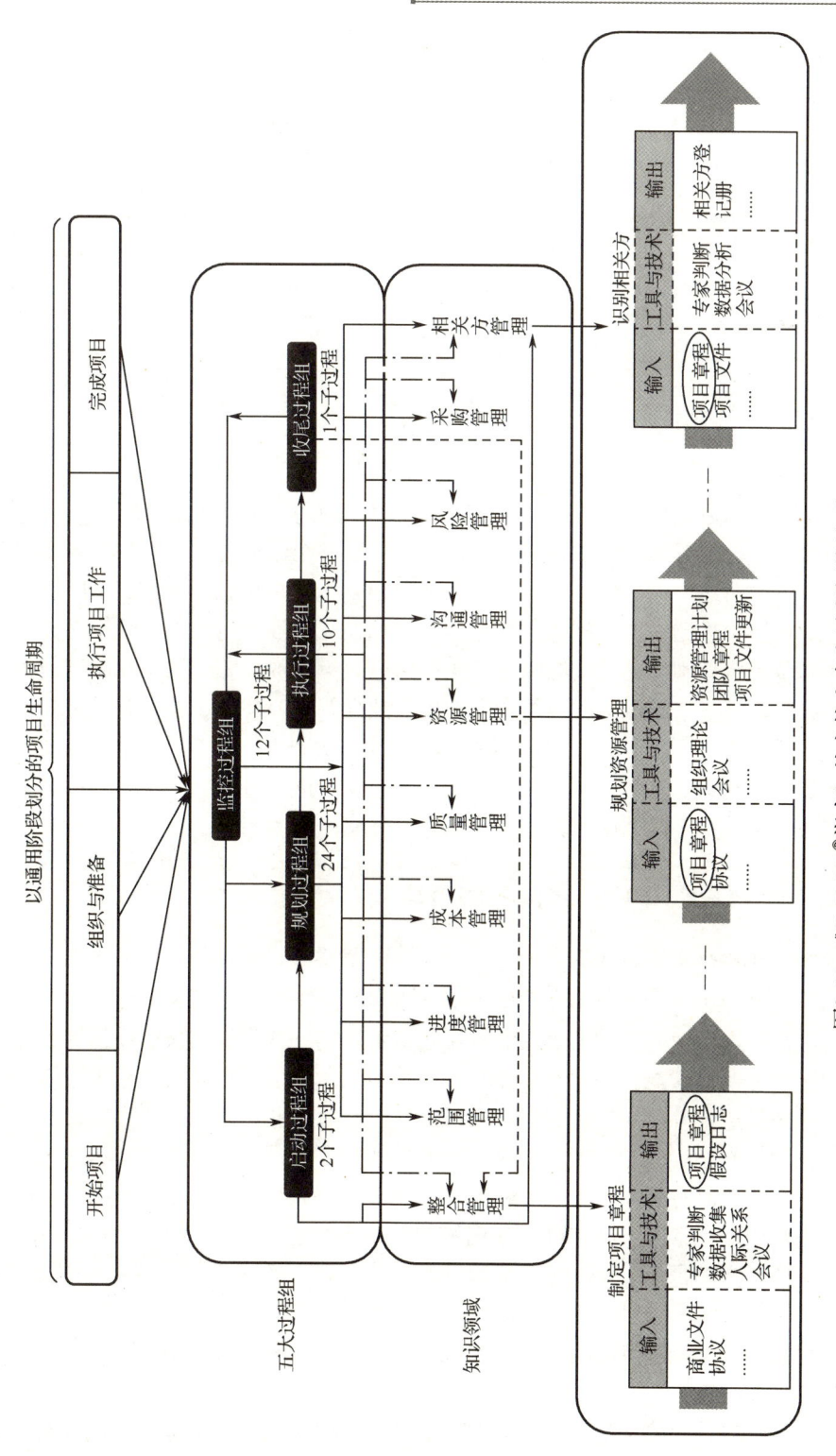

图2-13 《PMBOK®指南》的主体内容和过程间的关系

ITTO，即输入—工具与技术—输出是《PMBOK®指南》的最基础内容表达式，也是考试的重中之重，读者根据图2-13的表达可以看出，自上而下结构是逐级分解的，而且越来越详细，从项目的几个阶段构成的生命周期到可能每个阶段都要经历的五大过程组，又由此引出过程组要管理的十个知识领域，再向下是知识领域与五大过程组交集所涉及的49个子过程，最后一层是每个过程的ITTO表达式，49个子过程就有49组的ITTO表达式，每个表达式中又涉及18个项目管理计划文件、33个项目文件，以及132种工具与技术和469个术语（术语与文件和工具有重复的内容），这些就是备考和学习时要面对的主体内容，明白了指南的全局结构，接下来我会带着大家继续由浅入深地理解和记忆这些内容。

2.2 30分钟搞懂《PMBOK®指南》

30分钟搞懂《PMBOK®指南》肯定有人会说太夸张了，这里要说明一下。首先，我们对搞懂做个简单的解释，所谓搞懂就是你在没完整甚至没有看过《PMBOK®指南》之前就已经在脑中对这本书的结构与主要内容相当明确了，再进行下一步精读时就不会感觉混乱，就相当于你已经至少把书粗略地看了两遍，只是还没有认真记忆里面的细节。

其次，这本备考宝典本身就是按照循序渐进的原则来编写的，相信大家在阅读前面内容时也感觉到了，接下来的内容就是帮助大家更深地理解《PMBOK®指南》的更具体内容和49个子过程，为后面更进一步详细地按章节学习做好准备。其实另一个目的就是希望大家能连贯地阅读第2.2.1节到第2.2.4节的内容，这样能更好地提升学习效率。接下来就让我们通过几张更全面的图和说明来"搞懂"《PMBOK®指南》。

2.2.1 学习《PMBOK®指南》的方法

学习《PMBOK®指南》的人主要分成两类，一类是为了参加认证考试，另一类是为了提升项目管理能力。但无论属于哪一类都要真正读明白《PMBOK®指南》，对于要考试的朋友，在搞懂指南的基础上还要通过做题来考查自己的学习成果，以便能一次通过考试，而对于想要提升能力的朋友可能不需要练习试题，但同样要在学习中带入一些工作实践中的场景进行分析思考，从而真正理解《PMBOK®指南》的作用。

根据长期的教学经验和学员的反馈，想要比较充分地理解《PMBOK®指南》至少认真读三到五遍，但对于大多数备考的朋友来说，没有充分的时间读三遍以上，所以，我为大家提供了一套学习《PMBOK®指南》的方法路线图（见图2-14）。

首先，要强调的是，一定要把很多事都项目化处理，考证是一个项目，参加考前培训是这一项目的一个子项目，模拟考试也是子项目或定义为阶段性项目，所以，学习阅读教材也可以看成一个项目，我们把它当成一个三阶段的子项目。

2.2.1.1 第一遍

第一阶段也就是看第一遍《PMBOK®指南》时，我们倒着来看，先仔细阅读第三部分中的术语表，尽可能地对术语做到理解的程度。在阅读术语表时，如果不太理解可以根据

第三部分的"索引"到相关的页面去看看它在书里是如何使用的,这样既达到了理解术语内容又等于在概览书籍内容。比如,看到"资源平滑"这个术语,表中的解释并不能帮助充分理解,那就到索引里看一下第一次出现在哪页,看看它的具体应用场景,这样既理解术语也预习了这部分的内容,为之后精读打下基础。图2-15展示了索引的使用方式。

图2-14 《PMBOK®指南》学习方法路线图

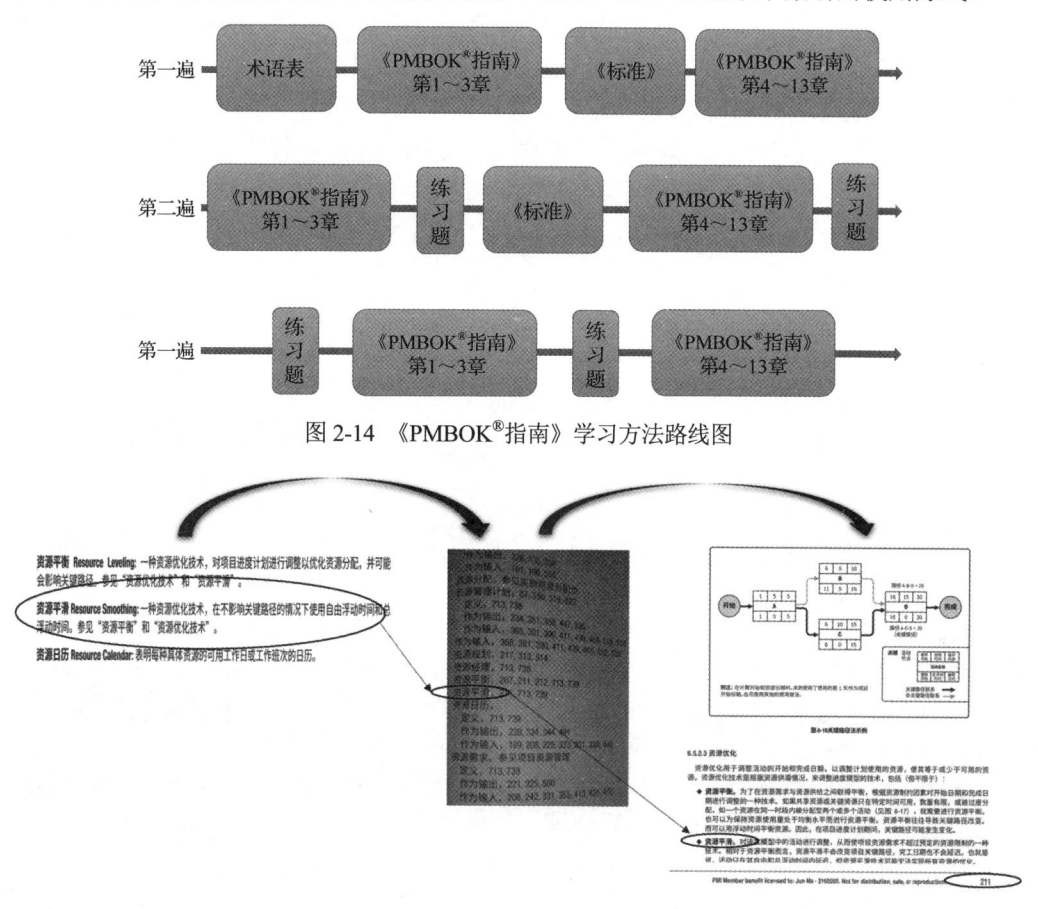

图2-15 索引的使用方式

在对术语表有一定理解后,就开始阅读《PMBOK®指南》的前3章内容,前3章是对整个指南核心概念和定义及基本内容的概述,对这些内容的充分理解对于精读第二部分和第一部分的第4~13章有重要的帮助。

"项目管理标准"是从五大过程组的角度顺序概述各个过程的输入、输出,但并未涉及工具与技术,且没有详细地说明各知识领域在项目管理中的作用,先阅读本部分可以进一步从过程组的角度整体上把握全书的内容和脉络,对于之后更好地精学第一部分有很好的辅助作用。

最后就是对《PMBOK®指南》最主体的内容即有关知识领域的10个章节的阅读,基于之前的积淀,现在再来阅读这10章内容就会比较顺畅,容易理解。

看第一遍书时时间尽量在一周以内,即便有理解不了的地方也不要着急,一定要记住，这也是个符合项目管理循序渐进原则的过程，第二遍、第三遍的练习加阅读，再加上参加培训时老师的讲解，自然而然也就理解了。

2.2.1.2 第二遍

第二阶段的学习思路是边看书边练习，这一遍是将第一阶段的后三步加入习题练习进行迭代，讲求的是学练结合，以点带面。通过阅读加深对内容的深入理解，并通过习题加强实际情境的训练以进一步巩固，并考查第一遍的学习成果。这里要强调一下以点带面的学习方法，在第二阶段距离考试还有较充足的时间，所以，练习是不要只为寻求结果，答错的题多一些不一定是坏事，当出现错误时要把相应的知识点在书中尽量找到出处并将相关联的前后内容都重新复习一遍，相当于又多了一遍阅读，这时过程比结果更重要。

对于"项目管理标准"的阅读在这一阶段不需要过细，重点在于第 4～13 章的精读。

2.2.1.3 第三遍

这一阶段的学习思路是边练习边看书，通过在练习中不断寻找不足，并进一步以点带面来精研《PMBOK®指南》，也是阅读的第二次迭代。

在阅读《PMBOK®指南》时，大家会发现对 49 个子过程的记忆是个难点，这在之前的章节中也讲过，但对这些过程的记忆是有一定规律的，下面我们就来看看如何记忆这些核心过程。

2.2.2 一张表记忆核心过程

之前已经给大家分析过《PMBOK®指南》的逐一细化的结构层次和重点学习的内容，其中重中之重就是对 49 个子过程的学习，考试中经常要通过对过程的确认来判断答案，如果你能准确快速地定位题目背景描述的是哪个过程，那答案的准确率会大幅度提升。

例题：

由于不可预测的项目整合复杂性和资源可用性，导致项目发生进度超支。为了满足项目期限，职能经理要求项目经理在未经测试的情况下上线。若要避免这种情况，项目经理事先应该做什么？

A. 管理进度偏差

B. 管理风险

C. 识别风险

D. 识别质量问题

答案： C

解析： 避免项目在执行过程中发生问题，需要规划项目风险管理，首先识别风险，然后分析和管理风险。

学习中很重要的一点就是对这些过程的记忆，接下来我们来通过图 2-16 帮助大家尽量在 15 分钟内记住两大方面的内容：不看书只看章节编号就能知道每个子过程及它的 ITTO 在书中的位置、记忆 49 个子过程的规律。

快速读懂《项目管理知识体系指南》 第2章

知识领域 & 过程组	4.整合管理	5.范围管理	6.进度管理	7.成本管理	8.质量管理	9.资源管理	10.沟通管理	11.风险管理	12.采购管理	13.相关方管理
启动过程组	4.1 制定项目章程									13.1 识别相关方
规划过程组	4.2 制订项目管理计划	5.1 规划范围管理 5.2 收集需求 5.3 定义范围 5.4 创建WBS	6.1 规划进度管理 6.2 定义活动 6.3 排列活动顺序 6.4 估算活动持续时间 6.5 制订进度计划	7.1 规划成本管理 7.2 估算成本 7.3 制定预算	8.1 规划质量管理	9.1 规划资源管理 9.2 估算活动资源	10.1 规划沟通管理	11.1 规划风险管理 11.2 识别风险 11.3 实施定性风险分析 11.4 实施定量风险分析 11.5 规划风险应对	12.1 规划采购管理	13.2 规划相关方参与
执行过程组	4.3 指导与管理项目工作 4.4 管理项目知识				8.2 管理质量	9.3 获取资源 9.4 建设团队 9.5 管理团队	10.2 管理沟通	11.6 实施风险应对	12.2 实施采购	13.2 管理相关方参与
监控过程组	4.5 监控项目工作 4.6 实施整体变更控制	5.5 确认范围 5.6 控制范围	6.6 控制进度	7.4 控制成本	8.3 控制质量	9.6 控制资源	10.3 监督沟通	11.7 监督风险	12.3 控制采购	13.4 监督相关方参与
收尾过程组	4.7 结束项目或阶段									

图2-16 49个子过程与知识领域、过程组间的关系

如果在阅读《PMBOK®指南》时很清楚各知识领域与五大过程组交集构成的 49 个子过程和彼此间的输入、输出的数据流向，就可以在备考时事半功倍。下面我们通过这样几个步骤帮助大家在较短时间内把它们记住并对第 4～13 章内容进一步分解，不仅能记住过程还能在复习备考中快速定位过程在书中所在位置，以使在做题时更容易判断题目所考的知识点。

2.2.2.1 横向

横向是按照五大过程组需要完成的任务来进行划分的，如果对每个过程组的工作内容有理解就比较容易记忆，来看一下对它们的理解思路。

1. 启动过程组

启动过程组共有 2 个子过程。这一过程需要确立项目或阶段的目标，定义初步项目范围和落实初步财务资源，书面记录假设和约束，对项目经理进行相关的权限和职责的界定。另外，在项目初期对于重要的相关方进行识别，以便之后无遗漏地挖掘需求以保证项目的成功，如发起人、出资人、供应商、行政机构等，这些内容需要在正式被批准的文档中进行记录，这样的文档即**项目章程**、**相关方登记册**，这一工作需要在项目或阶段开始时做，所以启动时有两件事需要做就是**制定项目章程**（项目章程一旦批准，项目即正式立项）和**识别相关方**。

2. 规划过程组

规划过程组共有 24 个子过程。启动过程为项目确立了目标，接下来就要为实现目标制订相应的计划。在不考虑项目特性的前提下，不考虑裁剪因素，项目完整的规划要考虑的因素即是之前所讲到的各个知识领域。当然在实际项目中所涉及的知识领域可能还不止书中提到的十个领域。在记忆规划过程组的各子过程时，关键词是提纲挈领（见图 2-17）。

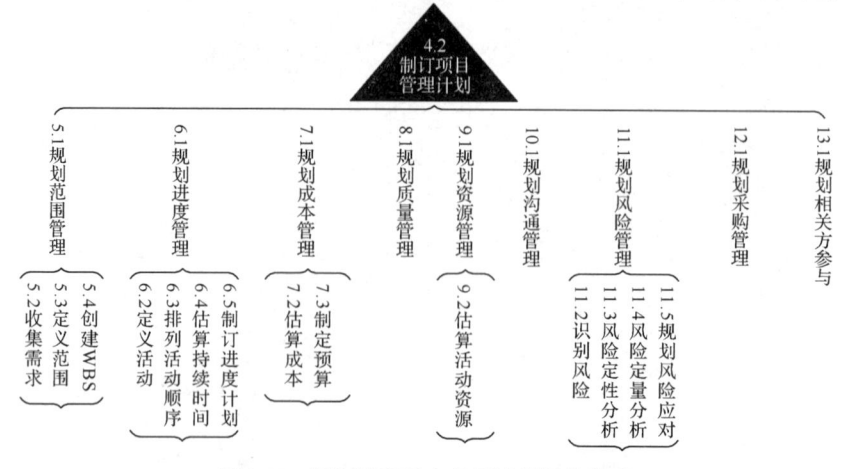

图 2-17　规划过程组内各子过程间的关系

（1）制订项目管理计划是一个过程，它是将所有项目相关子计划进行统一整理成一个完整计划的过程，而非输出的成果是若干其他计划文档的集成，所以它是提纲挈领的最上端，这也说明了整合管理的意义。

（2）规划过程组中每个计划的制订基本上分成两个部分：从范围到相关方计划的制订，每个领域的第一个子过程都是"规划××管理"，它的主要作用是为之后具体计划的制订提供指南和方向，所以，如果你通过前面的内容已经记住了十个知识领域分别是什么，那么规划过程组中就能轻松地记住十个子过程，即图中的"4.2、5.1、6.1、7.1、8.1、9.1、10.1、11.1、12.1、13.1"；第二部分是在"规划××管理"基础上由制订具体计划的步骤构成的，如"5.2 收集需求、5.3 定义范围、5.4 创建 WBS"，每个计划的创建过程都与我们的日常认知相关联，了解它们的基本逻辑步骤，记忆也就很简单了。

（3）需要注意的是：质量、沟通、采购和相关方四个知识领域的规划只有一个过程，分别是规划质量管理、规划沟通管理、规划采购管理、规划相关方参与。规划过程组是五大过程组中子过程最多的一组，共有 24 个。

3. 执行过程组

（1）执行过程组共有 10 个子过程。执行自然就是要按照规划的内容开始行动了，所以，第一个过程就是基于项目管理计划的"指导与管理项目工作"，在现代项目管理中非常重视过程资产的积累和项目知识的传递，在第 6 版中更加体现了这一内容，所以在执行过程中要边干活边总结积累相应的知识，以便于为项目后期或之后的项目提高绩效创造可能性，因此"管理项目知识"就成为执行中第二重要的事。

（2）按说凡是制订了计划的都应该在执行中体现，但大家根据图 2-6 可知，三重制约要素中的范围、进度、成本在这一过程没有子过程出现，那是因为它们三个构成了一把衡量项目绩效的尺子，成为项目基准，用于衡量项目绩效，所以这三个计划是在监控过程中才发挥作用的。

（3）除了已经说明的整合领域在执行过程组的工作，以及范围、进度、成本三个领域，其他领域都有事情要完成。首先，质量要管理，这一过程"是将质量管理计划转化为可执行的质量活动的过程"，通过定义也能看出它属于执行过程；在资源管理中主要分为实物资源和人力资源两部分，对于已经规划过的这两种资源在执行时进行有效获取、分配和利用，所以有了"获取资源（针对两类资源的取得）、建设团队和管理团队"；沟通需要按照计划开展，制订了应对计划的风险一旦发生需要实施应对，规划通过招投标获取的资源在执行过程要开展相应的招投标活动以确定供应商并执行合同内容；同时，相关方在执行中要根据参与计划让他们尽量积极地支持项目活动，项目经理执行中75%～90%的时间都在做协调工作；按照这样的逻辑，大家就容易记忆以下 7 个子过程了，即"8.2 管理质量、9.3 获取资源、9.4 建设团队、9.5 管理团队、10.2 管理沟通、11.6 实施风险应对、12.2 实施采购、13.3 管理相关方参与"。

4. 监控过程组

监控过程组共有 12 个子过程。在执行的过程中如何将各个计划进行统一的管理，全局性地进行协调就是由监控过程的"监控项目工作"和"实施整体变更控制"来完成的。凡是有过规划的知识领域就一定要被监控，所以在监控过程中每个知识领域都有要完成的工作，这体现了在实际工作中只要有计划就要有监控的基本理念。当通过执行的绩效与各个计划进行比对时，通过监控发现的问题、变更或偏差就要被"监控项目工作"这一过程记录。如果需要对计划有所调整，就要通过"实施整体变更控制"来完成，因此这 12 个过程间的基本关系如图 2-18 所示。

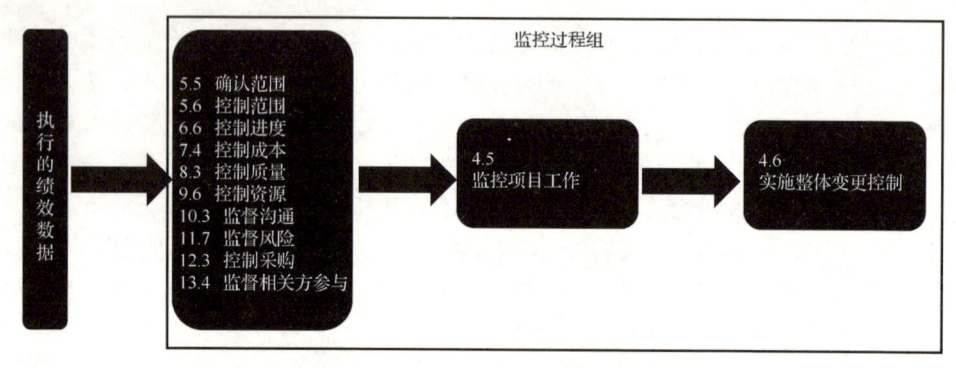

图 2-18 监控过程组内各子过程间的关系

（1）在记忆过程中，先要记住第 5.5～13.4 节这 10 个子过程，它们通过对执行时收集的数据加工成信息给"4.5 监控项目工作"，再由这一过程正式提出相应的变更调整，由"4.6 实施整体变更控制"过程来完成，以达到项目的整体性调整。

（2）只有在范围管理有 2 个子过程，其他领域都是一个。

5. 收尾过程组

收尾过程组只有一个子过程，即"结束项目或阶段"。

2.2.2.2 纵向

纵向是按照十个知识领域对 49 个子过程进行了划分，代表着每个知识领域要完成的工作任务。通过上面横向的分析，大家已经对子过程间的关系有了初步认识，从工作任务内容理解的角度有了认知，接下来我们从纵向的角度即《PMBOK®指南》章节结构的角度来帮助大家记忆。要达到两个目标：①子过程的记忆；②能够准确定位每个子过程在书中的位置。

《PMBOK®指南》的主体内容是按照十大知识领域来安排的，在学习中往往要涉及每个子过程及相关的 ITTO 内容，我们可以通过对每个子过程及输入、输出的编码定位来帮助记忆和读透这本书。

大家都知道从书中第 4 章开始就进入了学习的最重要内容，而 49 个子过程及它们的输入、输出就是根据章节来安排的。首先，我们来看过程 5.2"收集需求"，这就代表这一过程是《PMBOK®指南》的第 5 章第 2 节内容，那这一过程的输入是这一过程组要阐述的第一部分，所以 5.2.1"收集需求"是这一过程的输入，其中"项目章程"是这一过程所需输入的第一项依据，所以它的编码就是"5.2.1.1"。那么以此类推，"5.2.2.1"就是指代"收集需求"过程的工具与技术中的第一项内容"专家判断"，"5.2.3.1"即指代这一过程输出的第一项内容"需求文件"。可总结出编码第一位是知识领域所在章节数，第二位是本领域的子过程序号，第三位是本项子过程的 ITTO 编号（1 代表输入，2 代表工具与技术，3 代表输出），第四位是 ITTO 中的具体内容。

例：7.3.3.2 是第 7 章项目成本管理的第三个子过程"控制成本"的输出项中的第二项输出内容"项目资金需求"。

通过这样对结构的理解，大家再看图 2-12 或《PMBOK®指南》第 25 页的表格时，是不是就很容易理解这样书写的用意了？更为关键的是，这样理解会让你在没有读完整本书的时候就对它的整体有了全面的认识。

2.2.3　工具与技术解析

49 个子过程的 ITTO 表达式中对工具与技术的记忆是学习中的重难点之一。工具与技术要记忆的内容主要是两方面：工具与技术的定义与作用，以及它们被应用在哪些过程中。关于工具与技术方面的考题也是考试中的重难点，且比例不小。

例题：

一名项目经理负责管理一个已经经历质量问题的项目。项目经理应使用什么来控制这些质量问题？

A．蒙特卡洛模拟

B．专家判断

C．帕累托图

D．工作绩效数据分析

答案： C

解析： 帕累托图是一种特殊的垂直条形图，用于识别造成大多数问题的少数重要原因。

在《PMBOK®指南》第 6 版之前的版本，对工具与技术做了相对完整的分类，这为我们学习相关知识提供了较好的参考。本书根据往年的考频和指南的分类做了更详细的说明以辅助大家记忆，如图 2-19 所示。

记忆表格使用说明：

- 表格对《PMBOK®指南》中所有工具与技术根据附录做了分类总结和 PMP®考试中出现频率高低的提示。其中深红代表考频很高，每次考试都可能出现；红色代表考频高；黄色代表中度考频，每年四次考试中可能出现一次；蓝色代表考频一般，出现次数较少。（考频仅为大家提供参考）
- 表格是为了辅助记忆工具与技术的含义与过程所属，但首先要记住工具所属的类别。

2.2.4　一张图记忆数据流向

所谓数据流向是指每个子过程中输入、输出之间的流动关系，如图 2-13 最下面一层所展示的，"制定项目章程"这一过程的输出"项目章程"这一文档成果将成为"规划资源管理""识别相关方"等若干过程的输入依据，同时，基于"项目章程"得到"资源管理计划"又会成为其他相关联过程的输入依据，通过这样的互为输入、输出的逻辑关系，就把整个项目管理过程真正融为一个整体，从而完整地向项目管理者提供了充分的指导，明确在管理过程中所处的工作位置与在这一位置应该做什么。

很多朋友在备考中容易忽略数据流向图，一方面可能是因为《PMBOK®指南》中从第 4 章开始在每个章节前给出数据流向但并未完全把过程与输出列出，另一方面是因编写需要而不在同一个页面，给人太强的割裂感而不能从整体上把控过程间的数据流向，但考试中如果很清楚数据流向，对于考试中大量以"项目经理接下来首先应该做什么？"或"之后应该做什么"为提问方式出现的题目来说就有了更高的正确率。下面我们通过一张图来帮助大家进行数据流向间的记忆，我称之为"大图"，如图 2-20 所示。

序号	工具与技术	作用	适用领域	所属过程	定义	考频
1	标杆对照	数据收集	范围、质量、相关方	5.2、8.1、13.2	标杆对照是指将实际或计划的产品流程和实践与其他可比组织的做法进行比较，以便识别最佳实践，形成改进意见并为绩效考核提供依据	红色
2	头脑风暴	数据收集	整合、范围、质量、风险、相关方	4.1、4.2、5.2、8.1、11.2、13.1	当一群人围绕一个特定的兴趣领域产生新观点的时候，这种情境就叫作头脑风暴	红色
3	检查表	数据收集	质量	8.3	在收集数据时用作检查清单的技术表格	红色
4	核对单	数据收集	整合、质量、风险	4.2、8.2、8.3、11.2	用来核实所要求的一系列步骤、是否已得到执行的结构化工具	黄色
5	焦点小组	数据收集	整合、范围	4.1、4.2、5.2	着意预订的相关方和主题专家，了解他们对所讨论的产品、服务或成果的期望和态度的一种启发式技术	深红色
6	访谈	数据收集	整合、范围、风险	4.1、4.2、5.2、8.1、11.2、11.3、11.4、11.5	通过与相关方直接交谈，来获取信息的正式或非正式方法	红色
7	市场调查	数据收集	采购	12.1	用科学的方法，有目的、系统地搜集、记录、整理和分析市场情况，了解市场的现状及其发展趋势，为企业的决策者制定政策，进行市场预测，做出经营决策，正确提供依据	蓝色
8	问卷和调查	数据收集	范围、质量、相关方	5.2、13.1	设计一系列书面问题，向众多受访者快速收集信息	蓝色
9	统计抽样	数据收集	质量	8.3	从目标总体中，选取部分样本用于检查	黄色
10	备选方案分析	数据分析	整合、范围、成本、进度、质量、资源	4.5、4.6、5.1、5.4、6.1、6.4、7.1、7.2、8.2、9.2、9.6、11.5、13.4	一种对已识别的可选方案进行评估的技术，用来决定选择哪种方案或使用何种方法来执行项目工作	红色

图2-19 工具与技术记忆与考频示例

图2-20 数据流向图示例

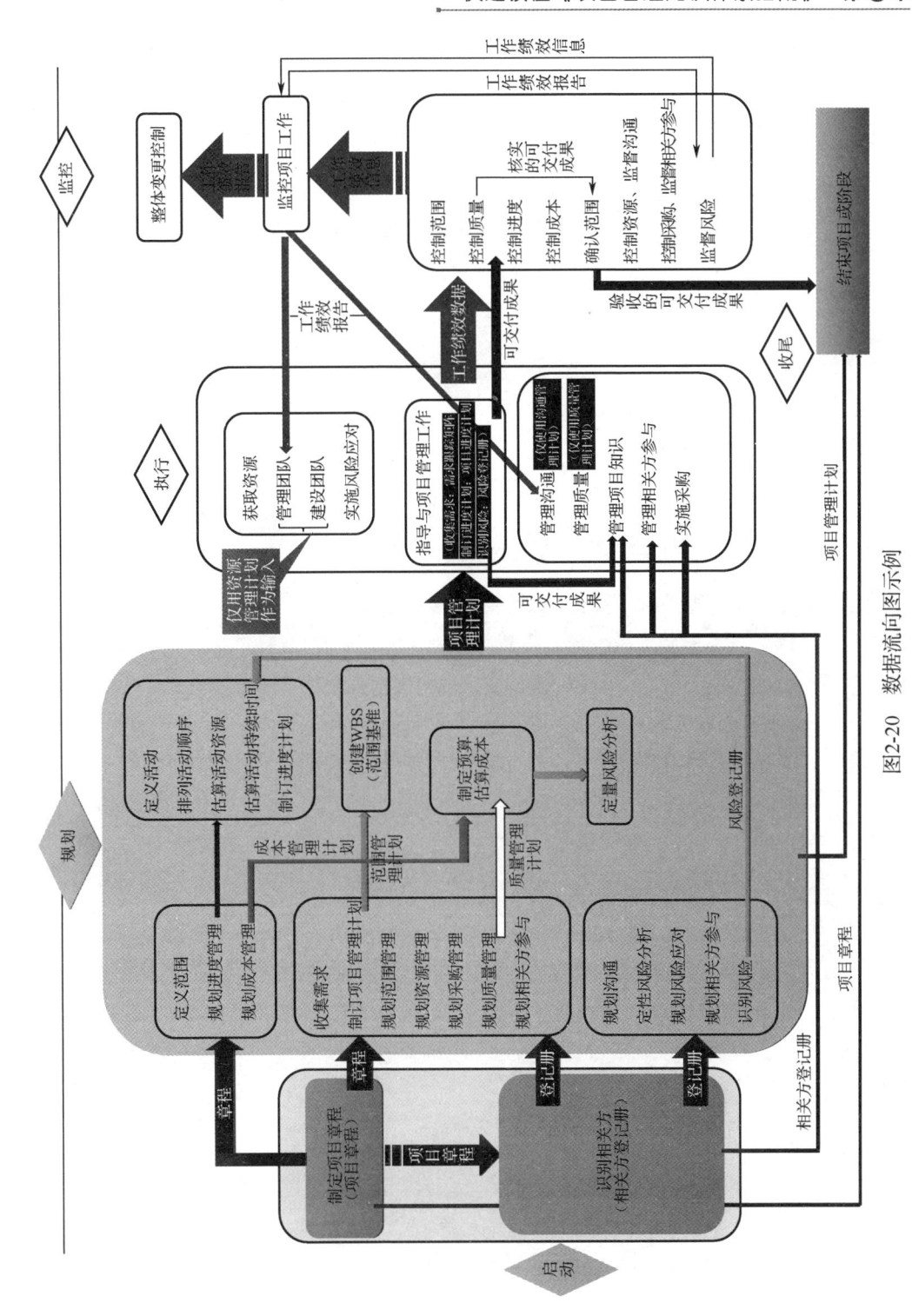

"大图"使用方法：
- "大图"中用深灰色背景板包含了启动和收尾过程组内的 3 个子过程，浅灰色背景板包含了规划过程组内的 24 个子过程，第 3 列包含了执行过程组中的 10 个子过程，第 4 列包含了监控过程组的 12 个子过程。有相关性的一个或多个子过程会用黑色文本框作为归类框。
- 箭线代表了各过程间的逻辑关系。若箭线上的箭头在黑色归类框边沿，说明箭头另一头的过程是归类框内所有过程的输入；若箭线上的箭头进入归类框内，则特指某箭头另一头的过程仅是此项过程的输入。

第 3 章
项目管理概念

每一门学科都有自己的专有词汇与相应概念，通用词汇是专有学科的基本要素，在对《PMBOK®指南》的学习中，尤其要对指南中的概念有准确的把握，才能在认证中与实践中形成与项目团队之间的同频语言。

3.1 项目

在之前的章节中我们也对项目做过通俗性的解释，项目的定义在不同的版本中基本没有被改变过，《PMBOK®指南》中的定义是为创造独特产品、服务或成果而进行的临时性工作。通过定义可以更完整地分析出它的基本特性，同时，这也是认证中的主要考点之一。项目的例子有：建造一栋教学楼，开发一套软件，实施一次咨询或培训，召开主题会议，举办一次展会，侦破一起案件，实施一次手术。

3.1.1 项目的基本特性

3.1.1.1 临时性

有明确起始时间是项目的最重要的特性之一，同时也是有别于其他工作的最大区别。项目是在一个临时的环境下做事情，这就要求从事项目管理的人员要从传统的运营思维中转变过来。正因为项目的"临时性"，所以项目化也就成为可能，一件工作是否可以定义为项目，其实是由人们的主观判定的，你把一项工作设定开始与结束点，并明确这个时间段内要达到的目标是什么，这就是项目。组织或个人可以将很多工作以项目的形式界定，并以此逐渐引入项目化管理的机制。比如，财务部是一个职能部门，一般认为它们不做项目，但它们自己的项目性工作就不少，如年底的财务审计或由新的财政政策引起的报表汇总等；个人则体现在你近一段时间想要完成的目标，如减肥、提升自己某项技能等。

是否项目并非由事件本身决定的，而是由完成工作的人界定的。

需要理解的重点之一："临时性"并不代表项目的持续时间短。有的项目可能仅有几天，如接待外宾或欢迎宴席，也有可能持续时间较长，如需要几个月或几年的系统集成、软件开发，抑或需要几十年的三峡工程、南水北调工程等。

需要理解的重点之二：项目是临时的意味着项目开始的目的就是达到目标而结束，但项目并非都能实现目标而终止，在如下的情况下项目也会结束：无法达到目标、需求消失、资源不足、法律法规不允许等。

项目虽是临时性的,但所交付的成果可能在项目结束后依然存在,并进入运营阶段。

3.1.1.2 独特性

项目要以交付独特产品、服务或成果等目标为启动的前提。目标既可以是有形的产品,也可以是无形的服务或成果,这些都是基于不同项目相关方的不同需求而产生的,所以即便相同的项目类型甚至名称或图纸,甚至相同的产品功能或服务标准,总会有技术参数、交付时间、地点、参与人员等诸多的不同,这是独特性的最基本体现。

独特性还体现在项目既然是临时性的,意味着项目只有一次机会,成功意味着项目结束,失败了项目也同样要终止,没有哪个项目是没有时限地做下去的。项目只有一次成功的机会,失败了再来一次,那就是另一个项目了,这样就意味着每一次项目完成的目标都会有所不同。

若在意事情的临时性与独特性,就当成项目来完成;若在意事情的重复性与同类性,就当成"运营"工作来完成。

3.1.1.3 不确定性

基于项目临时性与独特性意味着在项目的执行中会出现诸多变化,随着社会经济的发展,项目的需求易变性也越来越高,项目中的风险也逐渐增多,而这些都是项目不确定性的表现。

不确定性在项目中体现于众多方面:相关方需求的不确定、市场条件的不确定、人员技能的不确定、技术的不确定、政策的不确定等。这些不确定性在项目执行过程中经常以变更或风险的形式阻碍项目的成功,所以,项目管理很大程度上是对项目中不确定性因素的管控。

项目的不确定性尤其是需求易变性,使在管理项目时要遵循**渐进明细**的方式推进。所谓渐进明细就是随着项目的进展与积累不断完善和调整相应的具体细节,直到项目达成目标。渐进明细的另一层意思也可理解为持续改进,因此,大多数项目是以 PDCA 为基础的滚动式规划来完成的。

项目在众多方面都要按照渐进明细的方式来推进,主要体现在:项目的目标是随着项目相关方对需求的不断明确而越来越明确,最终符合 SMART 基本原则即明确具体的、可量化的、可实现的、有一定相关性的,并有时限性的;项目的计划随着目标的不断清晰而变得越来越具体,所以,项目管理计划只有在项目结束时才是最完整的。项目管理计划尤其是范围计划,在项目之初设定的方向性目标边界内不断分解而变得完整。图 3-1 是对项目主要特性的总结。

3.1.2 项目的作用与目的

项目离不开需求,没有需求的项目是不存在的,项目主要是为了满足项目发起组织与众多相关方的需求,或是为了符合法律法规或社会要求,或是为了执行、变更及技术战略,抑或是为了创造、改进或修复产品、过程或服务,归结下来主要体现在项目对组织变革的驱动、项目对商业价值的创造上。

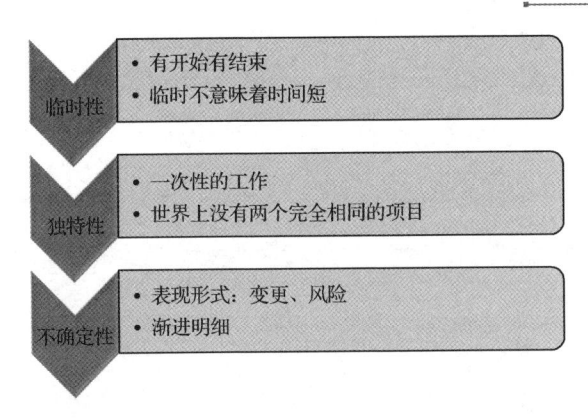

图 3-1 项目的特性

3.1.2.1 项目驱动变革

任何组织在正常运转的前提下都在不断推进组织的升级改造以达到组织效能的最大化,保证组织能够基业长青。在进行不断的提升中会通过一个又一个的项目来进行,如流程改造项目、制度优化项目、绩效提升项目等,这些项目都在让组织不断从"现有的状态"进入"将来的状态"。

3.1.2.2 项目创造商业价值

PMI 将商业价值定义为从商业运作中获得的可量化净效益。项目的商业价值指特定项目的成果能够为相关方带来的效益。效益包含了有价值的效果与利益两部分,同时效益不仅是有形的,也可能是无形的或两者兼而有之。为了能够明确地描述相应的可实现效益就需要将具体的商业需求进行论证和量化,并记录到相应的文件中。同时,项目经理也要通过这些文档来保证项目管理紧扣商业文件的意图。

1. 项目商业论证

文档化的经济可行性研究报告用来对尚缺乏充分定义的所选方案的收益进行有效性论证是启动后续项目管理活动的依据。

从指南给出的定义中可以看出,商业论证实际上是对一个项目需求的真实性进行论证后的文档,所以需求论证是在商业论证之前,论证如不可行就不存在实施项目的前提,若可行项目就可以启动。可以说这是一个提供决策的文件,这也意味着,商业论证给出了项目启动的基本目标和理由,同时,在项目结束时它也会成为判定项目是否成功的依据。

商业论证由项目发起人制定和维护,项目经理只负责提供建议,并在项目执行中保证项目商业论证、项目管理计划、项目章程和项目效益管理计划中的成功标准保持一致。

商业论证中记录了已商定的财务测量指标(也被称为效益测量法):净现值(NPV)、投资回报率(ROI)、内部报酬率(IRR)、回收期(PBP)、效益成本比率(BCR)。这些指标在 PMP® 认证中是需要了解它们的基本作用的,表 3-1 是对主要效益测量指标的对比。

表 3-1　主要效益测量指标的对比

指　标　项	含　　义	对项目含义
项目优先级	项目重要程度代表获得资源的能力	越高越好
净现值（NPV）	按一定的折现率将各年净现金流量折现到同一时点的现值累加值，NPV 考虑了时间带来的风险	越大越好
内部报酬率（IRR）	项目现金流入量现值等于现金流出量现值的折现率 经济含义是指在产品寿命期内项目内部为收回投资每年的净收益率	越大越好
回收期（PBP）	分动态、静态两种，指收回成本所需时间	越短越好
效益成本比率（BCR）	每投资一元所获得的收益	越大越好
投资回报率（ROI）	利润与投资之比	越大越好

2. 项目效益管理计划

项目效益管理计划是对创造、保持和提高项目效益的过程进行书面定义的文件。这份文件是对项目实现效益的方式和时间，以及对项目的效益进行衡量机制的记录，这个衡量机制应在项目生命周期早期制定，并根据确定的目标效益制订这份计划。项目效益管理计划包括目标效益、战略一致性、实现效益的时限、效益责任人、测量指标、假设、风险。这份计划由项目经理和发起人在项目整个生命周期中共同维护。图 3-2 展示了效益管理计划、商业论证与项目生命周期的关系。

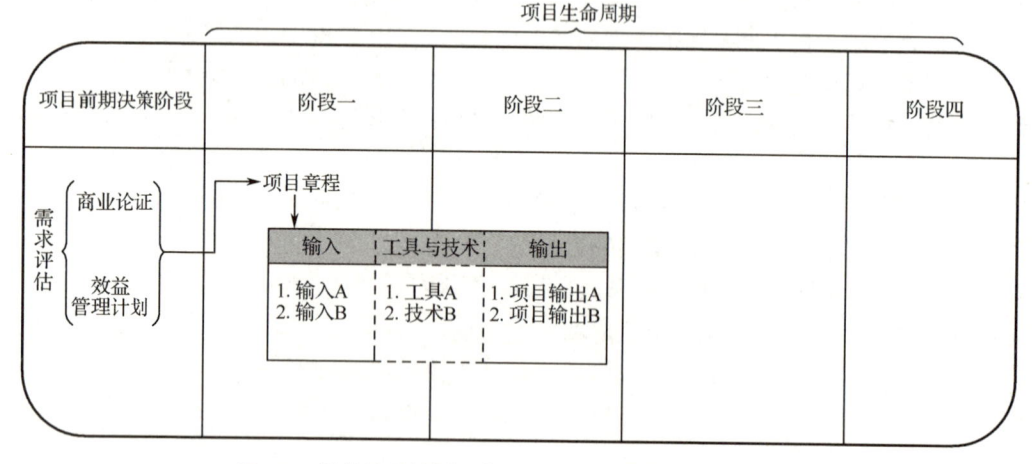

图 3-2　效益管理计划、商业论证与项目生命周期的关系

- ✓ 商业论证和效益管理计划是在项目正式开始之前制订的，这两份文件是制定项目章程的重要依据。
- ✓ 效益管理计划的制订和维护是一项持续改进的迭代工作，所以需要随着项目的进行不断完善。
- ✓ 项目效益管理计划中的测量指标可核实商业价值并确认项目成功与否。
- ✓ 制订效益管理计划需要使用商业论证和需求评估中的数据和信息。

3.1.3　项目的成功标准

项目怎样才算成功？如何评估项目的成功？哪些因素会影响项目的成功？这些都是项目管理中的重要挑战之一。项目一般并非由某一个相关方决定最终成功与否，各个相关方对成功的理解有所不同。在这种情况下，项目经理在项目之初要与项目的关键相关方达成共识并记录在案，以保证项目的成功有章可循。影响项目成功的主要因素包括但不限于：

- ✓ 时间、成本、范围和质量等项目管理测量指标。
- ✓ 项目可交付成果的技术目标。
- ✓ 项目商业论证中所记录的财务测量指标与非财务指标。
- ✓ 项目效益管理计划中所界定的测量指标。
- ✓ 相关方满意度。
- ✓ 满足商定的其他成功标准或准则。

项目成功的判定是多维度的并非简单地交付了成果就算项目成功了，有可能一个项目在规定的时间和范围内，按照预定的资金需求量完成了项目，但从商业角度可能并非成功的。

项目成功的标准判定也是随着项目管理的成熟度而不断演变的，最初的阶段把事情做完就可认定项目成功，逐渐演变成达到项目的三重制约要素就算成功的主要标准，现代项目管理则是以项目相关方满意为判定的主要标准。

3.1.4　项目管理与项目管理计划

3.1.4.1　项目管理

项目管理就是将知识、技能、工具与技术应用于项目活动，以满足项目的要求。随着社会经济的不断发展，企业越来越重视通过项目的形式来支撑组织的运营和战略。项目管理可以通过合理运用与整合特定项目所需的资源与项目管理过程予以实现。

项目是一个组织创造价值和效益的主要方式，有效且高效地开展项目管理是企业的重要战略能力表现之一。

伴随着项目管理在众多组织中的应用，企业的项目化管理也逐渐被众多企业采用。

项目化管理是对企业进行管理的方法，将企业中的大多数业务看成项目进行项目管理的运作。项目管理是对单一项目进行管理的方法。

3.1.4.2　运营与项目管理

运营管理关注产品的持续生产和（或）服务的持续运作，它使用最优资源满足客户要求，来保证业务运作的持续高效。运营的关键词体现在"持续""重复"，是通过对组织业务的持续提升以使得企业能够持久地发展下去，虽然也存在资源的约束，但只要组织需要就要投入相应资源，运营的成果是重复性的；项目的重要特性之一是"临时性"，它是有明确起止界定的，资源的约束性更强，项目的可交付成果是具有独特性的，项目是基于业务运营的需要。通俗地说，运营的开始是为了永远的持续不断，项目的开始就是为了实现目标后尽快结束。两者的共同作用都是为了实现组织的战略目标。表 3-2 对比了项目与运营管理间的不同。

表 3-2　项目与运营管理间的不同

比 较 项	项 目 管 理	运 营 管 理
负责人	项目经理	职能经理
实施组织	项目团队	职能部门
时限性	一次性	持续不断
目标	独特性	重复性
目的	实现目标结束项目	维持运营
管理追求	效果	效率

3.1.4.3　组织级项目管理与项目治理框架

大多数人对项目管理的认知较为片面，认为项目的成败是项目经理的事。其实不然，项目经理对项目的成功与失败固然负有很大的责任，但不是全部。项目管理首先是一种组织行为而非个人行为。

组织级项目管理是一种战略执行框架，通过应用项目管理、项目集管理、项目组合管理及组织驱动实践，不断地以可预见的方式取得更好的绩效、更好的结果及可持续的竞争优势，从而实现组织战略。项目治理为组织级的项目管理提供了管理框架（见图 3-3）。

项目组合、项目集和项目管理均需符合组织战略，或者由组织战略驱动。同样，项目组合、项目集和项目管理又以不同的方式服务于战略目标的实现。项目组合管理通过选择正确的项目集或项目，对工作进行优先级排序，以及提供所需资源，来与组织战略保持一致；项目集管理对项目集所包含的项目和其他组成部分进行协调，对它们之间的依赖关系进行控制，从而实现既定收益；项目管理通过制订和实施计划来完成既定的项目范围，为所在项目集或项目组合的目标服务，并最终为组织战略服务。

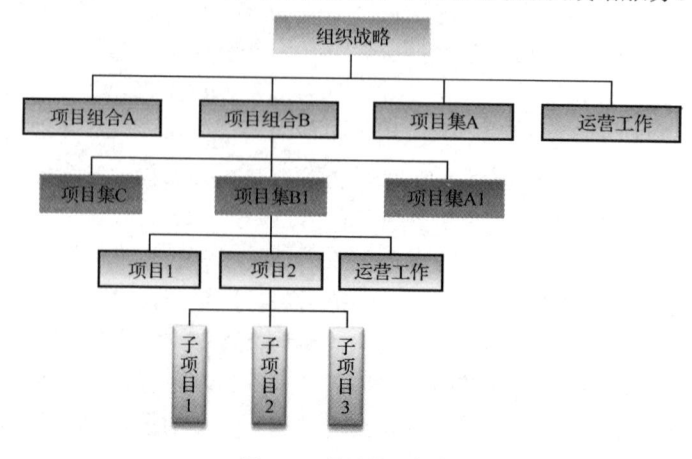

图 3-3　项目治理框架

1. 从概念的角度看

(1) 项目组合管理：为了实现战略目标而组合在一起管理的项目、项目集、子项目组合和运营工作。组合中的项目和项目集不一定彼此依赖或直接相关。项目组合管理是指为了实现战略目标而对一个或多个项目组合进行的集中管理。

项目组合的范围随着组织战略目标的变化而变化；项目组合经理负责管理和协调所需资源；项目组合经理监督战略变更及总体资源分配、绩效成果和项目组合风险；成功通过项目组合的总体投资效果和实现的效益进行衡量。

(2) 项目集管理：项目集管理就是在项目集中应用知识、技能、工具与技术来满足项目集的要求，获得分别管理各项目所无法实现的利益和控制。

项目集是一组相互关联且被协调管理的项目、子项目集和项目集活动，以便获得分别管理所无法获得的利益，各个项目间通过产生共同的结果或整体能力而相互联系。项目集中的项目彼此间是相互关联的，最重要的体现就是对组织资源的共享，共享资源通过项目集管理在项目间达到资源的增殖。比如，奥运场馆的建设是个项目集，其中，国家体育馆、水立方、乒乓球馆就是这个项目集下的子项目，它们都是建筑工程类项目，同时，这三个场馆在同一地域施工也可看作一个子项目集进行共享资源的有效协调。

(3) 项目管理：为创造独特产品、服务或成果而进行的临时性工作。重在单项目的管理，包含若干子项目。项目管理的最终责任由项目经理承担。

2. 从组织的角度看

项目组合管理注重于开展正确的项目集和项目；项目集和项目管理的重点在于以正确的方式开展项目和项目集。

3.1.4.4 项目管理数据、信息和报告

项目管理包含了对项目的规划、执行、监督、分析和预测，这就要求项目经理及团队在整个项目生命周期需要收集、分析和转化大量的数据。从各个过程收集项目数据，并在项目团队内共享。在各个过程中所收集的数据经过结合相关背景的分析、汇总，并加工成项目信息。信息通过口头形式进行传达，或者以各种格式的报告存储和分发。这就出现了三种不同的文档内容，即工作绩效数据、工作绩效信息和工作绩效报告。这三者是不断深化递进的关系（见图3-4）。

1. 工作绩效数据

工作绩效数据是指在执行项目工作的过程中，从每个正在执行的活动中收集到的原始观察结果和测量值。例如，工作完成百分比、质量和技术绩效测量结果、进度计划活动的开始和结束日期、变更请求的数量、缺陷的数量、实际成本和实际持续时间等。项目绩效测量的客观结果，被收集后会通过"4.3指导与管理项目工作"过程，记录在项目管理信息系统和项目文件中形成工作绩效数据。

2. 工作绩效信息

工作绩效信息是指从各控制过程（如5.5确认范围、6.6控制进度等）收集，并结合相关背景和跨领域关系进行整合分析而得到的绩效数据。绩效信息的例子包括可交付成果的状态、变更请求的落实情况及预测的完工尚需估算。

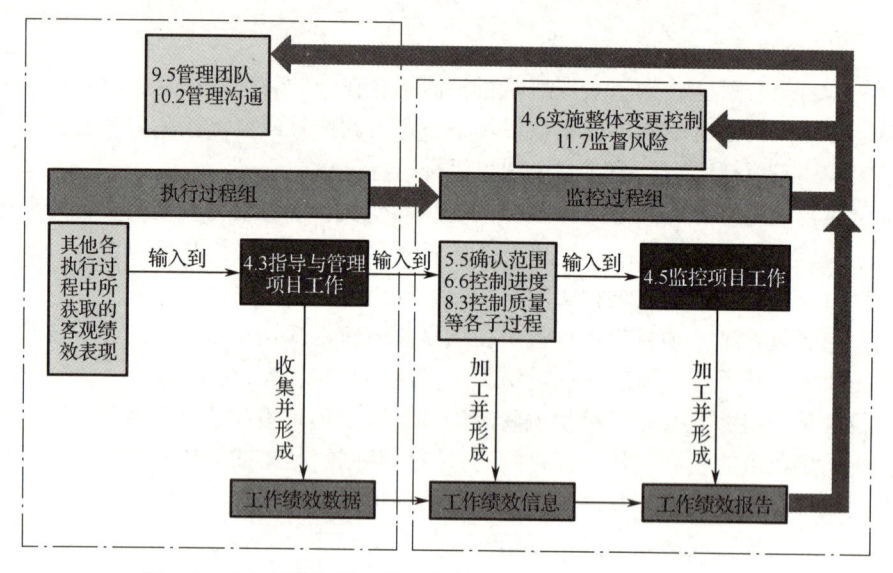

图3-4 工作绩效数据、信息与报告在项目管理过程间的流向

3. 工作绩效报告

工作绩效报告是指为制定决策、提出问题、采取行动或引起关注，而汇编工作绩效信息所形成的实物或电子项目文件。例如，状况报告、备忘录。工作绩效报告是在"4.5监控项目工作"这一过程中完成并输入到执行过程组的"9.5、10.2"和监控过程组的"4.6、11.7"四个过程中。

3.1.5 典型试题

1. 收到新项目的客户请求之后，项目经理首先应该做什么？
   A. 寻求项目发起人批准
   B. 准备商业论证
   C. 组织项目启动大会
   D. 获得专家判断
   答案：B

   解析：商业论证（Business Case）：对新项目进行文档化的经济可行性研究报告，用来对尚缺乏充分定义的所选方案的收益进行有效性论证，是启动后续项目管理活动的依据。

2. 下列哪个文件根据公司在新项目之初所做成本效益分析，阐述了项目是否值得所需投资？
   A. 项目工作说明书
   B. 商业论证
   C. 战略计划
   D. 商业计划

答案：B

3. 作为指导和管理一个项目的组成部分，项目经理必须审查已经完成的活动。项目经理应该首先审查哪份文件？
   A．工作绩效数据
   B．之前的状态报告
   C．项目进度计划
   D．问题日志
   答案：A
   解析：工作绩效数据是在执行项目工作的过程中，从每个正在执行的活动中收集到的原始观察结果和测量值。数据是指最低层的细节，将由其他过程从中提炼出项目信息。在工作执行过程中收集数据，再交由各控制过程做进一步分析。

4. 一个多阶段项目发起人离开公司，项目文件已获得批准并满足其目标。资源预算已到位。项目经理接下来应该怎么做？
   A．在离开组织的发起人的主管同意下，评估项目的持续需求
   B．立即开始项目收尾过程
   C．检查与商业论证的符合性，如果有效则继续需求
   D．延迟重新评估，直至项目结束并资金已经完全使用
   答案：C
   解析：如果商业论证符合组织需求，即便更换了发起人，项目也可以继续。

5. 高级主管希望开始一项计划，将公司战略和附加价值与业务计划保持一致。应该先创建下列哪一项？
   A．项目和产品的详细描述
   B．描述项目可交付成果和创建这些可交付成果所需工作的说明书
   C．定义如何执行、监控和收尾项目的项目计划
   D．正式授权一个项目的文件
   答案：D
   解析：参考《PMBOK®指南》1.2.6.4 项目成功标准和 4.1.3.1 项目章程。

6. 里程碑持续时间____。
   A．比最长活动的持续时间短
   B．比它代表的活动的持续时间短
   C．没有持续时间
   D．和它代表的活动的持续时间相同
   答案：C
   解析：里程碑只标志事件不消耗资源。

7. 某家公司有一些项目，即项目 A、B、C。这些项目是根据公司的目标，按照一套相同的标准划分优先级顺序的。项目 B 的优先级较高，因为它将会扩大公司的市场份额，减少对不可靠供应商的依赖性。这是在执行什么活动？

A．获得市场份额
B．项目组合管理
C．项目启动
D．项目集管理

答案：B

解析：参考《PMBOK®指南》1.2.3.3 项目组合管理。项目组合管理重点关注通过审核项目和项目集来确定资源分配的优先顺序。

8. 客户所用的软件应用程序已有10年，但仍需要该软件支持其业务流程，关联项目相关方认为文件已过时，并需要更换，以便满足当前的信息技术标准。一名项目经理被任命制作商业论证。商业论证将用来确定下列哪一项？

A．整个项目的成本
B．项目相关方的决策是否正确
C．项目是否值得进行投资
D．整个项目的持续时间

答案：C

解析：参考《PMBOK®指南》1.2.6.1。项目商业论证或类似文件能从商业角度提供必要的信息，决定项目是否值得投资。

9. 委员会将要从提交的一份清单中选择项目，应该使用下列哪一项选择标准？

A．战略一致性需求，成本效率和可行性
B．根据首席执行官的决定排列项目的优先顺序
C．启动具有最佳文件计划的项目
D．解决主要相关方的需求

答案：A

解析：新项目选择应该和组织战略一致，项目是实现组织战略和目标的一种手段。

10. 你在一个长期项目中工作，该项目对其顾客和用户有若干益处。因此，你作为项目经理，最先要做的事情之一就是识别出对于项目成功至关重要的相关方。由于该项目在完工后将需要组织予以长期支持，因此关键相关方是____。

A．运营经理
B．职能经理
C．卖方
D．业务伙伴

答案：A

解析：题目中的关键是在"项目在完工后将需要组织予以长期支持"。

要点总结

✓ 项目的特性。
✓ PDCA 与持续改进、渐进明细。
✓ 项目的作用。

- ✓ 项目管理与运营管理的异同。
- ✓ 项目商业论证与效益管理计划的概念与作用。
- ✓ 组织级项目管理的意义。
- ✓ 项目、项目集管理和项目组合管理之间的关系。
- ✓ 项目工作绩效数据、信息与报告之间的关系与过程间的流向。

3.2 项目管理环境因素

项目所处的环境可能对项目的开展产生积极或消极的影响，比如，组织文化会直接影响项目的执行效率。这些影响的两大关键来源是事业环境因素和组织过程资产，图3-5展示了影响项目执行的两大因素。

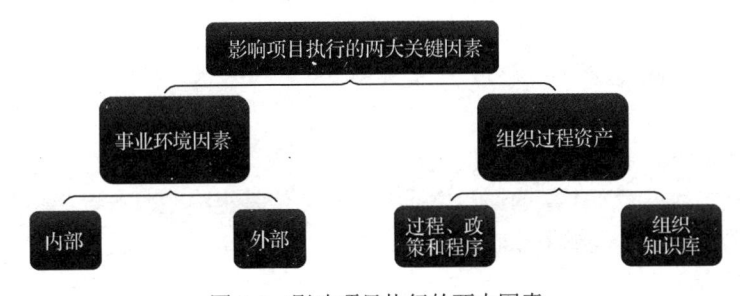

图 3-5 影响项目执行的两大因素

3.2.1 事业环境因素

事业环境因素对于项目是一种约束条件。它是指项目团队不能控制的，将对项目产生影响、限制或指令作用的各种条件。

3.2.1.1 组织内部的事业环境因素

组织文化、组织结构和治理，如愿景、使命、价值观、信念、文化观念、领导风格、等级制度等，设施和资源的地理分布，基础设施，信息技术软件（如进度计划软件、配置管理系统），资源可用性（如合同和采购制约因素，经批准的供应商和分包商及合作协议），员工能力。

3.2.1.2 组织外部的事业环境因素

市场条件、社会和文化影响与问题、法律限制、商业数据库（如标杆对照成果、标准化的成本估算数据、行业风险研究资料和风险数据库）、学术研究、政府或行业标准、财务考虑因素、物理环境因素。

3.2.2 组织系统

在一个组织内会由于多种因素的交互影响创造出一个独特的系统，它会对组织内的项目造成影响，组织系统广义上也可以被看作事业环境因素的一部分。这种组织系统决定了组织系统内部人员的权力、影响力、利益、能力和政治能力。组织系统包括管理要素、治理框架、组织结构类型。

在项目的运行中需要应对很多事业环境因素带来的制约因素，项目经理对组织结构和治理框架这两种因素的理解有助于有效地利用其权力、影响力、能力、领导力和政治能力成功完成项目。

3.2.2.1 治理框架

对于治理框架的理解要从两个方面进行。治理，在组织各个层级上的组织性或结构性安排，这些安排会决定和影响组织成员的行为，包括考虑人员、角色、结构和政策等内容。治理是在组织内行使职权的框架，这个框架会影响组织目标的设定和实现方式、风险监控和评估方式及绩效优化方式，它包括规则、政策、程序、关系、过程、系统等。

项目治理框架是针对项目管理活动的一种框架，用于指导项目管理活动、功能和过程，它包括项目组合管理、项目集管理和项目管理。组织应根据组织文化、项目类型和组织需求裁剪治理框架。

3.2.2.2 组织结构

组织结构是组织的全体成员为实现组织目标，在管理工作中进行分工协作，在职务范围、责任、权利方面所形成的结构体系。组织结构是组织在职、责、权方面的动态结构体系，其本质是为实现组织战略目标而采取的一种分工协作体系，组织结构必须随着组织的重大战略调整而调整。

组织结构类型多种多样，不同类型对项目的影响也不同。常见的**组织结构类型有**职能型组织结构、弱矩阵组织结构、均衡矩阵组织结构（也称平衡矩阵组织结构）、强矩阵组织结构、项目型组织结构、混合型组织结构。组织采用不同的结构类型对项目管理会有很明显的影响，其中对项目经理职权和资源调动的影响尤为突出。图 3-6 展示了五种主要组织结构间的区别。

五种主要组织结构类型对项目的影响

组织结构 项目特点	职能型	矩阵型 弱矩阵	矩阵型 均衡矩阵	矩阵型 强矩阵	项目型
项目经理权力	很小或没有	有限	小到中等	中等到高	高到全权
资源可用性	很小或没有	有限	小到中等	中等到高	高到全权
谁控制项目预算	职能经理	职能经理	混合	项目经理	项目经理
项目经理角色	兼职	兼职	兼职	全职	全职
项目管理人员	兼职	兼职	兼职	全职	全职

弱 ← 项目管理者对项目的控制力度 → 强

图 3-6　主要组织结构间的区别

注意：考试中若题目中未提及项目经理所在的组织结构类型则默认是在均衡组织结构类型中。

3.2.3 组织过程资产

相对于事业环境因素的项目团队外部环境特点，组织过程资产则是直接通过"过程"影响项目管理。组织过程资产是在 49 个子过程中 46 个子过程的输入项。

组织过程资产是执行组织所特有并使用的计划、过程、政策、程序和知识库，会影响具体的项目管理过程。组织过程资产包括任何项目执行组织的、可用于执行或治理项目的任何工作、实践或知识，还包括来自组织以往项目的经验教训和历史信息，如完成的进度计划、风险数据和挣值数据。

组织过程资产分为两大类。

（1）过程、政策和程序：组织用于执行项目工作的流程或程序，包括启动和规划、执行和监控、收尾。这一类资产的更新通常是由项目管理办公室（Project Management Office，PMO）或项目以外的其他职能部门完成的。

（2）组织知识库：组织用来存取信息的知识库，包括配置管理知识库（所有标准、政策、程序、项目文件的版本和基准）、财务数据库、历史信息与经验教训知识库、问题与缺陷管理数据库、过程测量数据库、以往项目的项目档案。知识库是在整个项目期间结合项目信息而更新的。

3.2.4 PMO

随着众多企业项目管理成熟度的提升，项目管理办公室也在逐渐体现着越来越重要的作用。项目管理办公室是对于项目相关的治理过程进行标准化，并促进资源、方法论、工具和技术共享的一种组织结构。项目管理办公室有三种不同的类型，职责各不相同。

3.2.4.1 支持型

承担顾问的角色，向项目提供模板、最佳实践、培训、信息通道，以及来自其他项目的经验教训。

3.2.4.2 控制型

不仅给项目提供支持，且通过各种手段要求项目服从，对项目的控制属于中等。

3.2.4.3 指令型

直接管理和控制项目。项目经理由 PMO 指定并向其报告。对项目控制程度很高。

3.2.5 典型试题

1. 一位项目经理正在管理他的第二个项目，第二个项目在第一个项目开始一个月后启动，两个项目同时进行。尽管第一个项目很小，但规模与日俱增。每经历一天，项目经理就越感到需要帮助。最近，项目经理听说去年公司某一项目和自己的第二个项目非常相似，项目经理该如何做？

A．联系那位项目经理寻求帮助

B．从 PMO 处获取历史记录及指导原则

C．等待并确定项目是否会受到范围扩大的影响

D．确保所有相关方同意项目范围

答案：B

解析：参考《PMBOK®指南》2.4.4.3 项目管理办公室和 2.3.2 组织知识库。

2．项目经理邀请一名有经验的工程师出席项目启动大会，讨论记录的历史限制和制约的因素。项目经理使用的是下列哪一项组织资产？

    A．主题专家　　　B．事业环境因素　　　C．经验教训　　　D．专家判断

答案：C

解析：题目问哪项是组织过程资产，给出的背景是干扰项。A 是资源，D 是工具，B 是同组织过程资产并列的项目环境因素，所以选 C。

3．某公司的项目管理办公室负责协调不同国家的项目，有些项目在财务上不成功。PMO 给组织带来的其中一个好处是什么？

    A．为公司项目提供适当的监督

    B．为成功项目提供监督

    C．让资源留在成功项目中

    D．只需要定期审查不成功的项目

答案：A

解析：参考《PMBOK®指南》2.4.4.3 项目管理办公室。项目管理办公室是对与项目相关的治理过程进行标准化，并促进资源、方法论、工具和技术共享的一个组织结构。项目管理办公室可能承担整个组织范围的职责，在支持战略调整和创造组织价值方面发挥重要的作用。PMO 从组织战略项目中获取数据和信息，进行综合分析，评估如何实现更高级别的战略目标。

4．项目经理希望在项目启动阶段执行风险分析。为确保项目成功，项目经理应首先查阅哪份组织过程资产？

    A．更新的项目风险登记册

    B．风险管理计划和相关方承受力

    C．历史信息和经验教训

    D．组织基础设施和市场条件

答案：C

解析：A 和 B 是项目文件，D 是事业环境因素。

5．在矩阵组织中建立团队的难点是____。

    A．在技术上，注重团队组织

    B．团队成员是借来的，很难激励

    C．团队太过集中

    D．团队过于庞大，难以管理

答案：B

解析：如果团队成员服从其职能组织而不是项目团队，那么团队成员会更难激励。

6. 为获得新项目所需的资源，项目经理必须得到所有职能经理的许可，这家公司的组织结构是什么？

   A．平衡矩阵型组织

   B．弱矩阵型组织

   C．强矩阵型组织

   D．职能型组织

   答案：B

   解析：弱矩阵型组织保留了职能型组织的大部分特征，其项目经理的角色更像协调员或联络员，他们的职权较低，需要向职能经理汇报。参考《PMBOK®指南》2.4.4.1 组织结构类型/表 2-1 组织结构对项目的影响。

7. 项目经理正在努力完成一个软件开发项目，但项目得不到足够的重视。资源都用在了与流程相关的工作上，项目经理没有权力合理分配资源。这位项目经理所在项目的组织结构为____。

   A．职能型

   B．矩阵型

   C．联络员

   D．协调员

   答案：A

   解析：在职能组织中，项目经理对项目的支持力度很小，更没有权力分配资源。C 和 D 是弱矩阵组织的特点。参考《PMBOK®指南》2.4.4.1 组织结构类型/表 2-1 组织结构对项目的影响。

8. 矩阵型组织需要应对双重焦点的外部压力，即____和具备高信息处理能力的压力。

   A．职责明确的压力

   B．减少重复工作的压力

   C．资源共享的压力

   D．形式化沟通的压力

   答案：C

   解析：参考《PMBOK®指南》2.4.4.1 组织结构类型/表 2-1 组织结构对项目的影响。矩阵型组织结构的最大优点就在于对各种资源的综合、有效利用，同时对资源（特别是稀缺资源）的竞争（和职能经理之间）也会形成压力。

9. 一个项目在拥有矩阵型组织结构的公司中启动。没有招聘权限的项目经理可以通过下列哪一项获得项目团队？

   A．与公司管理层交流

   B．与职能经理协商

   C．劝说团队成员加入项目

D．与项目发起人沟通

答案：B

解析：本题考查对组织结构类型的理解，在考试中当涉及组织结构的题目时，如果未进行特别说明则默认是均衡矩阵的组织架构。此题即如此，均衡矩阵中项目经理和项目成员都是兼职，项目经理想要获取人力资源需要与职能经理谈判。

10. 经验教训属于在下列哪一个时间点收集和记录的组织过程资产？
    A．在最后一次项目资产文件更新期间
    B．在收尾阶段最后一周由项目管理办公室召开的事后分析会议期间
    C．在整个项目生命周期
    D．在每次更新变更请求时

答案：C

解析：组织过程资产包括来自任何（或所有）项目执行组织的，可用于执行或治理项目的任何工件、实践或知识，还包括来自组织以往项目的经验教训和历史信息。组织过程资产是许多项目管理过程的输入。

要点总结
- 事业环境因素和组织过程资产的概念。
- 组织结构类型及其对项目的影响。
- 项目治理框架的基本构成。
- 项目管理办公室。

3.3 项目经理能力框架

项目经理作为项目团队中的核心角色之一，有着如同乐队指挥一样的作用。如果真能如指挥家一样在台上令行禁止，那倒也好，但现实总是"骨感"的。现阶段大多数企业仍是职能型架构，这使项目经理也只是个兼职的角色，而非职位，70%～90%的时间都在进行沟通和协调的工作。

项目经理是由执行组织委派，领导团队实现项目目标的个人。这一角色与职能经理或运营经理不同。一般情况下，职能经理专注于对某个职能领域或业务部门的管理监督，运营经理则是负责保证业务运营的高效性。

项目经理在项目环境中要通过担任多种角色以扩大对各个相关方的影响力。这些角色反映了项目经理的能力，体现了项目经理的价值和作用。成功的项目经理可以持续和有效地使用某些基本技能以领导项目团队实现项目目标和相关方的期望，并利用相关资源以平衡相互竞争的制约因素。通过对优秀项目经理的调研发现，排名前2%的项目经理之所以脱颖而出，是因为他们展现出了超凡的人际关系和沟通技能及积极的态度。比如，基于组织环境，在职能型或弱矩阵结构下，项目经理想要有效地调动资源就需要积极地与其他项目经理互动。

项目经理在项目管理中所扮演的角色，包括沟通者、领导者、管理者、倡导者、教练员、整合者等。为了能在项目中充当好这些角色，就需要充分了解作为项目经理应具备的职权与能力。

项目经理的一切职权与能力都围绕项目目标的实现，权力更多时候需要自己去争取。

3.3.1 项目经理能力构成

现实的项目中，很多企业喜欢选择技术出身的人员担任项目经理，这是传统"技而优则仕"的思维，这样是有优势的，但随着项目涉及的业务领域和资源开放型越来越广，需求易变性也越高，对项目经理这个团队的核心角色的综合能力有了更高的要求，既需要最基本的业务和管理能力，还要具备一定项目管理专业体系及跨专业、多领域的知识。

项目管理协会指出，项目经理需要不断提升三种关键技能——技术项目管理、领导力、战略和商务管理，被称为人才三角。来自不同组织的实践让他们意识到，这三种能力有助于支持更长远的战略目标，以实现盈利。为发挥最大的效果，项目经理需要平衡这三种技能。

3.3.1.1 技术项目管理

所谓技术项目管理在翻译上总给人一种错觉，项目管理是门技术，广义上说也对，但往往会让人误解具有一定的技术难度，其实它就是指项目管理体系中的基本知识、工具和在项目中对它们进行有效裁剪的能力。

技术项目管理技能指有效运用项目管理知识实现项目集或项目的预期成果的能力。优秀项目经理普遍使用的技术项目管理技能包括但不限于：

- ✓ 重点关注所管理的各个项目的关键技术项目管理要素（如项目成功的关键因素、进度计划、指定的财务报告、问题日志）。
- ✓ 针对每个项目裁剪传统和敏捷工具、技术和方法。
- ✓ 花时间制订完整的计划并谨慎排定优先级顺序。
- ✓ 管理项目要素，包括（但不限于）进度、成本、资源和风险。

3.3.1.2 领导力

领导力不仅是项目管理人才三角的重要维度，同时也是项目经理人际关系与团队技能中很重要的技能之一，它是种软技能，而非职位授予的权力。《PMBOK®指南》中专门对它进行了阐述，说明了它的重要性。在考试中也在不断加重对这部分内容的考核。

1. 管理与领导力

通过表 3-3 的对比，可以了解管理与领导力的不同，它们没有轻重之分，不同的情景有着不同的作用。

表 3-3 管理与领导力的不同作用

管 理	领 导 力
利用直接权力	利用关系的力量
维护	建设

续表

管　理	领　导　力
管理	创新
关注系统和结构	关注人际关系
依赖控制	激发信任
关注近期目标	关注长期愿景
了解方式和时间	了解情况和原因
关注盈利	关注范围
接受现状	挑战现状
正确地做事	做正确的事
关注操作层面的问题及其解决	关注愿景、一致性、动力和激励

（1）管理：更接近于指挥一个人采取预期行动从一个位置到另一个位置。

（2）领导力：通过讨论与他人合作，带领他们从一个位置到另一个位置。

2. 领导力技能的内涵

人是所有项目中的共同点，同时，因为人的因素也使得项目变得越来越复杂。如何指导、激励和带领团队实现目标就需要领导力技能的体现了。这一技能的具体表现有协商、抗压、沟通、解决问题、批判性思考和人际关系技能等基本能力。同时，作为领导力的体现，项目领导者还要具备一定的品质。在领导者的能力与领导力品质的作用下更好地对相关方进行有效管理，是使项目成功的重要前提。项目领导者的品质和技能在《PMBOK®指南》的第3.4.4.2节有详细的说明。

3. 项目领导者的权力

谈到权力，好多人会觉得这需要以一定的职位为前提，法定赋予的职位权限的确很重要，但这并非权力来源的重要条件，项目经理在很多情境下都要在没有法定权限的情况下通过其他途径行使一些"权力"，可能是通过你的其他影响力或谈判技巧而得到的。当然，行使一定的权力就要承担相应的责任。

谈到权力就不得不谈到"政治"，《PMBOK®指南》中提出："很多技能和品质归根结底就是处理政治的能力。"并非只有从政者才参与政治，这里所提到的"政治"一词更倾向于是为了解决问题而需要的多种软技能的综合，可能涉及影响、谈判、自主和权力等，更直白的理解就是为实现目标而进行"斗争"的综合能力体现。政治及其相关要素不局限于"好"与"不好"及"正面"与"负面"之分，它只是一种手段。

人们对领导者的认知通常是因为权力，因此，项目经理应注意自己与他人的关系是非常重要的。行使权力的方式有很多，项目经理可自行决定。《PMBOK®指南》中指出项目经理可行使的权力包括（但不限于）：

（1）信息权力（对信息收集或分发的控制）。

（2）参照权力（因为他人的尊重和赞赏，获得的信任）。

（3）情境权力（在危机等情况下使用权变措施应对风险）。

（4）个性或魅力（领导者的个人魅力）。

（5）关系权力（人际交往与结盟）。

（6）专家权力（拥有的技能和信息、经验、培训、教育、证书）。

（7）奖励权力（能够给予表扬、金钱或其他奖励通常是职位赋予的法定权力）。

（8）处罚权力（给予纪律处分或施加负面后果的能力）。

（9）迎合权力（运用顺从或其他常用手段赢得信任与合作）。

（10）施压权力（例如限制选择或活动自由，以符合预期的行动）。

（11）愧疚权力（例如强加的义务或责任感）。

一名成熟的项目经理会积极主动地明确并争取以上权力形式，他们会在组织政策、协议和程序许可的范围内主动寻求所需的权力和职权，而不是坐等组织授权。

在具体的权力运用实践中，表 3-4 展示了几种主要的权力的使用情景。

表 3-4 几种主要的权力的使用情景

权力类型	权力来源	优先级	适用范围
专家权力（职位赋予的正式权力）	项目经理个人	1（最好）	任何人
奖励权力	项目经理个人	2（较好）	下属
参照权力	项目经理个人	3（较好）	任何人
惩罚/强制权力（职位赋予的正式权力）	项目经理个人	4（最差）	下属

4. 领导力风格

每个项目经理在带领团队时都会将自己的风格带入其中，这也使得每个项目团队都有其独特的"个性"。不同项目管理者所体现的不同领导力风格主要表现为以下几种类型。

（1）放任型领导（例如，允许团队自主决策和设定目标，又被称为"无为而治"）。

（2）交易型领导（例如，关注目标、反馈和成就以确定奖励，例外管理）。

（3）服务型领导（例如，做出服务承诺，处处先为他人着想；关注他人的成长、学习、发展、自主性和福祉；关注人际关系、团体与合作；服务优先于领导）。

（4）变革型领导（例如，通过理想化特质和行为、鼓舞性激励、促进创新和创造，以及个人关怀提高追随者的能力）。

（5）魅力型领导（例如，能够激励他人；精神饱满、热情洋溢、充满自信；说服力强）。

（6）交互型领导（例如，结合了交易型、变革型和魅力型领导的特点）。

3.3.1.3 战略和商务管理

在新版的大纲中对商业环境的考核占 8%，战略和商务管理技能部分的内容是设计此部分内容相对最多的。战略和商务管理技能包括纵览组织概况并有效协商和执行有利于战略调整和创新的决策及行动的能力。这一能力可能涉及其他职能部门的工作知识，如财务部、市场部和运营部。

战略和商务管理技能可能还包括发展和运用相关的产品和行业专业知识。这种业务知识也被称为领域知识。项目经理应掌握足够的业务知识,以便向其他人解释关于项目的必要商业信息,与项目发起人、团队和主题专家合作制定合适的项目交付策略或识别以实现项目商业价值最大化的方式执行策略。

在项目管理的新兴实践与趋势下,项目经理更趋向于向项目的前端进发,若能在项目的论证期间就参与,将更有利于项目对最终目标的实现和提升众多相关方的满意度。

3.3.1.4 项目经理的整合能力

整合能力是每个项目经理都必须具备的一项关键技能,项目本身就是一个开放的资源整合平台。整合一词有"统一、整体、协调"的含义,项目经理在进行整合时既要了解战略目标,也要确保项目目标和成果与项目组合、项目集及业务领域保持一致,这就要求项目经理在三个不同层面进行有效整合,即过程层面、认知层面和背景层面。

1. 过程层面的整合

项目管理由一系列的过程和活动组成,它们彼此间有着紧密的关联性,比如,控制质量输出的"核实的可交付成果"会进入"确认范围"这一过程中被客户进行验收从而得到"验收的可交付成果",最终成为"结束项目或阶段"的输入以便最终收尾。同时,这些过程有的在项目中只发生一次,有的则会在项目期间重叠并重复发生,这样重叠或重复发生的过程活动彼此间相互影响,需要通过整体变更控制来予以整体管理,使它们成为一个整体来进行管控,以避免项目出现整体性风险。这些就是所谓过程层面的整合。

2. 认知层面的整合

项目管理的方法和项目管理的各知识领域即项目经理的认知层面。项目经理应尽量掌握多种项目管理方法和所有项目管理知识领域,并将经验、见解、领导力、技术及商业管理技能整合到项目管理中,才有可能实现预期的项目结果。

3. 背景层面的整合

任何事物都是在社会大背景下来完成的,如今年 5G 的商用正式开始,众多的软硬件商家都将顺势而为,在这样的市场背景下去满足消费者,以获得自身利润的最大化。项目同样也是在一定的背景下来实施并完成的,如随着移动互联网的发展,虚拟团队更加受到项目管理的青睐,新的社交理念的形成使得和不同时代背景下价值观的不同都在影响着项目的执行。在进行项目的整合管理时,项目经理要意识到项目背景和相应的新环境因素,然后决定如何在项目中最好地利用这些新环境因素,以获得项目成功。

3.3.2 典型试题

1. 项目管理计划一定要具备可行性,这样才能用来管理项目。以下哪个选项是获得现实可行性管理计划的最佳方法?

  A. 根据项目经理的输入信息,由发起人创建项目管理计划

  B. 根据项目经理的输入信息,由职能经理创建项目管理计划

C. 根据高级管理层的输入信息，由项目经理创建项目管理计划

D. 根据团队成员的输入信息，由项目经理创建项目管理计划

答案：D

解析：如果我们把题干变换一种问法，那就是"由谁来创建项目管理计划"。项目管理计划由项目经理创建，但需要团队成员的输入信息。

2．你作为项目经理管理着来自许多不同国家的项目组成员，为了管理不同的文化，你应该怎么办？

　　A．忽略这些国家存在的文化差异

　　B．准备一份适用于所有成员的行为标准指南

　　C．鼓励团队成员尊重文化上的差异

　　D．向他们讲解你自己国家的文化，以便符合你公司的政策

答案：C

解析：参考《PMBOK®指南》10.1.2.6 人际关系与团队技能/文化意识，对文化的融合不能生硬地以管理措施或制度推动，应以开放鼓励的态度推进彼此认同。

3．一个职能经理拒绝安排某个员工到项目上去。项目经理决定与职能经理当面讨论，寻求解决方案。项目经理使用的是什么技巧？

　　A．妥协

　　B．冲突管理

　　C．行使职权

　　D．谈判

答案：D

解析：参考《PMBOK®指南》9.3.2.2 人际关系与团队技能，人际关系技能中与职能经理进行谈判，确保项目在要求的时限内获得最佳资源，直到完成职责。

4．下列哪项不是项目经理的权力？

　　A．正式

　　B．嘉奖

　　C．惩罚

　　D．专业

答案：D

解析：当任命某人为项目经理时，他就有正式、奖励和惩罚的权力。但是项目经理不一定是技术或项目管理专家。参考《PMBOK®指南》3.4.4.3 政治、权力和办好事情，专业权力非职位赋予的权力。

5．下列都是项目经理的责任，除了____。

　　A．保证客户机密信息的机密性

　　B．确保公司程序合法

　　C．确保客户的合法利益，不和客户利益发生冲突

　　D．在成本估算时提供正确的、诚实的信息

答案： D

解析： 题目中的提问方式是考试时经常出现的一种形式。一般情况下，成本估算是由完成此项工作包的负责人提供的。

6. 你准备参加一个谈判会，对手是北方一个小岛上的人。几个世纪以来，岛民被认为是过分好斗且过分自信的人，他们喜欢说话但不爱听别人讲。这个只有强者才能生存的小岛使这些人成了难对付的谈判者。为得到你的年终奖金，你在与他们的谈判中一定要占优势。因此，你必须全神贯注于____。

   A．谈判室的座位的次序
   B．讨好对方最有权力的谈判者以赢得其信赖
   C．积极倾听
   D．谈判的每个步骤设定并遵守严格的时间

答案： C

解析： 积极倾听是项目经理人际关系技能中的主要能力。

7. 你管理着一个国际性建筑项目。你知道该项目所在城市时兴对批准签发许可证予以某种形式的"非官方"报酬。你要采取的最佳方法是____。

   A．明确遵守当地风气，即便这意味着你必须向当地官员支付"款项"
   B．遵守你本国的法律、规章和要求，并在此情况下仍明确遵守
   C．严禁在明知的情况下从事渎职行为
   D．认识到需政府参与该项目，并为获取成功采取一切必要行动

答案： C

解析： 考查项目经理的职业道德。

8. 尽管项目章程的作用是陈述项目经理在项目中的职权和职责，但为成为有效的领导者，项目经理进一步要求具备以下哪类权力？

   A．专家权力
   B．法定权力
   C．职位权力
   D．参照权力

答案： A

解析： B 和 C 属于项目章程所赋予的权责，专家权力可以使项目经理快速获得团队成员的信任。专家权比参照权更能有效体现领导力。

9. 成功的项目管理包含项目领导力和项目管理技能两方面。项目生命周期的不同阶段适用不同的领导力风格。假设你从事项目工作，该项目处于执行阶段，最适用的领导力风格是以下各项的融合，但不包括哪项？

   A．变革大师
   B．决策者
   C．团队协作
   D．充分信赖

答案： A

解析：参考《PMBOK®指南》3.4.4 领导力技能。

10. 假设你是公司内第一个经认证的 PMP®，并且获得了项目管理博士学位。组织内的同事都钦佩你取得的成就。由于你在管理项目方面取得的成就，公司现在已采纳了按项目进行管理的方法。你已被任命为公司项目管理办公室的负责人，在组织向新工作方法过渡时期，起到引领组织的作用。截至目前，同事们看起来都愿意服从你的领导。在这种情况下，你使用的是哪类权力？

A．法定权力
B．专家权力
C．联络权
D．参照权

答案： A

要点总结
- 目经理的权力运用。
- 项目经理的整合能力。
- 项目管理人才三角的理解。
- 项目经理的领导力。
- 领导力与管理的区别。
- 项目经理的领导力风格。

第4章
项目整合管理

项目整合管理是十大知识领域的其中一个，但项目整合管理对于其他九个知识领域起到提纲挈领的作用，它通过统一、合并、沟通和建立联系实现项目管理其他领域各过程之间的相互协调。整合管理也称作接口管理，这样的描述可能更直接体现出了整合管理的作用。在任何管理或业务中，接口部位最容易出现问题，整合就是将相互连接的地方更完整地融合在一起，可以说有接口的地方就需要整合。《PMBOK®指南》虽然是逐章按顺序编写的，但实际执行时整合管理与其他项目管理过程组的各个过程之间经常反复发生联系。例如，规划过程组制订项目管理计划，随着项目的推进，项目管理计划还将根据变更情况进行更新。

在项目整合管理中，整体变更控制是这一知识领域的核心过程，它将其他过程通过整体变更控制流程形成彼此关联的整体。

项目整合管理是一组过程，主要包括对隶属于项目管理过程组的各种过程和项目管理活动进行识别、定义、组合、统一和协调的各个过程。这些行动应贯穿项目始终。

项目整合管理实现的六个过程如表 4-1 所示。

表 4-1 项目整合管理实现过程

知识领域	过 程 组				
	启动过程组	规划过程组	执行过程组	监控过程组	收尾过程组
4.项目整合管理	4.1 制定项目章程	4.2 制订项目管理计划	4.3 指导与管理项目工作 4.4 管理项目知识	4.5 监控项目工作 4.6 实施整体变更控制	4.7 结束项目或阶段

项目整合管理是将一个项目从启动到收尾形成系统化管控的关键，是对项目管理中最容易出现问题的接口进行系统化管理。

项目经理作为项目整合的主要负责人，为了达到对项目各方面的整合，需要在对环境背景的充分了解下对过程和认知层面进行相应协调。同时，项目经理也要通过一系列的工作，如资源分配、平衡竞争性需求、研究各种备选方法、为实现项目目标过程的裁剪，以及管理各个项目管理知识领域之间的依赖关系等来完成对项目的统一、协调，即整合。

对其他知识领域（成本管理、进度管理等）可以由相关人员，如相关主题专家来管理，但是项目整合管理的责任不能被从项目经理处授权或转移，只能由项目经理负责整合所有其他知识领域的成果，比如项目管理计划是由项目经理带领团队成员与相关方一起制订的。

整合管理的目的和重要性也意味着项目经理必须对整个项目承担最终责任。
为了实现项目整合管理的作用需要完成的相关工作，但不限于：
- ✓ 确保产品、服务或成果交付日期，项目生命周期及效益管理计划等方面保持一致。
- ✓ 编制项目管理计划以实现项目目标。
- ✓ 确保创造合适的知识并运用到项目中，并从项目中获取必要的知识。
- ✓ 管理项目管理计划中活动的绩效和变更。
- ✓ 做出针对影响项目的关键变更的综合决策。
- ✓ 测量和监督项目进展，并采取适当措施以实现项目目标。
- ✓ 收集关于已达成结果的数据，分析数据以获取信息，并与相关方分享信息。
- ✓ 完成全部项目工作，正式关闭各个阶段、合同及整个项目。
- ✓ 管理可能需要的阶段过渡。

整合管理中的项目知识管理，是第 6 版中的全新章节，由此可见，项目管理对于实践中的各类经验教训与过程资产的重视程度在不断加强，也越来越受到重视。虽然这部分内容不是考试中的重难点，在实际项目管理工作中却是项目管理者个人和组织核心竞争力提升的关键因素之一。尤其现阶段对于组织而言项目人员的流动性和不稳定性越来越高，就要求采用更严格的过程，在整个项目生命周期中积累知识并传达给目标受众，以防止知识流失。

随着企业越来越在意项目对于企业战略价值提升带来的作用，以及对项目管理认知的加深，项目经理的职责也在围绕着项目价值的提升不断增加。项目经理被要求介入项目前端、启动和结束项目，例如，开展项目商业论证和效益管理。按照以往的惯例，这些事务均由管理层和项目管理办公室负责。现在，项目经理需要频繁地与他们合作处理这些事务，以便更好地实现项目目标及交付项目效益。项目经理也需要更全面地识别相关方，并引导他们参与项目，包括管理项目经理与各职能部门、运营部门和高级管理人员之间的接口。

在适应型的项目环境下，项目经理把对具体产品的规划和交付更多地授权给团队来控制。项目经理更多地关注于营造一个合作型的决策氛围，并确保团队有能力应对变更。在迭代和敏捷方法中，项目经理要求更能激发项目团队成员以相关领域专家的身份参与整合管理。项目经理在任何环境中，都要起到为项目团队创造稳定的执行环境的作用。

4.1 制定项目章程

项目章程对于项目经理而言相当于一把"尚方宝剑"，有了它项目经理才名正言顺地成为项目的真正负责人。这份文件明确了项目与组织战略目标之间的直接联系，确立了项目的正式地位，并展示组织对项目的承诺。制定项目章程就是编写一份正式批准项目并授权项目经理在项目活动中使用组织资源的文件的过程。这一过程仅开展一次（如在项目生命周期初期制定章程）或仅在项目的预定义点开展（如每个阶段进行启动时制定的针对阶段性目标的章程）。

4.1.1 制定项目章程过程的输入

4.1.1.1 商业文件

这是一份在项目启动之前由项目团队之外的人员制定，并被批准需要定期审核的文件，主要包含商业论证和效益管理计划。在这些文件中有关于项目目标的相关信息，这些目标可能包括产品目标、市场目标、组织目标、效益目标、技术进步目标、法律目标、生态目标、社会效益目标等，这些也同样是引发项目商业论证的因素。

项目发起人和高管们会使用商业文件作为决策的依据，判断项目是否值得开展。

关于商业论证和效益管理计划的具体内容可以参见本书第 3.1.2.2 节。

4.1.1.2 协议

协议是用于明确项目初步意向的沟通文件，可以是正式或非正式的，协议的形式主要有：

- ✓ 合同：对双方都有约束力的协议，强制卖方提供规定的产品、服务或成果，以及强制买方支付相应的费用。
- ✓ 服务水平协议（SLA）：服务商（内部或外部）与最终用户之间的合同，用以规定服务商应该达到的服务水准。
- ✓ 协议书、意向书、口头协议、电子邮件、其他书面协议。

如果商业文件是组织内部为开展项目而进行的商业和效益论证，协议就是为外部客户做项目时的重要文件。

4.1.1.3 事业环境因素、组织过程资产

无论是成熟的还是新任的项目经理，在开展一个新项目时都要尽可能地充分了解所处的项目环境，同时要熟悉之前类似项目的经验教训、估算数据等内容。事业环境因素是项目的制约因素，包含了如政治氛围、组织治理框架、相关方的期望和风险临界值等因素。

项目经理要在若干条件的约束下实现项目目标，在处理这些约束条件时可以通过项目管理计划的制订来实现，而在项目管理计划制订时可以参考组织之前项目的历史信息、经验教训或保留下来的文档、模板等相关过程资产。

事业环境因素与过程资产可以说是一个项目经理必须重视的两个项目管理关键要素，它们几乎出现在所有的项目管理过程中，实践中也是对项目管理有广泛影响的内容，但这种影响往往是潜移默化的，正因如此，也很容易被项目经理忽略。

在《PMBOK®指南》中所有 49 个子过程的输入几乎都涉及事业环境因素和组织过程资产，如表 4-2 所示。

表4-2　涉及事业环境因素与组织过程资产的子过程总结

组织过程资产/事业环境因素	项目管理过程
"两者"皆有的项目管理过程	4.1、4.2、4.3、4.4、4.5、4.6、5.1、5.2、5.3、5.4、6.1、6.2、6.3、6.4、6.5、7.1、7.2、7.3、8.1、8.3、9.1、9.2、9.3、9.4、9.5、10.1、10.2、11.1、11.2、11.3、11.4、11.5、12.1、12.2、12.3、13.1、13.2、13.3、13.4
"两者"皆没有的项目管理过程	5.5、11.7
仅有"组织过程资产"的项目管理过程	4.7、5.6、6.6、7.4、8.2、9.6、10.3、11.6

4.1.2　制定项目章程过程的工具与技术

4.1.2.1　专家判断

专家判断是各知识领域的众多过程都会用到的工具与技术，是个人或某一个群体基于某应用、知识领域、学科和行业等的专业知识而做出的关于当前活动的合理判断。

项目章程是由项目启动者或发起人发布的，但项目经理可以参与它的编写，甚至可能是由项目经理主持编写的。编写时项目经理可能需要得到相关方面专家的协助，对一些内容进行判断，如项目与组织战略关系，项目的效益管理方法，关于项目所在的行业及项目关注的领域的技术知识，项目持续时间和预算的估算、风险识别等。

4.1.2.2　数据收集

《PMBOK®指南》第 6 版相对之前版本有了很多好的改进，对于工具与技术的归纳分类就是其中之一。工具与技术共分成了六大类和一组未分类的内容——数据收集、数据分析、数据表现、决策技术、沟通技巧、人际关系与团队技能、未分类的工具技术，共 132 种。

在不同的过程中使用到的工具与技术不尽相同，在学习这部分内容时要明确它们的定义和所属的使用过程场景。很多时候，相同的工具与技术会在不同的过程中被使用，所以要在对定义与作用的充分理解下记忆，而不能死记硬背。

数据收集涉及的工具与技术包括：头脑风暴、焦点小组、访谈、核对单、核查表、统计抽样、问卷调查、标杆对照、市场调研。

在制定项目章程过程中使用到的数据收集工具与技术是焦点小组、头脑风暴和访谈。

4.1.2.3　头脑风暴

头脑风暴是日常工作中人们比较常用的方法之一，目的在于产生新观念或激发创新设想，是一种群体创新的方法，但在《PMBOK®指南》中，很多术语的含义与很多词典中通常的定义会有所不同，内涵可能更广泛或更狭窄。比如，头脑风暴法通常是一种群体决策和创新技术，而在《PMBOK®指南》中被列为数据收集技术。

在这一过程中，头脑风暴是一种用来产生和收集对项目需求与产品需求的多种创意的技术，也可称为"集思广益"，适用于团队环境中在短时间内通过主持人的引导获得大量的创意，帮助章程制定者向相关方、团队成员或主题专家收集数据、解决方案和创意。

4.1.2.4 焦点小组

焦点小组实际上也是一种访谈方法，又称小组座谈法，就是采用小型座谈会的形式，挑选一组具有同质性的消费者或客户，由一个经过训练的主持人以一种无结构、自然的形式与其交谈，从而获得对有关问题的深入了解。

4.1.2.5 人际关系与团队技能

人际关系与团队技能是在项目管理中最重要的技能之一，几乎在每一个过程中都会用到，在制定项目章程中主要使用到的技能有：

- 冲突管理，有助于相关方就目标、成功标准、高层级需求、项目描述、总体里程碑和其他内容达成一致意见。冲突管理在整个项目管理过程中是重要的管理技能之一，尤其在之后的项目团队管理中。
- 引导，指有效引导团队活动成功以达成决定、解决方案或结论的能力。引导者确保参与者有效参与，互相理解，考虑所有意见，按既定决策流程全力支持得到的结论或结果，以及使所达成的行动计划和协议在之后得到合理执行。
- 会议管理，包括准备议程、确保邀请每个关键相关方群体的代表，以及准备和发送后续的会议纪要和行动计划。

4.1.3 制定项目章程过程的输出

4.1.3.1 项目章程

1. 谁负责批准项目章程

项目章程是由项目启动者或发起人颁布的，发布项目章程的人需要为项目经理在项目执行中提供相应的资源。

2. 项目章程的主要作用

项目章程指正式批准项目成立，并授权项目经理使用组织资源开展项目活动的文件，应确保相关方在总体上就主要可交付成果、里程碑及每个项目参与者的角色和职责达成共识。

它也记录了关于项目和项目预期交付的产品、服务或成果的高层级信息。所谓高层级信息是指相对概括的内容而非细节性描述，例如：

- 项目目的。
- 可测量的项目目标和相关的成功标准。
- 高层级需求。
- 高层级项目描述、边界定义及主要可交付成果。
- 整体项目风险。
- 总体里程碑进度计划。
- 预先批准的财务资源。

- 关键相关方名单。
- 项目审批要求（例如，用什么标准评价项目成功，由谁对项目成功下结论，由谁来签署项目结束）。
- 项目退出标准（例如，在何种条件下才能关闭或取消项目或阶段）。
- 委派的项目经理及其职责和职权。
- 发起人或其他批准项目章程的人员的姓名和职权。

4.1.3.2 假设日志

项目在执行时虽然基于计划是相对确定的，但项目的需求与资源等内容在项目期间多数会发生变化，需要提前考虑造成这些不确定性的因素。在制定项目章程阶段就可能需要识别高层级的战略和运营假设条件与制约因素，这些内容应纳入项目章程。较低层级的活动和任务假设条件在项目期间随着诸如定义技术规范、估算、进度和风险等活动的开展而生成。假设日志用于记录整个项目生命周期中的所有假设条件和制约因素。

4.1.4 典型试题

1. 在项目管理环境中，展示项目管理的领导力，可以通过所有下列事项，除了_____。
   A．员工对项目的贡献
   B．组织混乱
   C．进行决策时，净现值比技术优势更重要
   D．项目经理的绩效
   答案：C
   解析：如果净现值比技术优势更重要，那么项目管理人员只需要通过净现值的定量数据就可以决策，根本不涉及领导力。

2. 一家公司第一次考虑全球发布一项新产品，必须确定项目是否值得投资，项目经理接下来应该怎么做？
   A．在项目章程中记录项目目标和商业论证，对项目的开展提出建议
   B．在项目范围说明书中记录项目目标和已知的可交付成果
   C．记录项目的商业需求，并推荐一个为确定项目可行性而执行的可行性研究
   D．项目范围说明书，记录高层次产品需求和相关方期望
   答案：C
   解析：商业论证是制定项目章程的重要输入，其中考虑项目选择方法。新产品投放战略决策—商业需求是否支持—项目可行性研究及分析，属商业论证内容。

3. 在项目生命周期的概念阶段，管理层表示希望每个新项目的效益应超过开发成本，这是以下_____的例子。
   A．假设条件
   B．制约因素

C. 通过约束优化选择项目

D. 一个技术要求

答案：B

解析：相关方需求对于项目团队是必须达到的，也就是制约因素或叫约束条件。

4. 在一个以前没有做过的项目中，项目经理必须选择一种或多种方法来估计任务周期，下列哪个是最可靠的方法？

A. 历史数据

B. 专家判断

C. 参数学习曲线

D. 估算手册

答案：B

解析：项目之前没做过所以没有历史数据，不同类型的项目的可比性相对较差，不选 C 和 D，所以主要依赖专家判断。

5. 项目章程至少应该____。

A. 描述项目经理和职能经理的职责和权利

B. 探讨项目的风险和限制条件，以及针对这些问题的计划

C. 指定项目的组织结构

D. 说明执行组织的商业目标

答案：D

解析：执行组织的商业目标就是在说明项目发起的缘由和合理性。章程可以推荐组织结构，但不能指派。项目章程里不含有相关的计划。章程里不包含职能经理的职权。

要点总结

✓ 项目章程的作用与内容。

✓ 项目章程包含来源于商业文件中的相关项目信息，但商业文件源自项目边界之外，不是项目文件，项目经理不能对它们进行更新或修改，只可以提出相关建议。

✓ 焦点小组会议。

✓ 服务水平协议。

✓ 人际关系与团队技能，是对项目管理中使用到的软技能的统称，在之前的版本中只称为人际关系技能，第 6 版的描述更加完整。它包含了若干具体的技能，想要熟练使用这些技能，需要具有充分的实践和领悟能力。人际关系与团队技能包含的主要技能有积极倾听、冲突管理、文化意识、会议管理、人际交往、政治意识。本书的风格就是尽可能地让学习的人不断迭代地去巩固知识内容，本章是第一次提及人际关系与团队技能，所以，在这里会将其中的各项具体技能在其他过程中的使用做总结，如图 4-1 展示了人际关系与团队技能的主要内容，以帮助读者记忆。（需要熟悉本书第 2 章对《PMBOK®指南》章节结构说明的部分内容）

项目整合管理 第4章

技能	知识领域	相关章节	主要内容
积极倾听	整合、沟通、相关方	4.4 10.2 13.4	有助于减少误解并促进沟通和知识分享
沟通风格评估	沟通	10.1	规划沟通活动时，用于识别与相关方开展沟通的优选沟通方法、形式和内容的一种技术
冲突管理	整合、资源、沟通、相关方	4.1 4.2 9.4 9.5 10.2 13.3	仍具有差异性的相关方方就项目管理计划所有方面达成共识
文化意识	沟通、相关方	10.1 10.2 13.3 13.4	理解个人、群体和组织间的差异，并据此调整项目的沟通策略
制定决策	资源	9.5	包括谈判能力及影响项目管理团队的能力，而不是快速工具集所描述的一系列工具
情商	资源	9.5	识别、评估和管理个人情绪、他人情绪及团组群体情绪的能力
引导	整合、范围、风险	4.1 4.2 4.4 5.2 5.3 11.2 11.3 11.4 11.5	有效带领团队活动成功以达成决定、解决方案或结论的能力
影响力	资源、风险	9.4 9.5 9.6 11.6	体现在：说服他人、清晰表达观点和立场、任任何情况下都能了解并综合考虑各种观点
领导力	资源、资源、相关方	4.4 9.5 13.4	领导和激励团队做好工作的能力
会议管理	整合、沟通	4.1 4.2 10.2	包括准备会议程，确保邀请有关键相关方群体的代表及准备和发送后续的会议纪要和行动
激励	资源	9.4	为某人采取行动提供了理由，提高团队参与决策的能力并鼓励他们独立工作
谈判	资源、采购、相关方	9.3 9.4 9.6 12.2 13.3	就项目需求达成共识
人际交往	整合、沟通、相关方	4.4 10.2 13.4	与同一组织和不同组织中的人员建立关系和联系
名义小组技术	范围	5.2	用于促进头脑风暴的一种技术，通过投票排列最有用的创意，以便进一步开展头脑风暴或优先级排序
观察交谈	范围、沟通、相关方	5.2 10.3 13.3	直接查看各人在各自的环境中如何执行工作或任务和实施流程
政治意识	整合、沟通、相关方	4.4 10.1 10.2 13.3 13.4	有助于项目经理根据项目环境和组织的政治环境规划沟通

图4-1 人际关系与团队技能的主要内容

4.2 制订项目管理计划

制订项目管理计划的作用是生成一份综合文件，用于确定所有项目工作的基础及其执行方式。这份文件综合的是其他各知识领域所制订的分项计划，这样的综合并非简单地整理到一起，而是将其他计划整合成一份有紧密关联的有效计划，只是在这一过程还要定义、准备和协调项目计划的所有组成部分。所以，其他领域输出的各项计划都是这一过程的输入。

项目管理计划与项目计划？ 在《PMBOK®指南》的试题和实际工作中，"项目管理计划"与"项目计划"这两个词基本上是一个意思，可以相互替用，不用纠结之间的区别。

谁负责制订项目管理计划？ 整合是项目经理的主要职责之一，项目管理计划的制订是将其他子计划形成一份有效的综合性文件，所以这一过程需要项目经理带领项目团队成员一同编写。项目经理要充分听取其他关键相关方的意见与想法，使它更具有可执行性。

项目管理计划的作用？ 项目管理计划必须是一份被批准的、正式的文件，它将在项目的执行中犹如一把尺子一样被用作测量基准。它是项目在执行、监控和收尾时所参考的基本依据，没有计划的项目就如同毫无方向的行进，是否有偏差也无法确定。项目管理计划应足够强大，可以应对不断变化的项目环境。这种敏捷性有利于随项目进展产出更准确的信息。

项目管理计划的制订过程受到的重视程度可以看出项目管理团队对于项目目标与商业价值的理解深度。项目若一次性成功，它的成本最低，为了这样必须看清项目管理计划与制订这份计划过程的真正意义。

首先，制订项目管理计划的过程是一个纸面模拟的过程。制订计划时犹如在纸面上进行推演，不仅要将实现目标的工作范围、成本、进度、质量等界定清晰，更重要的是对不确定性要提前识别并制定应对措施，就如同行军打仗一般，不能简单地"兵来将挡，水来土掩"，而要有所防备。

其次，制订项目管理计划的过程是一个利益分配的过程。项目的执行最终要落实在重要的人力资源上，所有参与项目中的人都是相关方，他们都有各自的需求与期望，也就是利益所属，只是优先级与重要程度不同。为了在项目执行期间能够很好地调动各种资源，就必须提前考虑他们的基本所需。项目经理不能总是靠"刷量"来配置实现项目成功的资源。

最后，项目管理计划很大程度上是一份目标体系。制订项目管理计划的目的是通过对一个个阶段目标的实现来完成项目的可交付成果。所以，在规划时从生命周期的划分起到对每一个具体阶段的详细规划其实都是在不断地分解着指向目标的各个成果目标。

何时制订项目管理计划？ 项目管理计划的制订在不同的项目生命开发周期中有所不同，预测型周期中制订项目管理计划这一过程可能仅开展一次，在适应型生命周期中会在项目的每一个预定义点开展。在敏捷环境下对项目管理计划灵活性的要求更高。

4.2.1 制订项目管理计划过程的输入

4.2.1.1 项目章程

如果把项目管理过程的所有文件整理在一张纸上，项目章程就好比文档的头部，在最上端为之后的项目管理计划等文件定义了高层级信息，为之后各种文件的细化提供依据。

4.2.1.2 其他过程的输出

创建项目管理计划需要整合其他规划过程所输出的子计划和基准，此外，对这些子计划和基准的变更都可能导致对项目管理计划的相应更新。

其他的子管理计划包括范围管理计划、进度管理计划、成本管理计划、质量管理计划、资源管理计划、沟通管理计划、风险管理计划、采购管理计划、相关方管理计划。

这些管理计划只是其他各知识领域的主要输出，只是项目管理计划的一部分。

4.2.2 制订项目管理计划过程的工具与技术

4.2.2.1 核对单

核对单属于数据收集技术，是为了使项目管理计划更加完整而采用的工具。这一工具是组织基于自身经验制定的标准化的核对项，或者采用所在行业的核对内容。使用核对单可以指导项目经理制订计划或帮助检查项目管理计划是否包含所需全部信息。

4.2.2.2 会议

会议可以说是项目管理各过程中运用最广泛的工具之一。在这一过程中，会议的主要作用是确定为达成项目目标而采用的工作执行方式，以及制定项目监控方式。

开工会是在规划阶段的重要节点性会议。项目开工会的召开通常意味着规划阶段结束和执行阶段开始，目的在于传达项目目标、获得团队对项目的承诺，以及阐明每个相关方的角色和职责。开工会可能在不同时间点举行，具体取决于项目的特征：

- 对于小型项目，通常由同一个团队开展项目规划和执行。在这种情况下，项目在启动之后很快就会开工（规划过程组），因为执行团队参与了规划。
- 对于大型项目，通常由项目管理团队开展大部分规划工作。在初始规划工作完成、开发（执行）阶段开始时，项目团队其他成员才参与进来。在这种情况下，将随同执行过程组的相关过程召开开工会。对于多阶段项目，通常在每个阶段开始时都要召开一次开工会。

4.2.3 制订项目管理计划过程的输出

项目管理计划是说明项目执行、监控和收尾方式的一份文件，它整合并综合了所有子管理计划和基准，以及管理项目所需的其他信息。需要哪些项目管理计划组件取决于具体项目的需求，也就是根据项目特性进行裁剪。

在之后的学习中，经常会看到项目管理计划更新、项目文件更新，这两份文档包含的范围不同。管理计划与项目文件都属于项目管理过程中的文件，但根据不同的作用和重要性又有所区别，除项目管理计划之外的所有文件都被称作项目文件。在学习中一定要明确项目管理计划所包含的内容，图4-2是项目管理计划与项目文件的对比。

	项目管理计划		项目文件		
1	范围管理计划	1	活动属性	19	质量控制测量结果
2	需求管理计划	2	活动清单	20	质量测量指标
3	进度管理计划	3	假设日志	21	质量报告
4	成本管理计划	4	估算依据	22	需求文件
5	质量管理计划	5	变更日志	23	需求跟踪矩阵
6	资源管理计划	6	成本估算	24	资源分解结构
7	沟通管理计划	7	成本预测	25	资源日历
8	风险管理计划	8	持续时间估算	26	资源需求
9	采购管理计划	9	问题日志	27	风险登记册
10	相关方参与计划	10	经验教训登记册	28	风险报告
11	变更管理计划	11	里程碑清单	29	进度数据
12	配置管理计划	12	实物资源分配单	30	进度预测
13	范围基准：项目范围说明书、WBS、WBS词典	13	项目日历	31	相关方登记册
14	进度基准	14	项目沟通记录	32	团队章程测试与评估文件
15	成本基准	15	项目进度计划	33	测试与评估文件
16	绩效测量基准	16	项目进度网络图		
17	项目生命周期描述	17	项目范围说明书		
18	开发方法	18	项目团队派工单		

图4-2 项目管理计划与项目文件的对比

4.2.4 典型试题

1. 项目管理计划一定要具备可行性，这样才能用来管理项目。以下哪个选项是获得现实可行性管理计划的最佳方法？

A. 根据项目经理的输入信息，由发起人创建项目管理计划

B. 根据项目经理的输入信息，由职能经理创建项目管理计划

C. 根据高级管理层的输入信息，由项目经理创建项目管理计划

D. 根据团队成员的输入信息，由项目经理创建项目管理计划

答案：D

解析：如果我们把题干变换一种问法，那就是"由谁来创造项目管理计划"。项目管理计划由项目经理创建，但需要团队成员的输入信息。

2. 在制订项目管理计划之前，应该确定下述哪项内容？

A. 项目计划更新

B. 相关方技能和知识

C. 工作授权系统

D. 制约因素和假设条件

答案：D

解析：A在规划过程中或之后产生，B是制订计划的必备技能，C是项目实施过程中的重要工具，D是在项目章程制定输出的假设日志中首次开展的。

3. 创建项目管理计划后，项目经理下一步应该做什么？
   A. 起草在预算中授权的风险登记册中的风险减轻计划
   B. 向关键相关方提交项目管理计划并获得他们的批准
   C. 开始分包谈判，尽可能地减少进度延期
   D. 执行质量审计并确保存在继续进行的基准

答案：B

解析：项目管理计划必须经过批准才能正式生效，相关计划才可被确定为基准。

4. 召开项目启动大会的适当时机是什么时候？
   A. 完成初步计划之后，但要在执行之前
   B. 在项目经理有正面消息要分享时
   C. 在签署项目章程之前
   D. 在制订沟通计划之后

答案：A

解析：遇到"项目启动会"一定要注意看一下英文原题，是否为"kick-off meeting"。"Kick-off"源自足球比赛时可以开始踢球了，即可以开始正式开工的意思。所以，它应当是在项目管理计划及各项子计划完成后，准备由执行团队开始实施时召开。

5. 在制订项目管理计划过程中，风险登记册、风险应对计划和风险影响评价是以下哪项的实例？
   A. 事业环境因素
   B. 组织过程资产
   C. 风险管理计划的一部分，而风险管理计划是项目管理计划子计划的一部分
   D. 作为配置项的项目文件，此文件是配置管理计划的组成部分

答案：A

解析：组织过程资产是制订项目管理计划的输入，之前项目或阶段的风险登记册等属于过程资产的一部分。

要点总结
- 项目管理计划的内容、作用与目的。
- 项目管理计划与项目计划。
- 项目管理计划负责人。
- 制订项目管理计划的主要工具与技术。
- 项目管理计划与项目文件。

4.3 指导与管理项目工作

指导与管理项目工作过程的主要作用在于两个方面：一是为实现项目目标而领导和执行项目管理计划中所确定的工作；二是执行与实施执行过程中所批准的变更。通过这

两方面的实施对项目工作和可交付成果开展综合管理，以提高项目成功的可能性。本过程需要在整个项目期间开展。

指导与管理项目工作过程的工作内容：
- 执行分配的可用资源并管理其有效使用以完成计划的相关工作，并产出相应的交付成果。
- 执行因分析工作绩效数据和信息而提出的项目计划变更。
- 项目经理与项目管理团队一起指导实施已计划好的项目活动，并管理项目内的各种技术接口和组织接口。
- 这一过程还要求回顾所有项目变更的影响，并实施已批准的变更。
- 在项目执行过程中，收集工作绩效数据并传达给合适的控制过程做进一步分析。通过分析工作绩效数据，得到关于可交付成果的完成情况，以及与项目绩效相关的其他细节，工作绩效数据也用作监控过程组的输入，并可作为反馈输入经验教训库，以改善未来工作包的绩效。

4.3.1 指导与管理项目工作过程的输入

4.3.1.1 项目文件
项目沟通记录是这一过程所使用的重要输入依据之一。项目沟通记录是一份包含了绩效报告、可交付成果的状态，以及项目生成的其他信息。项目绩效报告并未单独作为此工程的输入，但在这份记录里确是有绩效报告内容的。

4.3.1.2 批准的变更请求
批准的变更请求是实施整体变更控制过程的输出，包括所有经项目经理与经变更控制委员会审查和批准的变更请求。这些批准的变更请求会纳入更新后的项目管理计划并由项目团队付诸实施。

4.3.2 指导与管理项目工作过程的工具与技术

项目管理信息系统（PMIS）是项目管理过程中所使用的所有信息系统的集合。PMIS 包含的主要系统有进度计划软件工具、工作授权系统、配置管理系统、信息收集与发布系统，以及进入其他在线自动化系统（如公司知识库）的界面。

几个需特别关注的系统间的关系如图 4-3 所示。

1. 工作授权系统、配置管理系统、变更控制系统的介绍

（1）工作授权系统。为确保工作在正确的时间按正确的顺序进行而采取的一套项目工作正式审批程序。工作授权系统在本质上是一项具体活动或

图 4-3 几大主要项目管理系统间的关系

者一组工作的书面核准程序。这一系统通过授权使得每一项工作得到有效的责任界定，保证了项目尽可能地减少镀金的发生，镀金与范围蔓延都是项目中要杜绝发生的情况。同时也是对工作程序合法性的有效保障，并可以通过明确的授权系统提升工作效率。

（2）配置管理系统。 配置管理系统是 PMIS 的子系统。它由一系列正式的书面程序组成，该系统包括文件和跟踪系统，并明确了为核准和控制变更所需的批准层次。该系统识别可交付成果状态，指导记录变更。在项目管理中，其功能是作为整体变更控制过程的一部分体现的。

（3）变更控制系统。 通常作为配置管理系统的一个子系统。整体变更控制通过变更控制系统来完成。它是一系列正式的书面程序，包括文档、跟踪系统和批准层次。任何变更请求都必须是正式提出的。该系统主要关注绩效测量基准的变更，如范围、进度、成本等。

2. 配置管理系统与变更控制系统的区别

（1）变更控制系统是配置管理系统的一个子系统，是包含关系。

（2）关注的对象不同：配置管理系统的对象要么是可交付成果，要么是各个过程的技术规范。配置管理重点关注技术规范。变更控制系统的管理对象是项目及产品基准（变更），可以是产品的特性与性能（产品范围），也可以是为实现这些特性与功能的各种具体的项目工作（项目范围）。变更控制系统重点关注基准的变更。

4.3.3 指导与管理项目工作过程的输出

4.3.3.1 可交付成果

可交付成果是在某一过程、阶段或项目完成时，必须产出的任何独特并可核实的产品、成果或服务能力。它通常是项目结果，也可以包括项目管理计划的组成部分。

执行过程的可交付成果将被输入控制质量过程进行核实，通过核实后被确认范围过程进行验收，才会成为最后进入收尾的可交付成果。

4.3.3.2 工作绩效数据

工作绩效数据是在执行项目工作的过程中，从每个正在执行的活动中收集到的原始观察结果和测量值。这些数据通常是最低层次的细节，被收集后交由监控过程组各过程从中提炼出信息，做进一步分析。

例如，工作绩效数据包括已完成的工作、关键绩效指标、技术绩效测量结果、进度活动的实际开始日期和完成日期、已完成的故事点、可交付成果状态、进度进展情况、变更请求的数量、缺陷的数量、实际发生的成本、实际持续时间等。

4.3.3.3 问题日志

问题日志是一种记录和跟进所有问题的项目文件。在整个项目生命周期中，项目经理通常会遇到问题、差距、不一致或意外冲突。项目经理需要采取某些行动加以处理，以免影响项目绩效。问题日志可以帮助项目经理有效跟进和管理问题，确保它们得到调查和解决。

作为本过程的输出，问题日志被首次创建，尽管在项目期间任何时候都可能发生问题。在整个项目生命周期应该随监控活动更新问题日志。

4.3.3.4 变更请求

1. 变更请求的内涵

变更请求是关于修改任何文件、可交付成果或基准的正式提议。项目中的任何相关方都可以在项目结束前提出变更请求。

变更请求可以是对项目政策或程序、项目或产品范围、项目成本或预算、项目进度计划、项目或产品结果的质量进行修改。其他变更请求包括必要的预防措施或纠正措施，用来防止以后的不利后果。

所有变更请求都应该通过实施整体变更控制过程进行管理。

2. 变更请求的表现形式

（1）纠正措施：为使项目工作绩效重新与项目管理计划一致，而进行的有目的的活动。

（2）预防措施：为确保项目工作的未来绩效符合项目管理计划，而进行的有目的的活动。

（3）缺陷补救：为了修正不一致产品或产品组件的有目的的活动。

（4）更新：对正式受控的项目文件或计划等进行的变更，以反映修改或增加的意见或内容。

4.3.4 典型试题

1. 以下均是指导与管理项目工作的组成部分，除了____。

A. 定义变更

B. 使用 WBS

C. 实施纠正措施

D. 建立项目监控系统

答案：D

解析：项目监控系统在规划过程组中制定，而不是实施过程。选项 B 是不是迷惑了你？WBS 在规划过程中制定，在执行阶段帮助项目实施。此处用语不是"制定 WBS"，而是"使用 WBS"。

2. 作为指导和管理一个项目的组成部分，项目经理必须审查已经完成的活动。项目经理应该首先审查哪份文件？

A. 工作绩效数据

B. 之前的状态报告

C. 项目进度计划

D. 问题日志

答案：A

解析：工作绩效数据是在执行项目工作的过程中，从每个正在执行的活动中收集到的原始观察结果和测量值。数据是指最低层的细节，将由其他过程从中提炼出项目信息。在工作执行过程中收集数据，再交由各控制过程做进一步分析。工作绩效数据包括已完成的工作、关键绩效指标、技术绩效测量结果、进度活动的开始日期和结束日期、变更请求的数量、缺陷的数量、实际成本和实际持续时间等。

3．在项目执行阶段，项目发生了很多变更，项目经理应该____。

A．一直等待，直到了解了所有的变更，然后打印一个新的进度表

B．根据需要尽快实施被批准的变更，但是保留原有的进度基准

C．只实施管理层批准的变更

D．实施任何变更前要通知管理层

答案：B

解析：项目经理应该更多地去监控项目，而不是 C 和 D 所反映的内容。选项 A 是很多项目经理容易犯的一个错误。项目经理对项目的监控应该贯穿整个项目始终。项目经理监控变更的实施，被批准的变更应尽快按变更流程实施。

4．项目经理已经创建了 WBS 和项目管理计划。若要达到项目目标，需要使用的下一个过程是什么？

A．让项目章程获得批准

B．实施变更控制

C．指导与管理项目工作

D．控制质量

答案：C

解析：指导与管理项目工作的作用是为实现项目目标而执行项目管理计划中确定的工作。根据本题所给的答案，顺序应为 A（启动过程组）—C（执行过程组）—D（监控过程组）—B（监控过程组）。

5．研究表明，在项目的执行阶段，主要的冲突涉及____。

A．个性

B．项目优先级

C．成本

D．进度

答案：D

解析：进度是项目整个执行期间都极其重要的制约因素。

要点总结

- 指导与管理项目工作过程的工作内容。
- 项目管理信息系统（PMIS）：工作授权系统、配置管理系统、变更控制系统。
- 可交付成果。
- 工作绩效数据。
- 问题日志。
- 变更请求：纠正措施、预防措施、缺陷补救、更新。

4.4 管理项目知识

管理项目知识这一过程是要求在使用已有知识的前提下生成新知识，以此提升项目成功可能性，实现项目目标，并且能够帮助组织学习的过程。这里虽然管理的是项目知识，但这些知识并非只针对项目，而是希望使当前项目创造的知识还可用于支持组织运营和未来的项目或阶段。

管理项目知识过程需要在整个项目期间开展。管理项目知识主要涉及对"显性知识"与"隐性知识"的管理。

显性知识，也称编码知识，人们可以通过口头传授、教科书、参考资料、报纸杂志、专利文献、视听媒体、软件和数据库等方式获取，可以通过语言、书籍、文字、数据库等编码方式传播，也容易被人们学习。

隐性知识是显性知识相对的知识内容。个体知识及难以明确表达的知识，如信念、洞察力、经验和"诀窍"、手艺等管理知识就是通过知识分享和知识集成而重复使用现有知识并生成新知识的。

进行项目知识管理时，一种常见误解是，知识管理只是将知识记录下来用于分享；另一种常见误解是，知识管理只是在项目结束时总结经验教训，以供未来项目使用。

从组织的角度来看，知识管理指的是确保项目团队和其他相关方的技能、经验和专业知识在项目开始之前、开展期间和结束之后得到运用。因为知识存在于人们的思想中，且无法强迫人们分享自己的知识或关注他人的知识，所以，知识管理最重要的环节就是营造一种相互信任的氛围，激励人们分享知识或关注他人的知识。

管理项目知识过程是第6版新增的内容，将之前版本中的经验教训登记册的编撰放到了此过程进行，所以在49个子过程中只有此过程会输出经验教训登记册。

4.4.1 管理项目知识过程的输入

4.4.1.1 项目文件

本过程涉及的主要项目文件如下。

1. 项目团队派工单

项目团队派工单是一份项目文件，但也是一份很具灵活性的文件。首先，它没有出现在项目术语表中，意味着并未对它进行明确的定义。其次，它会作为很多过程的输入和输出，在每个不同过程中的作用也不尽相同。在本过程中，项目团队派工单说明了项目已具有的能力和经验及可能缺乏的知识。

2. 资源分解结构

资源分解结构是按照资源种类和形式而划分的资源层级结构，它是项目分解结构的一种，通过它可以在资源需求细节上制订进度计划，并可以通过汇总的方式向更高一层汇总资源需求和资源可用性。当一个项目的组织分解结构将项目的工作分别分配给了项目团队或项目组织的某个群体或个人以后,项目管理还需要使用这种项目分解结构去说明在实施这些工作中有权得到资源的情况,以及项目资源的整体分配情况。所以在这一文件中包含有关团队组成的信息,有助于了解团队拥有和缺乏的知识。

4.4.1.2 组织过程资产

在项目管理过程和例行工作中,经常要使用项目管理知识,能够影响管理项目知识过程的组织过程资产主要包括:

- 组织的标准政策、流程和程序。可能包括:信息的保密性和获取渠道、安全与数据保护、记录保留政策、版权信息的使用、机密信息的销毁、文件格式和最大篇幅、注册数据和元数据、授权使用的技术和社交媒体等。
- 人事管理制度。包括员工发展与培训记录,以及关于知识分享行为的能力框架。
- 组织对沟通的要求。正式且严格的沟通要求有利于信息分享。对于生成新知识和整合不同相关方群体的知识,非正式沟通更加有效。
- 正式的知识分享和信息分享程序。包括项目和项目阶段开始之前、开展期间和结束之后的学习回顾,例如识别、吸取和分享从当前项目和其他项目获得的经验教训。

4.4.2 管理项目知识过程的工具与技术

4.4.2.1 知识管理

知识管理是对隐性知识进行分享的工具和技术,它将员工联系起来,使他们能够合作生成新知识、分享隐性知识,以及集成不同团队成员所拥有的知识。适用于项目的工具和技术取决于项目的性质,尤其是创新程度、项目复杂性,以及团队的多元化程度。

知识管理包括的主要工具与技术有人际交往、兴趣小组、会议,包括使用通信技术进行互动的虚拟会议、工作跟随和跟随指导、讨论论坛,如焦点小组、知识分享活动、研讨会、讲故事、知识展会和茶座、交互式培训。

4.4.2.2 信息管理

信息管理工具和技术用于创建人们与知识之间的联系,可以有效促进简单、明确的显性知识的分享,主要方式包括:编撰显性知识,经验教训登记册,通过网络搜集信息等。

4.4.3 管理项目知识过程的输出:经验教训登记册

经验教训登记册可以包含情况的类别和描述,还可包括与情况相关的影响、建议和行动方案。经验教训登记册可以记录遇到的挑战、问题,意识到的风险和机会,或者其他适用的内容。

经验教训登记册在项目早期创建,作为本过程的输出。因此,在整个项目期间,它可以作为很多过程的输入,同时,各过程总结的知识内容统一输入此过程后再进行经验教训登记册的更新。参与工作的个人和团队也参与记录经验教训。可以通过视频、图片、音频或其他合适的方式记录知识，确保有效吸取经验教训。

在项目或阶段结束时，把相关信息归入经验教训知识库，成为组织过程资产的一部分。

4.4.4 典型试题

1. 缺乏情境，可作不同解读的通常是哪类知识？
   A．显性知识
   B．隐性知识
   C．个体知识
   D．群体知识
   答案：A
   解析：显性知识缺乏情境，可作不同解读，虽易分享但无法确保正确理解或应用；隐性知识很难编撰，虽然蕴含情境。

2. 关于知识管理，以下哪一项是错误的？
   A．知识管理的关键活动是知识分享和知识集成
   B．知识管理主要是在项目结束时总结经验教训，以供未来项目使用
   C．知识管理最重要的环节就是营造相互信任的氛围
   D．显性知识缺乏情境，虽易分享但无法确保正确理解或应用；隐性知识蕴含情境但很难编撰
   答案：B
   解析：其他三个选项都是正确的，B项不对，管理项目知识是在整个项目期间开展的。

3. 经验教训登记册包含哪类信息？
   A．整套索引合同文件
   B．接收或拒绝可交付成果的正式书面通知
   C．问题的原因及选择纠正措施的依据
   D．项目记录，包括往来函件、备忘录和会议记录
   答案：C
   解析：经验教训登记册可以包含情况的类别和描述，还可包括与情况相关的影响、建议和行动方案。经验教训登记册可以记录遇到的挑战、问题，意识到的风险和机会，或者其他适用的内容。

4. 项目经理即将完成一个项目。团队将经验教训、调查、风险和问题日志等项目文件存档。资料存档为什么很重要？
   A．它会提高对未来项目的管理
   B．它应该是每个收尾阶段的组成部分
   C．它会改善实施组织中的团队激励
   D．它会成为历史数据库的组成部分

答案：A

解析：经验教训、调查、风险和问题日志等项目文件存档即指经验教训登记册的更新，经验教训登记册提供了有效的知识管理实践。这是将显性或隐性知识进行记录的过程，目的是为利用已有的组织知识来创造或改进项目成果，并且使当前项目创造的知识可用于支持组织运营和未来的项目或阶段。

5．企业的知识获取可以借助自身的____，也可以采用外包方式或借助咨询公司，与其他企业形成知识战略联盟等方式来实现。

A．组织
B．强迫
C．技术
D．人力资源

答案：B

解析：本题属于超纲知识点，在考试中经常会出现《PMBOK®指南》中未提到的知识点，这样的题目一般通过仔细审题或排除法都可以完成，难度不会太大。此题目涉及的是企业知识获取方式，主要有：组织内、通过相关技术、人力资源管理、外包方式、借助咨询公司或与其他企业形成知识战略联盟等方式。

要点总结
- ✓ 显性知识。
- ✓ 隐性知识。
- ✓ 知识管理。
- ✓ 信息管理。

4.5 监控项目工作

监控项目工作不仅是对执行工作的监控，而且是对项目全周期的监控，是贯穿整个项目的项目管理活动之一，包括收集、测量和分析测量结果，以及预测趋势，以便推动过程改进。持续的监督使项目管理团队能洞察项目的状态，并识别须特别关注的任何情况。控制包括制订纠正或预防措施及更新计划，并跟踪行动计划的实施过程，以确保它们能有效解决问题。

监控项目工作过程主要关注的内容：
- 把项目的实际绩效与项目管理计划进行比较。
- 定期评估项目绩效，决定是否需要采取纠正或预防措施，并推荐必要的措施。
- 在整个项目期间，维护一个准确且及时更新的信息库，以反映项目产品及相关文件的情况。
- 为状态报告、进展测量和预测提供信息。
- 做出预测，以更新当前的成本与进度信息。

- 监督已批准变更的实施情况。
- 如果项目是项目集的一部分，还应向项目集管理层报告项目进展和状态。
- 确保项目与商业需求保持一致。

4.5.1 监控项目工作过程的输入：工作绩效信息

工作绩效信息与数据和报告的区别在前面的章节做过对比。将工作绩效数据与项目管理计划组件、项目文件和其他项目变量比较之后生成绩效信息，通过这种比较可以了解项目的执行情况。

在项目开始时，就在项目管理计划中规定关于范围、进度、预算和质量的具体工作绩效测量指标。项目期间通过控制过程收集绩效数据，与计划和其他变量比较，为工作绩效提供背景。

4.5.2 监控项目工作过程的工具与技术

在监控项目工作时需要用到的主要数据分析技术有以下几种。

（1）**成本效益分析**：有助于在项目出现偏差时确定最节约成本的纠正措施。

（2）**挣值分析**：对范围、进度和成本绩效进行综合分析。（在控制成本时做专门介绍）

（3）**根本原因分析**：关注识别问题的主要原因，它可用于识别出现偏差的原因，以及项目经理为达成项目目标应重点关注的领域。

（4）**趋势分析**：根据以往结果预测未来绩效，它可以预测项目的进度延误，提前让项目经理意识到，按照既定趋势发展，后期进度可能出现的问题。应该在足够早的项目时间进行趋势分析，使项目团队有时间分析和纠正任何异常。可以根据趋势分析的结果，提出必要的预防措施建议。

（5）**偏差分析**：偏差分析审查目标绩效与实际绩效之间的差异（或偏差），可涉及持续时间估算、成本估算、资源使用、资源费率、技术绩效和其他测量指标。可以在每个知识领域，针对特定变量，开展偏差分析。在监控项目工作过程中，通过偏差分析对成本、时间、技术和资源偏差进行综合分析。

4.5.3 监控项目工作过程的输出：工作绩效报告

工作绩效报告是监控项目工作过程最主要的输出，项目相关方通过这一报告能清晰地了解项目当前的状态。

基于工作绩效信息，以实体或电子形式编制工作绩效报告，以制定决策、采取行动或引起关注。根据项目沟通管理计划，通过沟通过程向项目相关方发送工作绩效报告。

工作绩效报告的示例包含挣值图表和信息、趋势线和预测、储备燃尽图、缺陷直方图、合同绩效信息和风险情况概述。

4.5.4 典型试题

1. 在项目评审会上，项目经理发现一个项目团队不能解决的问题。项目经理应该怎么做？

   A．更新问题日志

   B．提交变更请求

   C．更新相关方管理计划

   D．请求额外的资源

   答案：A

   解析：项目经理发现一个项目团队不能解决的问题应当首先更新问题日志。

2. 监控项目工作过程的输出包括以下所有，除了____。

   A．变更请求

   B．项目管理计划（更新）

   C．项目文件（更新）

   D．最终产品、服务或成果移交

   答案：D

   解析：最终成果不属于监控项目工作，是结束项目或阶段的输出。

3. 项目团队担心为保持进度计划将需要过度加班。目前，一个产品部件需要花两倍时间生产。项目经理应该通过执行下列哪一项来调整这个问题？

   A．风险效益分析

   B．力场分析

   C．根本原因分析

   D．成本效益分析

   答案：C

   解析：根本原因分析是分析技术的一种，应用于"监控项目工作"过程，本题中可以通过根本原因分析找到该产品部件生产时间长的原因。根本原因分析：确定引起偏差、缺陷或风险的根本原因的一种分析技术。一项根本原因可能引起多项偏差、缺陷或风险。

4. 项目经理向发起人分发每周状态报告。报告中应包含下列哪一项？

   A．项目组织图

   B．详细的风险分析

   C．团队培训计划

   D．已完成工作百分比

   答案：D

   解析：工作绩效报告是监控项目工作过程的重要输出文件。工作绩效报告的示例包括状态报告和进展报告，可以表现为有助于引起关注、制定决策和采取行动的仪表指示图。

5. 在监控项目过程时，质量经理注意到四个连续数据点落在平均线的同一侧，没有任何一个超出控制限值。这个过程的状态是什么？

A．过程在控制当中
B．过程失控
C．过程需要减轻
D．过程需要调整

答案：A

解析：本题考查的是监控项目中质量管理工具控制图七点原则的应用，只是连续四个点落在平均线同一侧说明过程仍在控制中。

要点总结
- 监控项目工作内容。
- 监控项目工作使用的数据分析技术。
- 工作绩效信息与工作绩效报告。

4.6 实施整体变更控制

实施整体变更控制是项目整合管理的核心过程，通过对变更的整体控制实现对其他各领域的统一和协调，并形成对项目的系统性管理。项目管理计划一旦批准，就成为考核项目的基准，变更请求要经过规范的流程才能做出修改。变更请求可能影响项目范围、产品范围及任一项目管理计划组件或任一项目文件。在基准确定之前，变更无须正式受控于实施整体变更控制过程。一旦确定了项目基准，就必须通过整体变更控制流程来处理变更请求。

每项记录在案的变更请求都必须由一位责任人批准、推迟或否决，这个责任人通常是项目发起人或项目经理。应该在项目管理计划或组织程序中指定这位责任人，必要时，应该由变更控制委员会来开展实施整体变更控制过程。变更控制委员会是一个正式组成的团体，负责审查、评价、批准、推迟或否决项目变更，以及记录和传达变更处理决定。

实施整体变更控制过程贯穿项目始终，项目经理对此承担最终责任。项目经理需要积极主动地面对变更，要预测可能发生的变更，要对可能引起变更的各种因素施加影响。

4.6.1 实施整体变更控制过程的输入

很多过程都会输出变更请求。变更请求可能包含纠正措施、预防措施、缺陷补救，以及对正式受控的项目文件或可交付成果的更新，以反映修改或增加的意见或内容。

4.6.2 实施整体变更控制过程的工具与技术

变更控制工具涉及开展变更的一些自动化工具，以便于开展配置与变更管理。配置控制重点关注可交付成果及各个过程的技术规范。变更控制着眼于识别、记录、批准或否决对项目文件、可交付成果或基准的变更。

1. 工具应支持的配置管理活动

工具应支持以下配置管理活动：识别与选择配置项，从而为定义与核实产品配置、标记产品和文件、管理变更和明确责任提供基础。

（1）记录并报告配置项状态。

（2）关于各个配置项的信息记录和报告。

（3）通过配置核实与审计，确保项目的配置项组成的正确性，以及相应的变更都被登记、评估、批准、跟踪和正确实施，从而确保配置文件所规定的功能要求都已实现。

2. 工具应支持的变更管理活动

（1）识别变更，识别并选择过程或项目文件的变更项。

（2）记录变更，将变更记录为合适的变更请求。

（3）做出变更决定，审查变更，批准、否决、推迟对项目文件、可交付成果或基准的变更或做出其他决定。

（4）跟踪变更，确认变更被登记、评估、批准、跟踪并向相关方传达最终结果。

整体变更控制的流程，如图 4-4 所示。

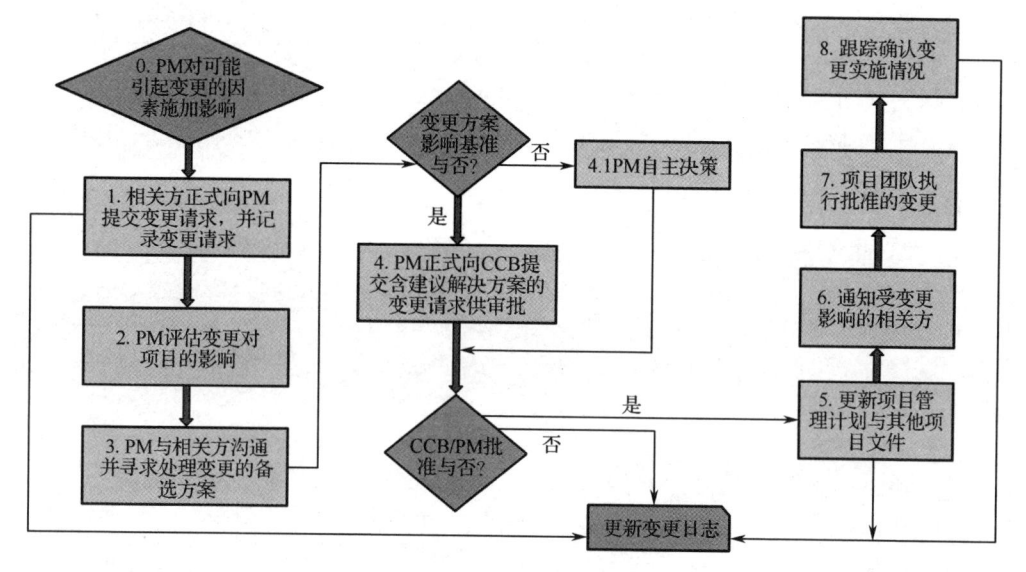

图 4-4 整体变更控制的流程

项目经理在处理变更请求时必须明确自己的权限，这个界限就是项目基准（范围基准、成本基准、进度基准）。在项目中最好的是没有变化，但对于项目这种环境来说唯一不变的就是变化，所以，项目经理若能在变化到来之前对它们有所影响，让这些变化尽量不出现或出现后带来的影响最小是最好的情况，但现实往往需要"用该面对的"，所以，当变更请求被提出时，项目经理首先做的是客观记录这一请求，这是第一步。

第二步，对变更请求进行影响分析，尤其是对三重要素的影响分析，若没有对基准造成影响，无论可采取的方案是否合理有效，都要经过变更控制委员会的审核。

第三步，对处理变更请求与相关方协商解决方案，这里解决的是处理变更的可行性，但是否可以使用进行变更并未确定。

第四步，分为两个部分：若经过影响分析，变更没有带来涉及基准的变化，那项目经理若有过明确授权就可以批准是否变化。当然，根据项目经理的权限视项目具体情况而定，有时可能项目经理的权限很大，也有可能很小，这些都取决于项目章程中的授权。若涉及基准一般情况下都由 CCB 根据影响分析和变更处理方案来决定是否需要变更，如果未批准变更，则把相应的决定记录到变更日志；如果批准变更，则进入下一步骤。

第五步，已经确定的变更方案需要更新到项目管理计划中才可以实施。变更的实施会涉及对不同项目子计划的更新，如变更请求时涉及质量管理那可能更新的就是质量管理计划。这样也进一步体现出整体变更控制对于项目管理计划的整体协调性。

第六步，在现实项目中，项目经理经常出现的一个误解是，既然决定变了也有变更方案了，执行不就可以了。如果仅这样做，则忽略了对相关方的沟通和协调，所以，在具体执行前要告知相应受到影响的各相关方。

第七步，终于到了执行变更方案的时候了。在这里我们来梳理一下这样一个流程经历了哪些数据的过程流向。变更请求一半来源于监控或执行过程组中的各过程活动，当提出变更后进入监控过程组中的实施整体变更控制通过流程后，被批准的变更方案会回到规划过程中对项目管理计划进行更新，然后进入执行过程对变更进行实施，但实施是否真正达到预期，那就进入了第八步。

第八步，"回头看很重要"，当变更方案得以实施后是否达到预期必须进行跟踪，并把结果也更新到变更日志或过程资产中。

4.6.3 典型试题

1. 在项目的最后阶段，项目经理从客户那收到多个设计变更。在遵循已制定的变更控制过程后，项目经理收到客户对该变更的批准。若要提供一个标准，以有效和有效率的方式来集中管理变更，需要什么样的系统类型？

   A．成本管理
   B．风险管理
   C．相关方管理
   D．配置管理系统

   答案：D

   解析：配置管理系统是用于跟踪项目参数和监控这些参数变更的程序的集合。

2. 当项目经理通知项目发起人项目落后于进度计划时，项目发起人坚持消减范围以满足项目期限。项目经理不同意，认为项目应延迟交付全部范围。项目经理下一步应该怎么做？

   A．接受项目发起人的要求
   B．要求项目团队提供解决方案
   C．保持原始范围，但比计划晚交付

D. 要求关键项目相关方做出最终决策

答案：D

解析：消减范围即变更项目范围基准，需要 CCB 批准。

3. 在前两个月一直处于正常进度轨道的项目开始经历严重延期。项目经理已经识别出主要问题。项目经理应在哪里报告项目状态？

A. 项目进度计划
B. 工作绩效报告
C. 问题日志
D. 相关方会议

答案：B

解析：工作绩效报告是为制定决策、提出问题、采取行动或引起关注，而汇编工作绩效信息，所形成的实物或电子项目文件。例如，状况报告、备忘录、论证报告、信息札记、电子报表、推荐意见或情况更新。

4. 一名工程师在没有提交变更请求的情况下，完成了一名项目相关方的可交付成果变更要求。项目经理应该怎么做？

A. 获得为何进行变更的相关信息
B. 审查变更的影响，并提交变更请求
C. 更新问题日志
D. 指示该工程师撤销变更

答案：B

解析：在变更实际发生时，也要采用控制范围过程来管理这些变更。控制范围过程应该与其他控制过程协调开展。未经控制的产品或项目范围的扩大（未对时间、成本和资源做相应调整）被称为范围蔓延。变更不可避免，因此在每个项目上，都必须强制实施某种形式的变更控制。

5. 在一个 IT 系统实施项目的执行阶段，客户要求开发团队变更。这些变更已经被批准，然而项目经理认为这些变更与原始项目需求有冲突。项目经理应该怎么做？

A. 更新变更日志
B. 提出变更请求
C. 修订变更管理计划
D. 执行预防和纠正措施

答案：A

解析：变更请求被批准后首先要更新变更日志。其次批准的变更必须被执行；除 A 外其他选项均为变更实施后可能发生的操作。

要点总结

- ✓ 谁负责变更控制。
- ✓ 变更控制与配置控制。
- ✓ 变更控制完整流程。

✓ 项目经理对于变更的权限。

4.7 结束项目或阶段

项目的结束并非都是如章程所界定的，所以在结束项目或阶段过程中首先要明确有哪些情况会终止项目（这一部分在本书第 3 章有说明），无论哪种情况下，终止项目都要经历完整的收尾程序才能真正意义上结束，即便提前终止也是如此。

交付了验收通过的成果只是完成产品范围并非项目的完全结束，项目范围还包括正式的收尾程序。只有完成外部合同要求，并存档项目或阶段信息，完成计划的工作，释放组织团队资源以展开新的工作之后才是最真正的项目结束。草草收尾并非成熟项目经理所为。

项目的收尾主要分为行政收尾与合同收尾，完成两者所有的工作活动才算项目的彻底结束。

行政收尾是为某阶段或项目的正式结束而建立、收集和分发有关信息，包括对项目结果的鉴定和记录，以便由发起人、委托人或顾客正式接受项目的产品；还包括项目记录的收集、确保项目记录反映最终的设计书、项目成功和效益的分析，以及对此类信息的立卷，以备将来之用。

行政收尾需要完成的主要工作：

- 确保所有文件和可交付成果都已是最新版本，且所有问题都已得到解决。
- 确认可交付成果已交付给客户并已获得客户的正式验收。
- 确保所有成本都已记入项目成本账。
- 关闭项目账户。
- 重新分配人员。
- 处理多余的项目材料。
- 重新分配项目设施、设备和其他资源。
- 根据组织政策编制详尽的最终项目报告。
- 为向下一个阶段，或者向生产和（或）运营部门移交项目的产品、服务或成果所必须开展的行动和活动。
- 收集关于改进或更新组织政策和程序的建议，并将它们发送给相应的组织部门。
- 测量相关方的满意程度。

合同收尾是把项目上的每个合同都了结，包括工作完成、产品验收和移交、价款结算和争议解决等。

合同收尾需要完成的主要工作：

- 确认卖方的工作已通过正式验收。
- 最终处置未决索赔。
- 更新记录以反映最后的结果。
- 存档相关信息供未来使用。

行政收尾与合同收尾的异同：
- 两种收尾都需要进行产品确认，都需要总结经验教训，对相关资料进行整理和归档，更新组织过程资产。
- 在整个项目结束时，行政收尾一般是在合同收尾之后进行的，是项目进行的最后一个过程。
- 整个项目在结束时或每一个阶段结束时都要进行行政收尾；合同收尾是针对合同的，每一个合同需要且只需要进行一次合同收尾。
- 行政收尾最终以资源释放为结束，并且要经过项目的高级相关方如发起人签发结束的书面确认才算完成。合同收尾要由买方的采购负责人向卖方签发合同结束的书面确认。

项目收尾的流程，如图 4-5 所示。

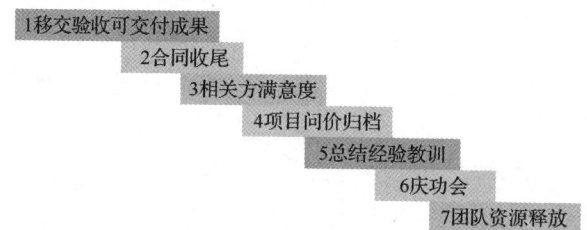

1. 移交验收可交付成果
2. 合同收尾
3. 相关方满意度
4. 项目问价归档
5. 总结经验教训
6. 庆功会
7. 团队资源释放

图 4-5　项目收尾流程

4.7.1　结束项目或阶段过程的主要输入与输出（见图 4-6）

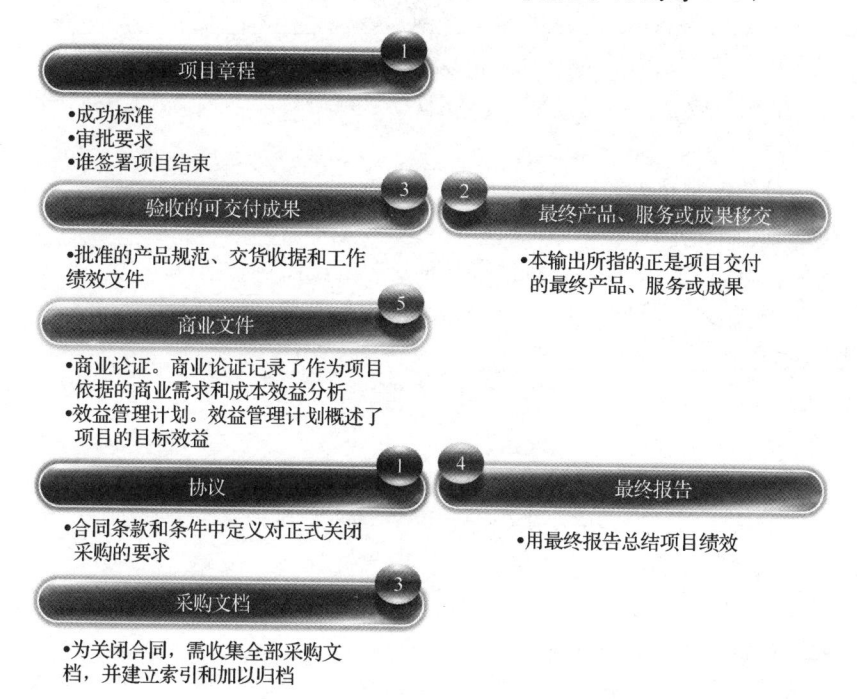

1 项目章程
- 成功标准
- 审批要求
- 谁签署项目结束

3 验收的可交付成果
- 批准的产品规范、交货收据和工作绩效文件

2 最终产品、服务或成果移交
- 本输出所指的正是项目交付的最终产品、服务或成果

5 商业文件
- 商业论证。商业论证记录了作为项目依据的商业需求和成本效益分析
- 效益管理计划。效益管理计划概述了项目的目标效益

1 协议
- 合同条款和条件中定义对正式关闭采购的要求

4 最终报告
- 用最终报告总结项目绩效

3 采购文档
- 为关闭合同，需收集全部采购文档，并建立索引和加以归档

图 4-6　结束项目或阶段过程的主要输入与输出

4.7.2 典型试题

1. 客户批准了最终产品，项目经理收到所有部门的报告。项目经理下一步应该怎么做？

   A. 查看沟通管理计划，并共享最终项目报告
   B. 执行结束采购过程，并记录经验教训
   C. 安排一次项目结束会议，并解散资源
   D. 安排一次所有团队成员参加的会议，庆祝项目成功

   答案：D

   解析：最终可交付成果已移交给客户，并收集了项目文档，应在庆功会之后再解散团队。

2. 客户向供应商授予一个实现系统的固定总价合同，在该系统通过测试之后，供应商交付了系统并且项目收尾。三周后，客户投诉说系统缺失一项特定的法律要求。供应商首先应该怎么做？

   A. 立即安排一次与发起人的会议
   B. 立即纠正系统，以遵守法律需求
   C. 在法院解决冲突
   D. 审查项目收尾文件

   答案：D

   解析：组织过程资产更新是项目或阶段收尾文件。项目收尾文件是项目或阶段完工的正式文件，包括客户验收文件及合同协议，项目达到全部需求之后才正式结束项目。

3. 项目虽然完成了，但是延期了，导致项目结束时成本超支。在这种情况下，项目经理应该怎么做？

   A. 将这种情况记录为经验教训
   B. 将注意力集中在存档该项目的财务记录上
   C. 评估项目的所有工作，并将结果与项目范围相比较
   D. 在范围核实过程记录项目完成的相关情况

   答案：A

   解析：项目或阶段收尾时，应把历史信息和经验教训信息存入经验教训知识库，供未来项目或阶段使用。

4. 执行项目后评价时，项目经理识别到产品设计是各种制造问题的根本原因。项目经理应该怎么做？

   A. 更新风险登记册
   B. 审查项目管理计划
   C. 应用实施整体变更控制过程
   D. 更新经验教训知识库

答案：D

解析：进行项目后评价需要记录经验教训并对组织过程资产进行适当更新。

5. 项目经理完成了一个项目。组织正常要求关于绩效评审的文件及每个完成项目的经验教训。这些属于下列哪一个过程的工具与技术？

   A. 合同收尾
   B. 行政收尾
   C. 绩效审计
   D. 正式验收

答案：B

解析：行政收尾包括：为达到阶段或项目的完工或退出标准所必需的行动和活动；为关闭项目合同协议或项目阶段合同协议所必须开展的活动；为向下一个阶段，或者向生产和（或）运营部门移交项目的产品、服务或成果所必须开展的行动和活动；收集关于改进或更新组织政策和程序的建议，并将它们发送给相应的组织部门；测量相关方的满意程度等。

要点总结

✓ 项目收尾工作的完整性。
✓ 合同收尾与行政收尾。
✓ 项目收尾流程。

第 5 章
项目范围管理

范围管理是项目管理的基础内容,是三重制约要素之一,同时它也是另两个要素的基础,毕竟对于项目来说要先搞清需要做什么事才可能了解需要什么资源,然后才能清楚预算的多少。除非一件因所拥有的资源而临时偶发的事件,否则概莫如此。也正因为它的地位太基础,所以在现实中人们往往容易忽视对范围的管理,从而造成看似与之无关但实则关系密切的项目不确定性。可能也正因为它太基础,PMI 才在 20 世纪 80 年代将范围管理加入《PMBOK®指南》中。之前的三重制约要素是指进度、成本、质量,后来将范围纳入进来后,质量要素被降维,但并非不重要。所以,实际上应该叫四重制约要素更准确些。

这里要特别指出范围管理所谓的工作内容,在这一层级并非具体的操作内容,而是基于阶段及项目成果进行描述的工作范围,真正基于操作步骤的工作内容在进度管理中通过对范围计划中的工作包进一步的活动定义才能真正反映出来。

项目范围管理实现的六个过程,如表 5-1 所示。

表 5-1 项目范围管理实现过程

知识领域	过程组				
	启动过程组	规划过程组	执行过程组	监控过程组	收尾过程组
5.项目范围管理		5.1 规划范围管理 5.2 收集需求 5.3 定义范围 5.4 创建 WBS		5.5 确认范围 5.6 控制范围	

项目范围的管理更能体现项目与运营的区别:运营时会想尽办法,只要能提升工作绩效,需要做什么就去做什么。范围管理则是了解几个基本原则:

- ✓ 为实现目标只做应该做的事,既不少做事但也坚决不多做,除非有批准的变更要求,即确保项目做且只做所需的全部工作,以成功完成项目的各个过程。
- ✓ 管理项目范围主要在于定义和控制哪些工作应该包括在项目内,哪些不应该包括在项目内,即要确定项目的范围边界,不要超范围工作。
- ✓ 坚决防止范围蔓延。范围蔓延就好像你本来就为了买一条运动去商店,却因为看见商店过季降价先买了一堆没想过要买的东西,最后想起是要买条运动裤,结果发现钱花超了还差点赶不上公交车。
- ✓ 坚决杜绝"镀金"。镀金多数是为了满足客户的一些小要求而做的额外工作。这不是说客户或其他相关方不能提出要求,可以提出变更请求,批准了什么都好说,没有批准的变更请求一概只能说"NO"。

范围蔓延与镀金的区别：范围蔓延一般是执行方内部的管理不当形成的；镀金是对外部相关方的变更管理不当形成的。范围蔓延一般是在不经意间"悄然"形成的，当发现时为时已晚，可能已导致了重大偏离。镀金是在知情的情况下为了满足某些相关方而形成的。

产品范围与项目范围的区别：产品范围是指某项产品、服务或成果所具有的特征和功能，侧重技术层面的工作；项目范围是指为交付具有规定特性与功能的产品、服务或成果而必须完成的工作，侧重管理工作层面的工作。项目范围有时也包括产品范围。

项目范围的完成情况是根据项目管理计划来衡量的，而产品范围的完成情况是根据产品需求来衡量的。

提到范围管理就必须说"需求"，可以说这是项目存在的基础，没有需求也就没有项目的存在，范围界定的前提是需求是否明确，这里有一条主线：相关方提出需求，项目管理方明确目标，确定范围，然后一项项的详细计划就逐渐展开了，有了计划也就有了执行、监控、收尾。当然这些工作并非顺序进行的，也可能交叠进行。

在项目范围管理过程中，收集、记录和管理相关方需求将一直是项目管理中的重点。所以项目经理在管理项目时要注重以下几件与商业需求有关的工作：
- ✓ 确定问题并识别商业需要。
- ✓ 识别并推荐能够满足这些需要的可行解决方案。
- ✓ 收集、记录并管理相关方需求，以满足商业和项目目标。
- ✓ 推动项目集或项目的产品、服务或最终成果的成功应用。

范围与需求管理密不可分，需求管理是做好范围管理的前提。

在敏捷环境中，对于需求不断变化、风险大或不确定性高的项目，在项目开始时通常无法明确项目的范围，而需要在项目期间逐渐明确。敏捷方法特意在项目早期缩短定义和协商范围的时间，并为持续探索和明确范围而延长创建相应过程的时间。

5.1 规划范围管理

规划范围管理过程的主要作用是在整个项目期间对如何管理范围提供指南和方向。这是一份为记录如何定义、确认和控制项目范围及产品范围而创建的文件。本过程仅开展一次或仅在项目的预定义点开展。

5.1.1 规划范围管理过程的输入

5.1.1.1 项目章程

项目章程记录项目目的、项目概述、假设条件、制约因素，以及项目意图实现的高层级需求。这些内容会为之后的收集需求提供支持。

5.1.1.2 项目管理计划

项目管理计划中很多其他计划会影响范围管理计划的制订。

1. 质量管理计划
在项目中实施组织的质量政策、方法和标准的方式会影响管理项目和产品范围的方式。
2. 项目生命周期
项目生命周期定义了项目从开始到完成所经历的一系列阶段。在创建 WBS 时，各阶段节点的成果会成为工作分解结构向下分解的基础。

5.1.2 规划范围管理过程的工具与技术

如备选方案分析一类的数据分析技术可用于评估收集需求、详述项目和产品范围、创造产品、确认范围和控制范围的各种方法。

5.1.3 规划范围管理过程的输出

5.1.3.1 范围管理计划

范围管理计划是项目管理计划的重要组成部分，描述将如何定义、制定、监督、控制和为之后收集需求、定义范围、创建 WBS、确认项目范围及控制范围提供方向和规则。范围管理计划要对将用于下列工作的管理过程做出规定：
- ✓ 制定项目范围说明书。
- ✓ 根据详细项目范围说明书创建 WBS。
- ✓ 确定如何审批和维护范围基准。
- ✓ 正式验收已完成的项目可交付成果。

5.1.3.2 需求管理计划

需求管理计划同样是项目管理计划的组成部分，这份文件主要是为了描述将如何分析、记录和管理项目和产品需求。有些组织称之为"商业分析计划"。

需求管理计划的主要内容包括：
- ✓ 如何规划、跟踪和报告各种需求活动。
- ✓ 配置管理活动，例如，如何启动变更，如何分析其影响，如何进行追溯、跟踪和报告，以及变更审批权限。
- ✓ 需求优先级排序过程。
- ✓ 测量指标及使用这些指标的理由。
- ✓ 反映哪些需求属性将被列入跟踪矩阵的跟踪结构。

5.1.4 典型试题

1. 一个实施企业资源规划软件的项目已经完成。项目经理希望将可交付成果的所有权移交给 IT 部门。为确保可交付成果的验收，项目经理应查阅哪一份文件？
   A. 范围管理计划
   B. 沟通管理计划
   C. 需求文件

D. 项目章程

答案：A

解析：范围管理计划是项目或项目集管理计划的组成部分，描述将如何定义、制定、监督、控制和确认项目范围。范围管理计划要对正式验收已完成的项目可交付成果的管理过程做出规定。

2. 管理范围基准的变更是控制范围过程的主要目标。范围基准包括以下组成部分，除了____。

A. 项目范围说明书
B. 工作分解结构
C. 工作分解结构词典
D. 范围管理计划

答案：D

解析：此题看似简单但考查了范围管理中很重要的两个概念。①范围管理计划是项目管理计划的组成部分，描述将如何定义、制定、监督、控制和确认项目范围。范围管理计划要对将用于下列工作的管理过程做出规定：制定项目范围说明书，根据详细项目范围说明书创建 WBS，确定如何审批和维护范围基准，正式验收已完成的项目可交付成果。②范围基准由项目范围说明书、WBS 和 WBS 词典构成。

3. 下列关于项目范围管理计划的说法都是正确的，除了____。

A. 它用来指导项目范围的定义、记录、管理和控制
B. 它用来指导如何核实项目范围
C. 基于项目的需要，它可以是正式或非正式的、非常详细或高度概括的
D. 它是与项目管理计划相分离的

答案：D

解析：规划范围管理计划用来指导项目范围的定义、记录、核实、管理和控制。基于项目的需要，范围管理计划可以是正式或非正式的、非常详细或高度概括的。范围管理计划是项目管理计划的一部分。

4. 你是一家公用事业公司的项目经理。由于最近石油价格上涨，公司让你探索更便宜的替代能源。你编制了范围管理计划。但是经过审核，你发现范围管理计划写得模糊不清。一个差强人意的范围管理计划会直接影响下述选项，除了____。

A. 制定详细的范围说明书作为未来决策基础的能力
B. 对完成项目活动所需资源制定预算的能力
C. 控制项目范围变更的能力
D. 正式验收项目交付成果的能力

答案：B

解析：范围管理计划描述将如何定义、制定、监督、控制和确认项目范围。因此 B 不相关。

5. 你的公司最近获得了一个软件开发项目，并且你刚刚完成了范围管理计划。发

起人审查了计划并声明客户指定了 Scrum 的使用，而计划采用了瀑布方法。在开发范围管理计划时，你最可能忽略项目管理计划的哪个部分？

A．项目生命周期描述
B．开发方法
C．需求管理计划
D．与客户的合同

答案：B

解析：范围管理计划是作为计划范围管理过程的输出而创建的。问题中表明客户指定的项目需求包括使用 Scrum 作为开发方法，而范围管理计划反映了瀑布式框架。项目管理计划的其他组成部分可以作为规划范围管理过程的输入，通常包括质量管理计划、项目生命周期描述和开发方法。开发方法定义了项目将使用瀑布型、迭代型、敏捷型、还是混合开发方法。Scrum 是敏捷方法的一个例子。因此，作为项目经理，你很可能忽略的项目管理计划的组成部分是开发方法。

要点总结
- 范围蔓延。
- 项目镀金。
- 产品范围与项目范围。
- 范围管理计划。
- 需求管理计划。

5.2 收集需求

需求对于项目的重要性亦不必多说明，没有需求的项目绝对是"自嗨"的项目，最后成为什么样完全基于偶然性。但在《PMBOK®指南》中并未对需求做更多的阐述，尤其没有太多地讨论产品需求，因为产品需求因行业而异。

需求是指根据特定协议或其他强制性规范，产品、服务或成果必须具备的条件或能力。它包括发起人、客户和其他相关方的已量化且书面记录的需要和期望。应该足够详细地探明、分析和记录这些需求，将其包含在范围基准中，并在项目执行开始后对其进行测量。需求将成为工作分解结构的基础，也将成为成本、进度、质量和采购规划的基础。

需求有很多通用和个人实践的大的分类方法，可以是组织需求与个人需求、潜在需求与表象需求、技术需求与管理需求或产品需求与项目需求，《PMBOK®指南》中给出的需求类型有：

- 业务需求。整个组织的高层级需要，例如，解决业务问题或抓住业务机会，以及实施项目的原因。
- 相关方需求。相关方或相关方群体的需要。
- 解决方案需求。为满足业务需求和相关方需求，产品、服务或成果必须具备的特性、功能和特征。解决方案需求又进一步分为功能需求和非功能需求：功能需求描述产品应具备的功能，例如，产品应该执行的行动、流程、数据和交互；非功能需求是对功能需求的补充，是产品正常运行所需的环境条件或质量要求，例如，可靠性、保密性、性能、安全性、服务水平、可支持性、保留或清除等。
- ✓ 过渡和就绪需求。这些需求描述了从"当前状态"过渡到"将来状态"所需的临时能力，如数据转换和培训需求。
- ✓ 项目需求。项目需要满足的行动、过程或其他条件，如里程碑日期、合同责任、制约因素等。
- ✓ 质量需求。用于确认项目可交付成果的成功完成或其他项目需求的实现的任何条件或标准，如测试、认证、确认等。

5.2.1 收集需求过程的输入

5.2.1.1 相关方参与计划
需求的强烈决定了相关方参与的积极与否，从相关方参与计划中可以了解到相关方的沟通需求和参与程度，以便评估并适应相关方对需求活动的参与程度。

5.2.1.2 商业文件与协议
- ✓ 商业文件中的商业论证描述了为满足业务需要而应该达到的必要、期望及可选标准，相对于项目团队属于组织内部文件类型。
- ✓ 协议中的合同的文件包含项目和产品需求，相对项目团队主要涉及组织与客户、组织与供应商等外部资源。

5.2.2 收集需求过程的工具与技术

5.2.2.1 数据收集技术
为了更好地收集各相关方的真实需求需要采取多种技术，这一过程主要使用到的有头脑风暴、访谈、焦点小组、问卷调查和标杆对照。

5.2.2.2 数据分析技术
数据分析技术的使用是为了识别与需求相关的信息来源，最常用的分析技术是文件分析。获取需求文件分析包括审核和评估任何相关的文件信息，可以提供分析的文件主要包括：
- ✓ 协议。
- ✓ 商业计划。
- ✓ 业务流程或接口文档。
- ✓ 业务规则库。
- ✓ 现行流程。
- ✓ 市场文献。
- ✓ 问题日志。
- ✓ 政策和程序。

- ✓ 法规文件，如法律、准则、法令等。
- ✓ 建议邀请书。
- ✓ 用例。

5.2.2.3 数据表现与决策

当收到足够的需求信息时，项目管理团队对这些需求进行展示以便绝大多数相关方了解需求的来源、需求类型及需求的优先级。在众多需求中并非所有的需求都能被100%满足，可能需要管理团队对收集到的需求进行优先级和关键与否的表决，这就需要一些决策技术进行支撑。

常用的数据表现技术：亲和图与头脑风暴。

常用的决策技术主要包括以下几种。

1. 投票

投票是一种为达成某种期望结果，而对多个未来行动方案进行评估的集体决策技术和过程。本技术用于生成、归类和排序产品需求。

投票技术示例包括：

（1）一致同意，每个人都同意某个行动方案。

（2）大多数同意，获得群体中超过 50% 人员的支持，就能做出决策。把参与决策的小组人数定为奇数，可防止因平局而无法达成决策。

（3）相对多数同意，根据群体中相对多数人的意见做出决策，即便未能获得大多数人的支持。通常在候选项超过两个时使用。

2. 独裁型决策制定

采用这种方法，将由一个人负责为整个集体制定决策。

3. 多标准决策分析

该技术借助决策矩阵，用系统分析方法建立诸如风险水平、不确定性和价值收益等多种标准，以对众多创意进行评估和排序。

5.2.2.4 人际关系与团队技能

在收集需求时主要是与各个相关方进行沟通，这时需求收集者的沟通、引导、倾听等软技能就尤为重要。使用到的主要人际关系与团队技能有以下几种。

1. 名义小组技术

这是一种结构化的头脑风暴形式，由四个步骤组成：

- ✓ 向集体提出一个问题或难题。每个人在沉思后写出自己的想法。
- ✓ 主持人在活动挂图上记录所有人的想法。
- ✓ 集体讨论各个想法，直到全体成员达成一个明确的共识。
- ✓ 个人私下投票决出各种想法的优先级排序，通常采用 5 分制，1 分最低，5 分最高。为减少想法数量、集中关注想法，可进行数轮投票。每轮投票后，都将清点选票，得分最高者被选出。

2. 引导

引导与主题研讨会结合使用，把主要相关方召集在一起定义产品需求。研讨会可用于快速定义跨职能需求并协调相关方的需求差异。因为具有群体互动的特点，有效引导的研讨会有助于参与者之间建立信任、改进关系、改善沟通，从而有利于相关方达成一致意见。此外，与分别召开会议相比，研讨会能够更早发现并解决问题。适合采用引导技能的主要情境包括以下几类。

（1）联合应用设计或开发（JAD）：JAD会议适用于软件开发行业。这种研讨会注重把业务主题专家和开发团队集中在一起，以收集需求和改进软件开发过程。

（2）质量功能展开（QFD）：又称"客户声音"。制造行业采用QFD来帮助确定新产品的关键特征。QFD从收集客户需要开始，然后客观地对这些需要进行分类和排序，并为实现这些需要而设定目标。

（3）用户故事：用户故事是对所需功能的简短文字描述，经常产生于需求研讨会。用户故事主要描述的内容是哪个相关方将从功能中受益（角色），他需要实现什么（目标），以及他期望获得什么利益（动机）。

5.2.2.5 系统交互图

系统交互图显示了业务系统的输入、输入提供者、业务系统的输出和输出接收者，有助于找到需求的潜在期望与来源。交互图主要形式有时序图、协作图。

5.2.2.6 原型法

原型法是指在实际制造预期产品之前，先造出该产品的模型，并据此征求对需求的早期反馈，也被称为快速原型法，其核心是，用交互的、快速建立起来的原型取代了形式的、僵硬的（不允许更改的）大部分的产品规格说明。原型法支持渐进明细的理念，需要经历从模型创建、用户体验、反馈收集到原型修改的反复循环过程。在经过足够的反馈循环之后，就可以通过原型获得足够的需求信息，从而进入设计或制造阶段。

故事板就是从影视界借鉴的一种原型技术，通过一系列的图像或图示来展示顺序或导航路径。故事板用于各种行业的各种项目中，如电影、广告、教学设计，以及敏捷和其他软件开发项目。

5.2.3 收集需求过程的输出

5.2.3.1 需求文件

需求文件包含了各种单一需求将如何满足与项目相关的业务需求。项目初期可能只有高层级的需求，然后随着有关需求信息的增加而逐步细化。只有明确的符合SMART原则的、相互协调的且主要相关方愿意认可的需求，才能作为基准。

5.2.3.2 需求跟踪矩阵

需求跟踪矩阵是验证需求是否得到了实现的有效工具，借助需求跟踪矩阵（见图5-1），可以跟踪每个需求的状态，例如，是否设计了，是否实现了，是否测试了。它是把产品需求从其来源连接到能满足需求的可交付成果的一种表格。使用需求跟踪矩阵，把每个需求与业务目标或项目目标联系起来，有助于确保每个需求都具有商业价值。

用户需求项标号	用户需求标题	用户需求变更标识	软件需求功能标号	软件需求功能标题	软件需求变更标识	需求状态	变更序号	优先级	优先级说明	当前状态	概要设计
1				管理员							
1.1.1	添加用户	原始	1.1	添加用户，包括批量添加和单个添加，并且设置用户使用期限	原始	已批准		高	是教师和学生用户功能执行必需的		
1.1.3	删除用户	原始	1.2	删除用户，删除选中的一个或多个用户	原始	已批准		高	关键功能，必须实现		
1.1.4	修改用户使用期限	原始	1.4	修改用户使用期限	原始	已批准		中	可用默认值，但最终必须实现		
	（以下略）										
1.2	修改自己密码	原始	1.7	修改自己密码	原始	已批准		高	关键功能，必须实现		
1.3	登录系统	原始	1.8	登录系统	原始	已批准		高	关键功能，必须实现		
1.4	退出系统	原始	1.9	退出系统	原始	已批准		高	关键功能，必须实现		
2				匿名用户							
2.1	查看课程建设资源	原始	2.1	查看课程建设资源	原始	已批准		高	关键功能，必须实现		
2.2	查看课内学习资源	原始	2.2	查看课内学习资源	原始	已批准		高	关键功能，必须实现		
	（以下略）										
3				教师用户							
3.1	修改首页内容	原始	3.1	修改首页内容	原始	已批准		高	关键功能，必须实现		
	（以下略）										

图5-1 需求跟踪矩阵示例

需求跟踪矩阵在整个项目生命周期中对需求进行跟踪，有助于确保需求文件中被批准的每项需求在项目结束的时候都能交付。同时，需求跟踪矩阵通过对需求的痕迹管理为管理产品范围变更提供了边界。

应在需求跟踪矩阵中记录每个需求的相关属性，这些属性有助于明确每个需求的关键信息，典型的属性信息包括：需求的唯一标识、需求描述、收录该需求的原因、需求所有者、来源、需求优先级、版本、当前状态及时间等。

跟踪需求矩阵包含的主要内容有：
- ✓ 业务需要、机会、目的和目标。
- ✓ 项目目标。
- ✓ 项目范围和 WBS 可交付成果。
- ✓ 产品设计。
- ✓ 产品开发。
- ✓ 测试策略和测试场景。
- ✓ 高层级需求到详细需求。

5.2.4 典型试题

1. 确定需求应从分析下列哪一项的信息开始？
   A．项目章程及问卷或调查
   B．组织项目资产和项目范围说明书
   C．项目章程和相关方登记册
   D．相关方登记册和项目范围说明书
   答案：C
   解析：参考《PMBOK®指南》5.2.1.1 项目章程和 5.2.1.3 项目文件/相关方登记册。

2. 项目经理担心大量的变更请求已经导致项目偏离其原始目的。哪一份文件有助于评估这些变更的影响？
   A．问题日志
   B．项目范围说明书
   C．需求跟踪矩阵
   D．范围基准
   答案：C
   解析：需求跟踪矩阵是把产品需求从其来源连接到能满足需求的可交付成果的一种表格。使用需求跟踪矩阵，可以把每个需求与业务目标或项目目标联系起来，有助于确保每个需求都具有商业价值。

3. 一家全球性经营公司在各个不同地理区域拥有数千家客户。对于本年度完成的一项大型项目，公司项目管理办公室希望获得关键项目相关方的反馈。项目管理办公室应该使用下列哪一项工具或技术？

A．问卷调查
B．群体创造性技术
C．群体决策技术
D．访谈技术

答案：A

解析：问卷调查是数据收集技术的一种，非常适用于以下情况：受众多样化，需要快速完成调查，受访者地理位置分散，并且适合开展统计分析。

4．项目经理正与两名都声称对某一特定可交付成果拥有所有权的职能经理交涉。项目经理可以查阅哪一份说明该问题的文件？

A．工作分析结构
B．需求跟踪矩阵
C．工作说明书
D．责任分配矩阵

答案：B

解析：需求跟踪矩阵是把产品需求从其来源连接到能满足需求的可交付成果的一种表格。使用需求跟踪矩阵，可以把每个需求与业务目标或项目目标联系起来，有助于确保每个需求都具有商业价值。需求跟踪矩阵记录需求所有者。

5．审查项目章程之后，项目经理下一步应该做什么？

A．制定项目进度表
B．收集需求
C．定义产品范围
D．制定项目范围说明书

答案：B

解析：在 PMP® 考试中经常会有类似的题型，这样的题目只在答案范围内寻找最合适的答案，切忌思考范围拓展太广，章程完成后制订项目管理计划，它包含了若干子计划，其中范围计划一般是较早开展制订的，基本顺序是先收集需求、再定义范围（项目范围说明书是定义范围的输出）、创建 WBS，项目进度表是在 WBS 的基础上进行制定的。

要点总结

- 收集需求过程的作用。
- 需求类型分类。
- 决策的类型：投票、独裁型决策制定、多标准决策分析。
- 投票决策的类型：一致同意、大多数同意、相对多数同意。
- 名义小会议的步骤。
- 引导技术类型：联合应用设计和开发、质量功能展开、用户故事。
- 原型法。
- 需求文件。
- 需求跟踪矩阵。

5.3 定义范围

定义范围过程从需求文件中选取最终的项目需求,然后制定出关于项目及其产品、服务或成果的详细描述。准备好详细的项目范围说明书,对项目成功至关重要。

这一过程最主要的输出是项目范围说明书,主要作用是描述产品、服务或成果的边界和验收标准。它也是项目范围基准的一部分。

在适应型项目环境中,一般先为整个项目确定一个高层级的愿景,再一次针对一个迭代期明确详细范围。通常,随着当前迭代期的项目范围和可交付成果的进展,而详细规划下一个迭代期的工作。

5.3.1 定义范围过程的输入:项目章程与项目文件

定义范围是基于需求对成果进行描述,这就需要项目章程中对需求的高层级描述等内容给予支撑。其次还需要一些相关的重要项目文件:假设日志、需求文件、风险登记册。

1. 假设日志

假设日志识别了有关产品、项目、环境、相关方,以及会影响项目和产品范围的假设条件和制约因素。

2. 需求文件

需求文件识别了应纳入范围的需求。

3. 风险登记册

风险登记册包含了可能影响项目范围的应对策略,例如,缩小或改变项目和产品范围,以规避或缓解风险。

5.3.2 定义范围过程的工具与技术:产品分析

项目开始之前需要做产品分析,目的是确定交付产品是什么样,包括使用的场景、特性和功能等。每个应用领域都有一种或几种普遍公认的方法,用以把高层级的产品或服务描述转变为有意义的可交付成果。首先获取高层级的需求,然后将其细化到最终产品设计所需的详细程度。常用的产品分析技术包括产品分解、需求分析、系统分析、系统工程、价值分析、价值工程。

价值工程(Value Engineering,VE),也称价值分析(Value Analysis,VA),是指以产品或作业的功能分析为核心,以提高产品或作业的价值为目的,力求以最低寿命周期成本实现产品或作业使用所要求的必要功能的一项有组织的创造性活动,有些人也称其为功能成本分析。

价值工程涉及价值、功能和寿命周期成本三个基本要素。价值工程是一门工程技术理论，其基本思想是以最少的费用换取所需要的功能。这门学科以提高工业企业的经济效益为主要目标，以促进老产品的改进和新产品的开发为核心内容。

价值工程中所说的"价值"有其特定的含义，与哲学、政治经济学、经济学等学科关于价值的概念有所不同。价值工程中的"价值"就是一种"评价事物有益程度的尺度"。价值高说明该事物的有益程度高、效益大、好处多；价值低则说明有益程度低、效益差、好处少。例如，人们在购买商品时，总是希望"物美而价廉"，即花费最少的代价换取最多、最好的商品。价值工程把"价值"定义为"对象所具有的功能与获得该功能的全部费用之比"，即 $V=F/C$。式中，V 为"价值"，F 为功能，C 为成本。

价值：指产品有的必要功能与取得该功能的总成本的比例，即效用或功能与费用之比。

功能：指产品或劳务的性能或用途，即所承担的职能，其实质是产品的使用价值。

成本：产品或劳务在全寿命周期内所花费的全部费用，是生产费用与使用费用之和。

5.3.3 定义范围过程的输出：项目范围说明书

项目范围说明书描述了项目的范围、主要可交付成果、假设条件和制约因素，并详细描述了项目的可交付成果及项目相关方之间就项目范围所达成的共识。

范围说明书通过对以上内容的阐述，有助于管理相关方的期望。

项目范围说明书不仅明确指出为获得可交付成果所必须完成的工作，根据需要还可以明确指出哪些工作不属于本项目范围，以杜绝范围蔓延。

项目范围说明书为项目团队能进行更详细的规划提供了前提，在执行过程中指导项目团队的工作，并为评价变更请求或额外工作是否超过项目边界提供基准。

详细的项目范围说明书主要包括以下内容：

- ✓ 产品范围描述。逐步细化在项目章程和需求文件中所述的产品、服务或成果的特征。
- ✓ 可交付成果。为完成某一过程、阶段或项目而必须产出的任何独特并可核实的产品、成果或服务能力，可交付成果也包括各种辅助成果，如项目管理报告和文件。
- ✓ 验收标准。可交付成果通过验收前必须满足的一系列条件。
- ✓ 项目的除外责任。识别排除在项目之外的内容。明确说明哪些内容不属于项目范围，有助于管理相关方的期望及减少范围蔓延。

虽然项目章程和项目范围说明书内容有一定程度的重叠，但它们的详细程度完全不同。图 5-2 是对项目章程与项目范围说明书的对比。

项目章程	项目范围说明书
• 项目目的 • 可测量的项目目标与相关的成功标准 • 高层级需求 • 高层级项目描述、边界定义及主要可交付成果 • 整体项目风险 • 总体里程碑项目计划 • 预先批准的财务资源 • 重要相关方名单 • 项目审批要求 • 项目退出标准 • 委派项目经理及权责界定 • 其他项目管理相关方名单	• 项目范围描述（渐进明细） • 项目可交付成果 • 验收标准 • 项目工作排除项

图 5-2 项目章程与范围说明书对比

5.3.4 典型试题

1. 对要交付的产品和服务的描述可从下面哪里找到？

A．项目计划

B．项目工作说明书

C．项目范围

D．项目整体计划

答案：B

解析：项目工作说明书是对可交付成果的叙述性描述，而项目范围说明书详细描述可交付成果和需要的工作。

2. 某项目的交付期为 3 月 1 日。根据关键相关方，项目预算是灵活的，但是必须满足交付日期。项目经理应该在哪份文件中记录该信息？

A．项目范围说明书

B．项目进度计划

C．工作分解结构

D．成本管理计划

答案：A

解析：项目范围说明书中应包括"制约因素和假设条件"。该题中的"预算灵活和必须交付日期"就是这些制约因素和假设条件。

3. 下列哪一项直接（或作为其他文件的参数）纳入详细的项目范围说明书？

A．范围说明、质量计划、沟通计划、除外计划和工作说明书

B．范围说明、项目时间表，可交付成果、项目预算和除外情况

C．范围说明、验收标准，可交付成果、除外情况，制约因素和假设条件

D．项目章程、需求文件和组织过程资产

答案：C

解析：项目范围说明书的内容：产品范围和验收标准，可交付成果和项目边界，假

设条件和制约因素。

4. 项目经理与项目相关方开会，收集需求并制作项目需求文档。项目经理下一步该怎么做？

A. 制定需求基准，并获得关键相关方的批准
B. 与团队一起创建工作分解结构
C. 准备一份详细的项目范围说明书
D. 制订项目管理计划

答案：C

解析：从需求文件中选取最终的项目需求，然后制定出关于项目及其产品、服务或成果的详细描述。

5. 客户和供应商已经签署了一份合同，合同中约定了项目需求。由于对此类项目具有非常丰富的经验，项目经理指示计划编制团队绕过制定工作分解结构这一过程，直接开始安排资源和任务。项目经理从计划中删掉了客户的其中一项需求，因为根据项目经理的经验认定这项需求是没有必要的。但是在项目进行到一半的时候，人工成本就已经超出预算 30%了。下列哪个原因最有可能造成这种情况？

A. 未能成功使用参数估算技术
B. 未识别的工作没有列入预算
C. 未能成功使用非参数估算技术
D. 有缺陷的缩减

答案：B

解析：项目经理根据自己的经验，忽视了本应纳入项目范围的工作，最终造成成本超支。

要点总结

- ✓ 定义范围的目的。
- ✓ 产品分析的常用方法。
- ✓ 范围说明书的主要内容。
- ✓ 项目章程与范围说明书的比较。

5.4 创建 WBS

工作分解结构是 PMP®考试中的核心内容之一，它既包含了 WBS 这一核心工具，同时还包含了"分解"这一核心技术。可以说工作分解结构是项目管理的基础，几乎所有的项目管理工作都是基于 WBS 来实现的。创建 WBS 就是把项目可交付成果和项目工作分解成较小、更易于管理的组件的过程，主要作用如下分述。

- ✓ WBS 是一个清晰地表示各项目工作之间的相互联系的结构设计工具。
- ✓ WBS 是一个展现项目全貌,详细说明为完成项目所必须完成的各项工作的计划工具。

- ✓ WBS 定义了里程碑事件，可以向高级管理层和客户报告项目完成情况，作为项目状况的报告工具。
- ✓ WBS 防止遗漏项目的可交付成果。
- ✓ WBS 帮助项目经理关注项目目标和澄清职责。
- ✓ WBS 建立可视化的项目可交付成果，以便估算工作量和分配工作。
- ✓ WBS 帮助改进时间、成本和资源估计的准确度。
- ✓ WBS 帮助项目团队的建立和获得项目人员的承诺。
- ✓ WBS 为绩效测量和项目控制定义基准。
- ✓ WBS 辅助沟通清晰的工作责任。
- ✓ WBS 为其他项目计划的制订建立框架。
- ✓ WBS 帮助分析项目的最初风险。
- ✓ WBS 作为范围基准的重要部分，是考核项目是否达成目标的依据。

工作分解结构中的"工作"是可以产生有形成果的工作任务，以成果为基础进行工作分解是 WBS 创建的重要基础原则，同时也要明确的一点是 WBS 中的工作，并非工作本身，它是指工作所产生的成果；分解是一种逐步细分和分类的层级结构，遵循的主要原则是 100%原则；结构是按照一定的模式组织各部分，比如自上而下的结构、列表式结构等。WBS 最低层的组成部分称为工作包，其中包括计划的工作。工作包对相关活动进行归类，以便对工作安排进度、进行估算、开展监督与控制。图 5-3 展示了 WBS 基本形式。

谁创建 WBS？ 项目经理是创建 WBS 的负责人，但主要的分解过程尽量要和项目团队成员及与 WBS 中的可交付成果有关的相关方共同制定，以达成对工作内容和成果的共识。

WBS 与其他基准的关系： WBS 是项目范围基准的主要部分之一，与成本、进度基准有着密切的关系。进一步分解工作包中的活动是进度管理中定义活动的基础，完成所有工作所需要的资源是进度规划活动持续时间估算的重要依据。同时，完成 WBS 所界定的所有工作内容所需的花费是预算制定的完工成本的来源。

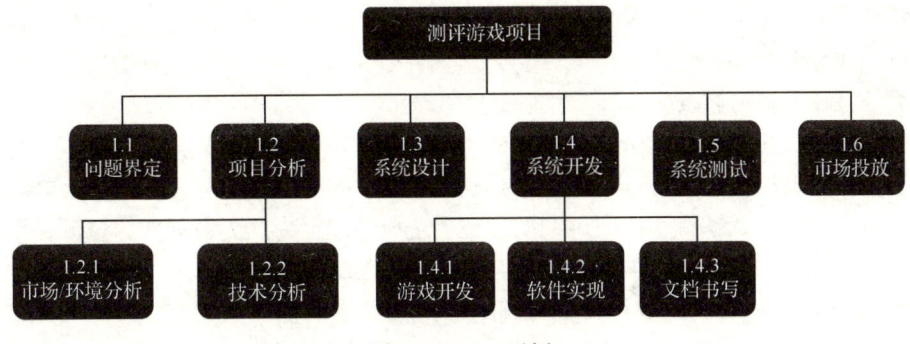

图 5-3 WBS 示例

5.4.1 创建 WBS 过程的工具与技术：分解

分解是管理学上最基础的技术之一，无论是目标分解还是问题解决，即便在日常的工作生活中也经常使用到。分解的道理很简单，就是"路要一步一步走""饭要一口一口吃"，但要真正应用需要在业务与管理两个层面都有一定深度，其次要经过训练才会运用得比较到位，否则容易出现"一分就乱"的局面。

在项目管理上分解的主要作用是将成果基于一定的结构不断分解到工作层面，呈现的形式就是工作分解结构。工作分解结构的最低层是工作包，它在进度管理中进一步分解为项目管理中的最小管理单位——活动。工作包的详细程度则因项目规模和复杂程度而异。要把整个项目工作分解为工作包，通常需要通过以下步骤：

- ✓ 识别和分析可交付成果及相关工作。
- ✓ 确定 WBS 的结构和编排方法。
- ✓ 自上而下逐层细化分解。
- ✓ 为 WBS 组成部分制定和分配标识编码。
- ✓ 核实可交付成果分解的程度是否恰当。

基于分解技术创建 WBS 的关键点如下分述。

1. 常用 WBS 形式

常用 WBS 格式有层级结构式，还可以使用提纲式、思维导图式。

2. 创建 WBS 的主要方法

创建 WBS 时主要使用自上而下、逐级分解的方法进行。在分解时必须注意的是：第一层是项目名称，第二层以交付成果为基础描述，即便表述上是阶段的描述（如需求分析）但同样必须以成果为前提，没有成果支撑的阶段表述是没有意义的。在《PMBOK®指南》中的表述是"以项目生命周期的各阶段作为分解的第二层，把产品和项目可交付成果放在第三层；以主要可交付成果作为分解的第二层"。

3. 如何确认 WBS 的准确性

对 WBS 较高层组件进行分解，就是要把每个可交付成果或组件分解为最基本的组成部分，即可核实的产品、服务或成果。所以，可以通过把 WBS 底层的所有工作逐层向上汇总，来确保既没有遗漏的工作，也没有多余的工作。这也被称为 100%规则，这样可以核实分解的正确性。

4. WBS 分解的程度

不同的可交付成果应该分解到不同的层次。某些可交付成果只需分解到下一层，就能到达工作包的层次，其他的则须分解更多层。工作分解的颗粒度越细，对工作的规划、管理、执行和控制就越有力。但过细的分解会造成管理努力的无效耗费、资源使用效率低下、工作实施效率降低，同时造成 WBS 各层级的数据汇总困难。

5. WBS 需要在项目执行过程中分解几次

要在未来远期才完成的可交付成果或组件，当前可能无法分解。项目管理团队因而通常需要等待对该可交付成果或组成部分达成一致意见，才能够制定出 WBS 中的相应细节。这种技术有时称作滚动式规划。

5.4.2 创建 WBS 过程的输出：范围基准

范围基准是项目管理计划的组成部分，也是项目管理计划中三大基准之一，包含三大要素——项目范围说明书、WBS 和相应的 WBS 词典，当这些文件通过管理层批准后即可成为项目的范围基准，一旦成为基准只有通过正式的变更控制程序才能进行变更，它被用作比较的基础。图 5-4 展示了范围基准的组成。

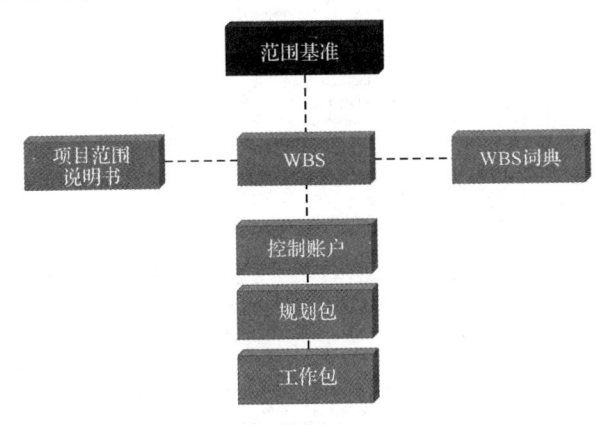

图 5-4 范围基准的组成

1. 项目范围说明书

项目范围说明书包括对项目范围、主要可交付成果、假设条件和制约因素的描述。

2. 工作分解结构

WBS 是对项目团队为实现项目目标、创建所需可交付成果而需要实施的全部工作范围的层级分解。工作分解结构每向下分解一层，代表对项目工作更详细的定义。

（1）工作包。WBS 的最低层级是带有独特标识号的工作包。这些标识号为进行成本、进度和资源信息的逐层汇总提供了层级结构，构成账户编码。

（2）控制账户。控制账户（简称 CA）是一个管理控制点，在该控制点上，把范围、预算和进度及组织资源加以整合，并与挣值相比较，以测量绩效。每个工作包都是控制账户的一部分，而控制账户拥有两个或更多工作包，但每个工作包只与一个控制账户关联。在一些规模较小的项目中，则无须设置控制账户，项目经理直接管理每个工作包的绩效。项目中被外包的部分，通常也被当作一个控制账户来管理。

控制账户示例，如图 5-5 所示。

控制账户示例说明：示例中的模块 1（310）、模块 2（320）、模块 3（330）都属于一个控制账户，而对于模块 1（310）下面的工作包 311 则由开发组负责，311-211 就是一个账户编码，这样就可以和组织分解结构相联系，既可以分配责任人和责任部门，又可以和组织的财务程序相连接，提供了管理控制点。

（3）规划包。规划包是一种低于控制账户而高于工作包的工作分解结构组件，工作内容已知，但详细的进度活动未知，一个控制账户可以包含一个或多个规划包，规划包内又包含一个或多个工作包。

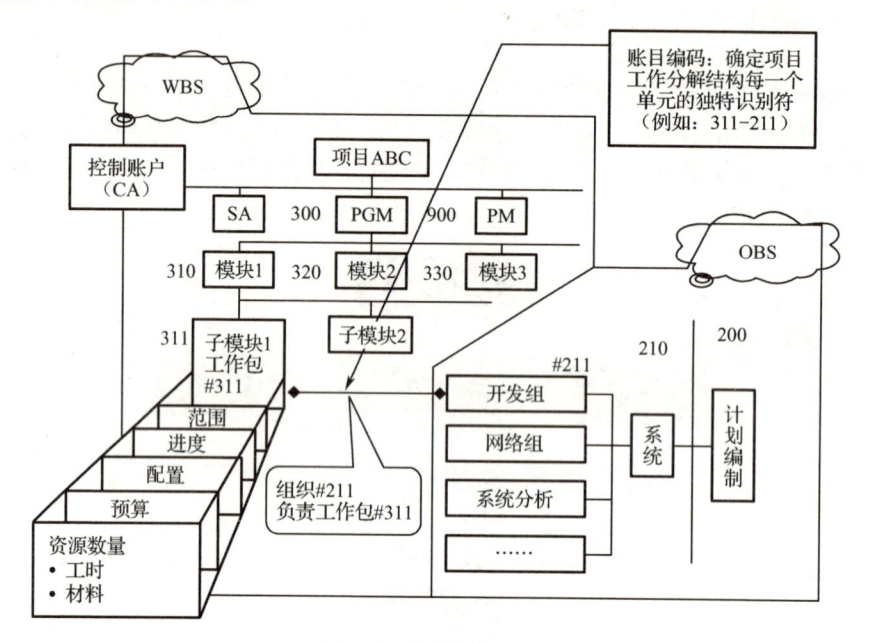

图 5-5　控制账户示例

WBS 可以说是其他众多计划的基础，例如，制定项目预算时可以通过对 WBS 工作包自下而上的估算来形成项目总成本；每一个工作包完成标准的制定为质量规划提供了依据。

3. WBS 词典

WBS 词典是针对 WBS 中的每个组件，详细描述可交付成果、活动和进度信息的文件。WBS 词典给 WBS 提供支持，其中大部分信息由其他过程创建，然后在后期添加到词典中。WBS 词典中包括的账户内容：账户编码标识、工作描述、假设条件和制约因素、负责的组织、进度里程碑、相关的进度活动、所需资源、成本估算、质量要求、验收标准、技术参考文献、协议信息。

5.4.3　典型试题

1. 在项目实施期间，一些团队成员抱怨说他们对项目可交付成果不确定。若要确保项目团队按照项目范围工作，项目经理应该怎么做？

A．审查执行、负责、咨询和知情（RACI）矩阵

B．更新沟通管理计划，澄清期望

C．与团队分享项目章程

D．将工作分解结构分发给团队

答案：D

解析：WBS 是对项目团队为实现项目目标、创建所需可交付成果而需要实施的全部

工作范围的层级分解。

2．工作分解结构可以作为____沟通的有效辅助工具。

A．团队

B．项目经理

C．客户

D．相关方

答案：D

解析：相关方这个术语包含了其他选项的内容。所以这种情况下，相关方是最佳选项，因为 WBS 可以用作所有相关方之间沟通的工具，进而识别项目包含的内容。

3．一个施工项目的项目团队完成了第一版工作分解结构。团队员工询问是否有必要将项目团队的工作包含进 WBS 中。项目经理应向该团队成员提供下列哪一项建议？

A．没有必要包含这项工作，因为这个不属于产品范围的组成部分

B．这项工作应包含在预算中，但不包含在 WBS 中

C．没有必要包含这项工作，因为它属于一项间接成本

D．这项工作应包含在 WBS 中

答案：D

解析：WBS 的 100%原则包含了全部的产品和项目工作，包括项目管理工作。

4．制定项目范围说明书之后，团队已准备好继续进行其他项目活动。项目团队要项目经理为下一个项目会议的活动和成果提供指导。项目经理接下来应该怎么做？

A．列出限制团队更新项目文件选择范围的制约因素

B．收集需求，创建需求跟踪活动资源

C．将活动清单排序，估算活动

D．审查之前项目的政策、程序和经验教训，创建工作分解结构

答案：D

解析：范围说明书是定义范围过程的输出，完成之后就要以此为输入创建 WBS。A、B 应该在定义范围之前完成。创建 WBS 之后再以此定义活动完成之后才能进行。

5．项目经理被授权管理一个为期多年的项目。在创建工作分解结构过程中，项目团队无法分解将在项目后期发生的某些阶段。项目经理应该怎么做？

A．适当的时候，开展滚动式规划

B．回到需求收集阶段

C．为这些阶段预估 WBS 分解

D．减少项目范围

答案：A

解析：滚动式规划是一种渐进明细的规划方式，即对近期要完成的工作进行详细规划，而对远期工作暂时只在 WBS 的较高层次上进行粗略规划。

要点总结

✓ WBS 的基本含义与作用。

- ✓ 分解技术。
- ✓ 范围基准的构成。
- ✓ 工作包、规划包与控制账户的定义及关系。

5.5 确认范围

确认范围这一过程虽然放在监控过程组中，但它对于项目的收尾有着至关重要的作用，要在这一过程中由客户或项目发起人确认从控制质量过程输出的核实的可交付成果已经圆满完成并通过正式验收。本过程的重要作用是对可交付成果的确认和最终验收。这一过程根据需要在整个项目期间定期开展。

确认范围、控制范围与控制质量的关系：这三个过程同属于监控过程组；确认范围过程与控制质量过程的不同之处在于，前者关注可交付成果的验收，而后者关注可交付成果的正确性及是否满足质量要求，控制质量过程通常先于确认范围过程，但二者也可同时进行；确认范围与控制范围的不同之处在于，前者关注可交付成果的验收，而后者关注对范围基准的维护，确保项目不会"范围蔓延"，若要扩大或缩小范围都要经过控制范围过程来完成。

5.5.1 确认范围过程的输入：核实的可交付成果

确认范围过程的主要作用就是验收经由控制质量过程核实的可交付成果，所以这里的交付成果是指已经完成，并被控制质量过程检查为正确的可交付成果。

5.5.2 确认范围过程的工具与技术：检查与决策

在对可交付成果进行验收时，需要判断工作和可交付成果是否符合需求和产品验收标准，开展测量、审查与确认等检查活动并可通过投票等决策技术得出验收结论。

5.5.3 确认范围过程的输出

5.5.3.1 验收的可交付成果

符合验收标准的可交付成果应该由客户或发起人正式签字批准。应该从客户或发起人那里获得正式文件，证明相关方对项目可交付成果的正式验收。这些文件将提交给结束项目或阶段过程。

5.5.3.2 工作绩效信息

工作绩效信息包括项目进展信息，例如，哪些可交付成果已经被验收，哪些未通过验收及原因。这些信息应该被记录下来并传递给相关方。

5.5.4 典型试题

1．新的软件产品的实施阶段已基本完成，下一阶段是测试和实施。项目提前进度2周，在进入最后阶段前，项目经理最应该关注____。

A．确认范围

B．质量控制

C．业绩报告

D．成本控制

答案：A

解析：确认范围是正式验收已完成的项目可交付成果的过程。本过程的主要作用是使验收过程具有客观性；同时通过确认每个可交付成果，来提高最终产品、服务或成果获得验收的可能性。

2．一客户给你一复杂项目的采购工作说明书，该项目为期8个月，未知的东西不多。客户只在8月末交付项目的时候见你。在这种情况下，下列哪种做法最好？

A．按要求完成项目，但是一直与客户时不时地确认其范围

B．在8个月内完成项目，其间不联系客户

C．让管理层时不时地和客户联系

D．完成项目，但是记录下客户不想联系

答案：A

解析：确认范围是正式验收已完成的项目可交付成果的过程。本过程的主要作用是使验收过程具有客观性；同时通过确认每个可交付成果，来提高最终产品、服务或成果获得验收的可能性。

3．在项目执行期间，你的项目团队成员向买方递交了一项目交付成果。但是买方拒绝接受，声称它不符合技术准则第300页的要求。你审核了该文件，并同意该观点。现在最好做什么？

A．解释合同错了，应做出变更

B．发布变更

C．审核该要求，会见负责的团队成员以审核工作分解结构词汇表

D．召开团队会议，审核第300页的要求

答案：C

解析：项目管理计划中包含范围基准，WBS词典中包含交付成果的验收标准，用于比较实际结果，以决定是否有必要进行变更、采取纠正措施或预防措施。

4．什么时候应该寻求项目可接受成果的正式验收？

A．在可交付成果安装在客户系统之前

B．在可交付成果安装在客户系统之后

C．在项目经理证明所有客户需求均已满足之后

D. 在项目经理汇报所有客户需求均已满足之后

答案：C

解析：核实的可交付成果指已完成并被质量控制过程检查为正确的可交付成果，是确认范围的依据。

5. 确认范围工作与控制质量紧密相关，并通常紧跟质量控制之后。核实范围最常用的工具是____。

A. 需求跟踪矩阵

B. 检查

C. 项目文件更新

D. 偏差分析

答案：B

解析：检查是指开展测量、审查与确认等活动，来判断工作和可交付成果是否符合需求和产品验收标准。检查有时也被称为审查、产品审查和巡检等。

要点总结

✓ 确认范围过程的主要目的。
✓ 核实可交付成果与验收的可交付成果。
✓ 确认范围、控制质量与结束项目或阶段三大过程之间的关系。

5.6 控制范围

控制范围是基于与变更控制系统的连接对项目范围进行变更控制的过程，主要作用就是确保项目范围所有变更、推荐的纠正措施或预防措施都通过实施整体变更控制过程进行处理。在变更实际发生时，也要采用控制范围过程来管理这些变更。控制范围过程应该与其他控制过程协调开展。未经控制的产品或项目范围的扩大（未对时间、成本和资源做相应调整）被称为范围蔓延。

5.6.1 控制范围过程的输入：工作绩效数据

工作绩效数据可能包括收到的变更请求的数量、接受的变更请求的数量，或者核实、确认和完成的可交付成果的数量。这些数据为进行相关的项目偏差分析及工作绩效信息制定提供了依据。

5.6.2 控制范围过程的工具与技术：数据分析

对工作绩效数据进行分析的主要技术如下分述。

1. 偏差分析

偏差分析用于将基准与实际结果进行比较，以确定偏差是否处于临界值区间内或是否有必要采取纠正或预防措施。

2. 趋势分析

趋势分析旨在审查项目绩效随时间的变化情况，以判断绩效是正在改善还是正在恶化。确定偏离范围基准的原因和程度，并决定是否需要采取纠正或预防措施，是项目范围控制的重要工作。

5.6.3 控制范围过程的输出

5.6.3.1 工作绩效信息

本过程产生的工作绩效信息是有关项目和产品范围实施情况（对照范围基准）的、相互关联且与各种背景相结合的信息，包括收到的变更的分类、识别的范围偏差和原因、偏差对进度和成本的影响，以及对将来范围绩效的预测。

5.6.3.2 项目管理计划更新

项目管理计划的任何变更都以变更请求的形式提出，且通过组织的变更控制过程进行处理。可能需要变更请求的项目管理计划主要内容如下分述。

1. 范围基准

在针对范围、范围说明书、WBS 或 WBS 词典的变更获得批准后，需要对范围基准做出相应的变更。有时范围偏差太过严重，以至于需要修订范围基准，以便为绩效测量提供现实可行的依据。

2. 进度基准

在针对范围、资源或进度估算的变更获得批准后，需要对进度基准做出相应的变更。有时进度偏差太过严重，以至于需要修订进度基准，以便为绩效测量提供现实可行的依据。

3. 成本基准

在针对范围、资源或成本估算的变更获得批准后，需要对成本基准做出相应的变更。有时成本偏差太过严重，以至于需要修订成本基准，以便为绩效测量提供现实可行的依据。

4. 绩效测量基准

绩效测量基准作为项目管理计划的一部分，是由三大基准共同构成的综合计划，有时也会加入质量基准。在针对范围、进度绩效或成本估算的变更获得批准后，需要对绩效测量基准做出相应的变更。有时绩效偏差太过严重，需要提出变更请求来修订绩效测量基准，以便为绩效测量提供现实可行的依据。

5.6.4 典型试题

1. 在项目中途，一名团队成员告知项目经理，鉴于项目范围的复杂性，估算的项目进度不充分，项目经理首先应该怎么做？

A. 管理风险并实施风险响应活动

B. 分析报告以确定最佳的行动措施

C．收集并记录经验教训

D．执行详细的分析，如需要的话可提交变更请求

答案：D

解析：根据题意，项目中途，由于项目范围的复杂性，之前估算的项目进度不充分，项目经理首先要处理这个问题，处理的前提是进行详细分析，如果需要就提交变更请求。

2．项目末期，项目经理确定该项目增加了 4 项功能和 3 项绩效。客户对项目表示满意。这对该项目是否成功来说，是什么意思？

A．该项目绝对成功了

B．该项目没成功，因为它镀金了

C．该项目没成功，因为客户满意意味着他们为这个项目支付的更多了

D．该项目成功了，因为团队有机会学习新的功能，客户也很满意

答案：B

解析：镀金是项目范围管理重点关注的内容，镀金是要坚决制止的。给项目镀金浪费时间和成本，它使得项目不成功。

3．即使项目成功进展，项目经理依然承受来自发起人和客户多个新功能请求的压力。管理流程已经定义并遵循。项目经理提醒变更控制委员会太多变更可能造成下列哪一项问题？

A．范围蔓延

B．镀金

C．进度压缩

D．质量成本

答案：A

解析：未经良好控制的变更将导致范围蔓延，符合题意，故选 A。B 选项镀金一般是来自项目团队内部自行增加的范围，而题目说明是来自发起人和客户的新功能请求，不符合。C 选项进度压缩是控制进度的技术，与题目完全无关。D 选项是规划质量管理的技术，也与本题无关。

4．在用户对项目可交付成果开展验收测试时，客户发现其中一个关键功能未被识别。项目经理下一步应该与客户审查哪一项？

A．职责分配矩阵

B．项目范围说明书

C．质量管理计划

D．需求追溯矩阵

答案：D

解析：验收可交付成果时未达到项目预期目标，要找到明确记录可交付成果标准的文件，以衡量是否满足客户需求。项目范围说明书是项目管理计划中最重要的文件之一。它进一步并且正式明确了项目所应该产生的成果和项目可交付的特征，并在此基础上进一步明确和规定了项目利益相关者之间希望达成共识的项目范围，为未来项目的决策提

供一个管理基准。

5．项目范围说明书包括一项假定内容，即由分包商在选定日期支付一个关键子系统。在预定支付前一个月，分包商告知项目经理无法提供指定子系统，但他们可提供一个界面不同的类似子系统。项目超时工作，以适应新界面。为了更新范围说明书以添加额外工作，项目经理应具备哪些资料？

A．项目章程

B．获批的范围变更申请

C．纠正措施建议

D．用以评估项目变更量的项目评估

答案： B

解析： 题意给出的情况已成既定事实，但作为变更必须通过整体变更控制流程，尤其是涉及范围基准的内容，没有批准的变更请求是不能实施的。

要点总结

- ✓ 偏差分析。
- ✓ 趋势分析。
- ✓ 因控制范围对项目管理计划更新的基本内容。

第6章
项目进度管理

项目进度管理对于从事项目管理的人来说是最重要的计划，因为往往在项目实践中，项目做到最后手里的计划基本也只剩下这一份了，所有的资源都放到了对时间进度的保证上，时间永远都是最紧张的资源。

通过对整本《PMBOK®指南》的学习，大家应该有这样一个思维，管理进度本质上并非时间而是在管理资源，我们是通过对资源的优化配置达到对项目进度的控制。所以，在进度管理中要对范围、成本、资源管理甚至相关方、沟通管理都要全面掌控，否则很容易犯"头疼医头"的问题。

项目进度管理说简单点就是要保证项目团队在规定的时间内完成项目。项目管理团队要在项目开工之前选择合适的进度计划方法，如关键路径法或敏捷方法。然后，项目管理团队将项目特定数据，如活动、计划日期、持续时间、资源、依赖关系和制约因素等输入进度计划编制工具，以创建项目进度模型。这项工作的成果就是项目进度计划。

当大家仔细看进度管理的六个过程时，肯定会发现它们是十分符合我们平时工作的逻辑的，理解了这一点再记忆就变得很简单。第一，要明确这个项目要采取什么管理方法、使用什么工具制定计划模型，保证各项工作进度推进的责任人，采用什么样的进度衡量方法等，这个文件就是项目进度管理计划，是指南或方向性的文件。第二，根据范围基准中的 WBS 将工作包内容分解成适合操作执行的具体活动，并给它们赋予相应的属性，这就是定义活动。第三，要知道这些必须做的活动先做什么后做什么以保证工作"不窝工"；第四，根据活动所需资源及相关方法与约束条件，确定每一项活动的持续时间；第五，通过之前有项目管理团队选择使用的进度模型制订出详尽的进度计划。所以，项目进度计划提供了详尽的计划，说明项目如何及何时交付项目范围中定义的产品、服务和成果，也是一种用于沟通和管理相关方期望的工具，为绩效报告提供了依据。

项目进度管理的六个过程，如表 6-1 所示。

表 6-1 项目进度管理实现过程

知识领域	过程组				
	启动过程组	规划过程组	执行过程组	监控过程组	收尾过程组
6.项目进度管理		6.1 规划进度管理 6.2 定义活动 6.3 排列活动顺序 6.4 估算活动时间 6.5 制订进度计划		6.6 控制进度	

在规模一般的项目中，定义活动、排列活动顺序、估算活动持续时间及制定进度模型等过程之间的联系非常密切，以至于可视为一个过程，能够由一个人在较短时间内完成。但本章仍然把这些过程分开介绍，因为每个过程所用的工具和技术各不相同。在可能的情况下，应在整个项目期间保持项目详细进度计划的灵活性，使其可以随着知识的获得、对风险理解的加深，以及增值活动的设计而调整。

项目进度管理始终是项目管理中的核心内容，因为项目的不确定性和不可预测性，很难定义长期范围，这也就使进度管理的难度进一步增大。当下对于适应型项目环境下的进度管理都在关注：

✓ 具有未完项的迭代型进度计划。这是基于适应型生命周期的滚动式规划，如敏捷的产品开发方法。这种方法将需求记录在用户故事中，然后在建造之前按优先级排序并优化用户故事，最后在规定的时间盒内开发产品功能。这一方法通常用于向客户交付增量值，或者多个团队并行开发大量内部关联较小的功能。适应型生命周期在产品开发中的应用越来越普遍，很多项目都采用这种进度计划方法。这种方法的好处在于，它允许在整个开发生命周期期间进行变更。

✓ 按需进度计划。这种方法是借鉴生产管理领域的最佳实践而提炼形成的。这样的方法多用于在运营或持续环境中以增量方式研发产品，其任务可以被设计成相对类似的规模和范围，或者可以按规模和范围进行组合的工作。按需进度计划方法不依赖以前为产品开发或产品增量制订的进度计划，而是在资源可用时立即从未完项和工作序列中提取出来。这一方法基于看板管理、制约理论和精益生产的拉动式进度计划概念，根据团队的交付能力来限制团队正在开展的工作。

无论是采用预测型开发生命周期来管理项目，还是在适应型环境下管理项目，项目经理的角色都不变。但是要成功实施适应型方法，项目经理需要了解如何高效地使用进度管理相关的工具和技术。

6.1 规划进度管理

规划进度管理是为规划、编制、管理、执行和控制项目进度而制定政策、程序和文档的过程。本过程的主要作用是，为如何在整个项目期间管理项目进度提供指南和方向。

6.1.1 规划进度管理过程的输入

6.1.1.1 项目章程
项目章程中规定的总体里程碑进度计划会影响项目的进度管理。

6.1.1.2 项目管理计划
影响进度管理计划制订的项目管理计划主要包括以下几种。

1. 范围管理计划

范围管理计划描述如何定义和制定范围，并提供有关如何制订进度计划的信息。

2. 开发方法

产品开发方法有助于定义进度计划方法、估算技术、进度计划编制工具及用来控制进度的技术。

6.1.2 规划进度管理过程的工具与技术：数据分析

在进度管理计划中要对之后具体进度计划方法及详细程度进行定义，就需要对现有数据进行分析，常用的分析技术是备选方案分析。备选方案分析可包括确定采用哪些进度计划方法，以及如何将不同方法整合到项目中。此外，它还包括确定进度计划的详细程度、滚动式规划的持续时间，以及审查和更新频率。管理进度所需的计划详细程度与更新计划所需的时间量之间的平衡。

6.1.3 规划进度管理过程的输出：进度管理计划

进度管理计划是项目管理计划的重要组成部分，它为编制、监督和控制项目进度建立准则和明确活动，其中应包括合适的进度控制临界值，即在出现何种进度偏差时要介入进行控制。

进度管理计划中规定的主要内容：

1. 项目进度模型制定

需要规定用于制定项目进度模型的进度规划方法论和工具。

2. 进度计划的发布和迭代长度

使用适应型生命周期时，应指定固定时间的发布时段、阶段和迭代。固定时间段指项目团队稳定地朝着目标前进的持续时间，它可以推动团队先处理基本功能，然后在时间允许的情况下再处理其他功能，从而尽可能地减少范围蔓延。

3. 准确度

准确度定义了需要规定活动持续时间估算的可接受区间，以及允许的应急储备数量。

4. 计量单位

需要规定每种资源的计量单位，例如，用于测量时间的人时数、人天数或周数，用于计量数量的米、升、吨、千米等。

5. 组织程序链接

基于工作分解结构中控制账户将资源、成本和进度进行关联。

6. 项目进度模型维护

需要规定在项目执行期间，将如何在进度模型中更新项目状态，记录项目进展。

7. 控制临界值

可能需要规定偏差临界值，用于监督进度绩效。它是在需要采取某种措施前，允许出现的最大差异。临界值通常用偏离基准计划中的参数的某个百分数来表示。

8. 绩效测量规则

需要规定用于绩效测量的挣值管理规则或其他测量规则。例如，进度管理计划可能规定：

（1）确定完成百分比的规则。

（2）挣值管理技术，如基准法、固定公式法、完成百分比法等。

（3）进度绩效测量指标，如进度偏差和进度绩效指数，用来评价偏离原始进度基准的程度。

9. 报告格式

需要规定各种进度报告的格式和编制频率。

6.1.4 典型试题

1. 进度管理计划是以下哪个过程的输入？

A. 管理团队

B. 规划资源管理

C. 规划质量管理

D. 规划成本管理

答案：D

解析：进度管理计划确定了编制、监督和控制项目进度的准则和活动，同时也提供了影响成本估算和管理的过程及控制方法。

2. 项目进度管理计划____。

A. 必须是详细或正式的

B. 必须是项目管理计划组成部分，不能独立成册

C. 需要明确为编制、监督和控制项目进度建立准则和明确活动

D. 需要包括活动清单和活动属性

答案：C

解析：进度管理计划是项目管理计划的组成部分，但并非"不能独立成册"，它是为编制、监督和控制项目进度建立准则和明确活动。根据项目需要，进度管理计划可以是正式或非正式的，非常详细或高度概括的。

3. 你是跨职能组织开发团队的一员，在一个习惯使用预测方法的组织中，尝试采用适应型方法来进行项目管理。你意识到必须制定进度管理计划的模板。模板的下列组件中，你最可能裁减哪些内容？

A. 绩效测量的规则、里程碑清单和关键可交付成果

B. 组织过程资产、度量单位和项目组织机构图

C. 规划开发模型、发布和迭代长度，以及报告格式

D. 项目进度模型的维护、准确度水平、精度水平

答案：C

解析：题意说明你正在进行规划进度管理过程。进度管理计划是这个过程的主要输出。进度管理计划建立开发、监控和控制进度的标准和活动。在所提供的所有选择中，只有规划模型开发、发布和迭代长度及报告格式是进度管理计划的组件。所有这三个组成部分都值得进行重大调整，以反映项目管理的适应性方法。项目进度模型开发指定了用于开发进度模型的进度方法和进度工具。对于这种自适应方法，进度表模型将是一系列选定的活动，这些活动需要完成能够快速交付价值的项目范围的高优先级子集。发布和迭代的长度决定了必须完成的时间盒事件，以及发布迭代需要多长时间。报告格式将由适应性计划模型和迭代长度驱动。其他答案选项包含的组件不属于进度管理计划的一部分，导致这些选择的答案不正确。

4. 项目经理和团队决定将项目划分为五周的迭代，其中两周用于回顾和迭代计划。这些内容会记录在哪里？

  A．进度管理计划
  B．敏捷实践指南
  C．进度网络图
  D．项目章程

答案：A

解析：项目如何管理和安排它的时间表是包括在进度管理计划中的一部分。规划进度管理过程将各种因素结合在一起，并决定项目如何管理时间和项目计划。该进度管理计划可以包含许多组件，这些组件依赖项目、项目的需求、文档的程度及项目和项目组织的彻底性。在这个场景中，肯定会涉及迭代的时间限制格式。采用敏捷方法管理的项目旨在保持一致和可重复的迭代模式。这些决策和其他相关信息被记录在计划管理计划中。

5. 在设置迭代长度时，以下哪三个标准需要关注？

  A．用户故事的完成时间、用户故事的构建和测试时间、产品团队对故事的可接受性
  B．版本发布计划的时间盒、功能交付市场的成本、产品团队对故事的可接受性
  C．交付用户价值的模块、用户故事的构建和测试时间、产品团队对故事的可接受性
  D．分类的产品需求、完成需求的时间、功能交付市场的成本

答案：B

解析：在敏捷项目中迭代长度的设定考虑因素主要包括：正在处理的发布的时间长度，即版本发布计划的时间盒；不确定性的多少；获得市场信息反馈的难易程度，以及开发团队对用户故事的可接受程度；产品所有者对优先级可以保持多久不变；不用外部反馈自行工作的意愿的强弱；迭代的系统开销即迭代成本；紧迫感的产生有多快。

要点总结
- 进度管理计划的作用。
- 进度管理计划规定的主要内容。

6.2 定义活动

识别和记录为完成项目可交付成果而须采取的具体行动的过程就是定义活动。定义活动的基础是将工作包分解为进度活动，作为对项目工作进行进度估算、规划、执行、监督和控制的基础。所以 WBS 分解得是否准确直接影响进度计划的准确性。本过程需要在整个项目期间开展。

6.2.1 定义活动过程的工具与技术

6.2.1.1 分解
通过分解技术进一步将 WBS 中的工作包内的工作分解到更小的、更便于管理的单位即活动。活动表示完成工作包所需的具体工作步骤与投入。定义活动过程的最终输出是活动而不是可交付成果，可交付成果是创建 WBS 过程的输出。WBS、WBS 词典和活动清单可依次或同时编制，其中 WBS 和 WBS 词典是制定最终活动清单的基础。WBS 中的每个工作包都需分解成活动，以便通过这些活动来完成相应的可交付成果。让团队成员参与分解过程，有助于得到更好、更准确的结果。

6.2.1.2 滚动式规划
定义活动是一个动态不断完善的渐进明细的过程，在项目生命周期的不同阶段，工作的详细程度会有所不同。在早期的战略规划阶段，信息尚不够明确，工作包只能分解到已知的详细水平；然后，随着了解到更多的信息，近期即将实施的工作包就可以分解到具体的活动。

6.2.2 定义活动过程的输出

6.2.2.1 活动清单
活动清单包含了需要定义的所有项目进度活动。对于使用滚动式规划或敏捷技术的项目，活动清单会在项目进展过程中得到定期更新。活动清单的主要目的是使项目团队成员知道需要完成什么工作。

6.2.2.2 活动属性
活动属性是指每项活动所具有的多重属性，用来扩充对活动清单上所有活动的内容描述，活动属性随时间演进。

随着项目的不断进展，活动属性从开始可能只包括活动的唯一标识（ID）、WBS 标识和活动标签或名称，到活动属性编制完成时，活动属性可能包括活动描述、紧前活动、紧后活动、逻辑关系、提前量和滞后量、资源需求、强制日期、制约因素和假设条件。活动属性可用于识别开展工作的地点、编制开展活动的项目日历，以及相关的活动类型。活动属性还可用于编制进度计划。根据活动属性，可在报告中以各种方式对计划进度活动进行选择、排序和分类。

活动属性和活动清单实际上是同一文档里的两部分内容。

6.2.2.3 里程碑清单

里程碑是项目中的重要时点或事件，里程碑清单列出了所有项目里程碑，并指明每个里程碑是强制性的（如合同要求的）还是选择性的。里程碑的持续时间为零。

里程碑只是一个不消耗资源的时间节点或事件，不是成果；里程碑清单则是一份成果，这两者的区别容易出题。

6.2.3 典型试题

1. 在定义活动过程中，一团队成员开始讨论项目经理从来没有听过的活动。此时项目经理应该怎么做？

    A．确保团队成员理解并将这些活动包含在活动清单里了
    B．询问团队成员需要完成这些活动的原因
    C．确认所有团队成员都认同这些活动
    D．评估变更的影响

    答案：B

    解析：定义活动是识别和记录为完成项目可交付成果而须采取的具体行动的过程。本过程的主要作用是，将工作包分解为进度活动，作为对项目工作进行进度估算、规划、执行、监督和控制的基础，本过程需要在整个项目期间开展。

2. WBS 及 WBS 词典已经完成，项目团队开始识别风险。发起人找到了项目经理，要求制定一个 100 000 美元的责任分配矩阵。项目在 3 个国家进行，使用人员 14 人。项目预计风险很小，而且项目经理以前做了很多类似的项目。接下来项目经理应该做什么？

    A．理解类似项目发起人的经验教训
    B．制定活动清单
    C．确保项目范围得到了定义
    D．完成风险管理，制定责任分配矩阵

    答案：B

    解析：WBS 及 WBS 词典已经完成，说明创建 WBS 过程已经完成。接下来要继续将工作包分解为活动，此过程属于定义活动范畴。

3. 分解是同时用于创建工作分解结构和定义活动的一种技术。较之创建工作分解结构，下列哪项陈述最贴切地描述了分解在定义活动过程中所发挥的作用？

    A．活动定义的最终输出是以工作分解结构中的工作包来描述的
    B．活动定义的最终输出被描述为可交付成果或有形的物品
    C．活动定义的最终输出被描述为进度活动
    D．分解的使用方法在范围定义和活动定义中相同

    答案：C

解析：活动在《PMBOK®指南》一书中是最小的管理单元，是根据 WBS 的工作包进一步分解而来的。

4．活动属性用于扩展对该活动的描述，并识别出活动的多个组成部分。在项目早期阶段，活动属性的实例是____。

A．活动编码

B．活动描述

C．紧前活动和紧后活动

D．活动名称

答案：D

解析：广义上以上四项都是活动属性，但题目的关键词是"早期阶段"。

5．在定义活动期间，一名团队成员确定了一项需要完成的活动。但是另一名团队成员认为按照项目章程理解，该活动不是项目的组成部分。项目经理应该如何做？

A．试图在团队成员之间达成共识

B．自己决定该活动是否包括在内

C．与最终客户进行商谈

D．与项目发起人商谈

答案：D

解析：这是定义活动时出现的一个冲突，处理这种冲突的时候必须找到正确、长久有效的答案。项目章程的解释权在项目的发起人等项目高层，所以不如去问一下领导，到底这个活动在不在范围内。

要点总结

✓ 活动清单。

✓ 活动属性。

✓ 里程碑清单与里程碑。

6.3 排列活动顺序

在现实的项目工作中，很多朋友习惯使用甘特图管理项目进度，甘特图的确是个好工具，当然，它同样也有缺点，那就是它不能表示出工作活动之间的逻辑关系，但活动与活动之间肯定是有逻辑顺序的，比如，设计图纸出来后才能开始施工，在项目启动之初，资源的采购工作就已经开始了。

《PMBOK®指南》中推荐紧前关系绘图法来实现对活动间逻辑顺序的排列。这种方法通过设计逻辑关系来创建一个切实的项目进度计划，可能有必要在紧前与紧后活动之间使用提前量或滞后量，使项目进度计划更为切实可行；可以使用项目管理软件、手动技术或自动技术，来排列活动顺序。排列活动顺序过程旨在将项目活动列表转化为图表，作为发布进度基准的第一步。

6.3.1 排列活动顺序过程的工具与技术

6.3.1.1 紧前关系绘图法

紧前关系绘图法（Precedence Diagramming Method，PDM），也叫活动节点表示法（AON）或单代号网络图，是一种用方格或矩形（叫作节点）表示活动，并用表示依赖关系的箭线连接节点，构成项目进度网络图的绘制法。PDM是排列活动顺序时用到的最主要方法，还有一种是双代号网络计划图。

1. 活动节点的属性表示（见图6-1）

ES	DU	EF
活动名称		
LS	TF/FF	LF

图6-1　活动节点属性图例

在紧前关系绘图法中代表活动的节点一般包含以下七项主要内容。

（1）活动持续时间（DU）：完成此项活动所需要的时间。

（2）活动最早开始时间（ES）：各紧前工作完成后，本工作有可能开始的最早日期。

（3）活动最早完成时间（EF）：各紧前工作完成后，本工作有可能完成的最早日期，即工作最早开始时间与其持续时间之和。

（4）活动最晚开始时间（LS）：各紧前工作已全部完成，本工作有可能开始的最迟日期。

（5）活动最晚完成时间（LF）：不影响项目按期完成的前提下，本工作必须完成的最迟日期。

（6）活动总时差（TF）：总时差亦称"总浮动时间"，即在网络计划中，该活动的结束时间可以推迟多少时间不会影响整个工程的完工期。计算方法：TF=LS-ES 或 TF=LF-EF。

（7）活动自由时差（FF）：又称"自由浮动时间"，即一项工作在不影响其紧后工作最早开始时间的条件下，本工作可以利用的浮动时间，一项活动必须有大于等于两项紧后活动的紧前活动才可能有自由时差。计算方法是该工作的所有紧后工作的最早开始时间的最小值，减去该工作的最早结束时间。

2. 四种依赖关系（见图6-2）

PDM包括四种依赖关系，也称逻辑关系。

第一种依赖关系是完成对开始。它意味着后继活动（B）的开始要等到先行活动（A）的完成。例如，你必须在铲平土壤（先行活动）之后才能开始播种（后继活动）。简称完成到开始（FS）。

第二种依赖关系是开始对开始。这意味着后继活动（B）的开始要等到先行活动（A）的开始。例如，开始写作测试结果（后继活动）必须在测试（先行活动）开始之后开始。

简称开始到开始（SS）。

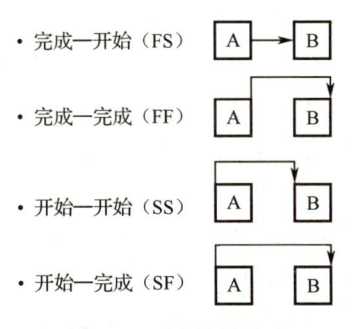

- 完成—开始（FS） A → B
- 完成—完成（FF） A → B
- 开始—开始（SS） A → B
- 开始—完成（SF） A → B

图 6-2 四种依赖关系

第三种依赖关系是完成到完成。意味着后继活动（B）的完成要等到先行活动（A）的完成。例如，文档（后继活动）的完成要等到系统架构（先行活动）的完成。简称完成到完成（FF）。

第四种依赖关系是开始到完成。关系很少用，它意味着一个活动（A）的开始要等到先行活动（B）完成之后。例如，只有启动新的应付账款系统（紧前活动），才能关闭旧的应付账款系统（紧后活动）。

6.3.1.2 确定和整合依赖关系

在进行活动排序时，活动间的顺序可能根据环境因素或活动间的工艺流程关系而形成，必须是按顺序排列或可并行排列的不同依赖关系，这些关系也被称为"依赖关系"，是紧前关系绘图法中依赖关系制定的前提，这些依赖关系相对于项目团队的控制程度又分为外部和内部两个层面，四者组合后形成强制性内部依赖关系、选择性内部依赖关系和强制性外部依赖关系、选择性外部依赖关系。

- ✓ 强制性依赖关系是法律或合同要求的或工作的内在性质决定的依赖关系，强制性依赖关系往往与客观限制有关。例如，在建筑项目中，只有在地基建成后，才能建立地面结构；在电子项目中，必须先把原型制造出来，然后才能对其进行测试。强制性依赖关系又称硬逻辑关系或硬依赖关系，技术依赖关系可能不是强制性的。在活动排序过程中，项目团队应明确哪些关系是强制性依赖关系，不应把强制性依赖关系和进度计划编制工具中的进度制约因素相混淆。
- ✓ 选择性依赖关系有时又称首选逻辑关系、优先逻辑关系或软逻辑关系。即便还有其他依赖关系可用，选择性依赖关系应基于具体应用领域的最佳实践或项目的某些特殊性质对活动顺序的要求来创建。例如，根据普遍公认的最佳实践，在建造期间，应先完成卫生管道工程，才能开始电气工程。这个顺序并不是强制性要求，两个工程可以同时（并行）开展工作，但如按先后顺序进行可以降低整体项目风险。应该对选择性依赖关系进行全面记录，因为它们会影响总浮动时间，并限制后续的进度安排。如果打算进行快速跟进，则应当审查相应的选择性依赖关系，并考虑是否需要调整或去除。在排列活动顺序过程中，项目团队应明确哪些依赖关系属于选择性依赖关系。

- ✓ 外部依赖关系是项目活动与非项目活动之间的依赖关系，这些依赖关系往往不在项目团队的控制范围内。例如，软件项目的测试活动取决于外部硬件的到货；建筑项目的现场准备，可能要在政府的环境听证会之后才能开始。在排列活动顺序过程中，项目管理团队应明确哪些依赖关系属于外部依赖关系。
- ✓ 内部依赖关系是项目活动之间的紧前关系，通常在项目团队的控制之中。例如，只有机器组装完毕，团队才能对其测试，这是一个内部的强制性依赖关系。在排列活动顺序过程中，项目管理团队应明确哪些依赖关系属于内部依赖关系。

6.3.1.3 提前量和滞后量（见图6-3）

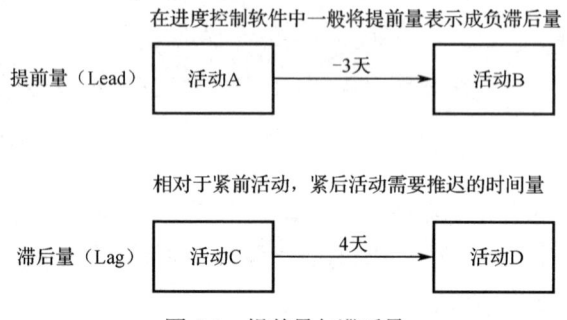

图 6-3 提前量与滞后量

1. 提前量（Lead）

提前量是相对于紧前活动，紧后活动可以提前的时间量。例如，在新办公大楼建设项目中，绿化施工可以在尾工清单编制完成前2周开始，这就是带2周提前量的完成到开始的关系，在进度计划软件中，提前量往往表示为负滞后量。

2. 滞后量（Lag）

滞后量是相对于紧前活动，紧后活动需要推迟的时间量。例如，对于一个大型技术文档，编写小组可以在编写工作开始后15天，开始编辑文档草案，这就是带15天滞后量的开始到开始关系。

项目管理团队应该明确哪些依赖关系中需要加入提前量或滞后量，以便准确地表示活动之间的逻辑关系。提前量和滞后量的使用不能替代进度逻辑关系，而且持续时间估算中不包括任何提前量或滞后量。

6.3.2 排列活动顺序过程的输出：项目进度网络图

项目进度网络图（见图6-4）是表示项目进度活动之间的逻辑关系（也叫依赖关系）的图形。项目进度网络图可手工或借助项目管理软件来绘制。项目进度网络图应附有简要文字描述，说明活动排序所使用的基本方法。在文字描述中，还应该对任何异常的活动序列做详细说明。带有多个紧前活动的活动代表路径汇聚，而带有多个紧后活动的活动则代表路径分支。图6-4中I活动被称为"路径汇聚"，因为它拥有多个紧前活动，而H活动被称为"路径分支"，因为它拥有多个紧后活动。带汇聚和分支的活动受到多个活动的影响或能够影响多个活动，因此存在更大的风险。

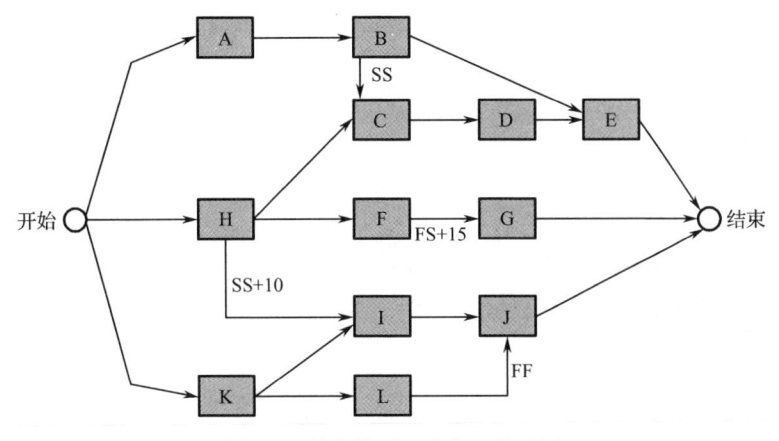

图 6-4 单代号项目进度网络示例

6.3.3 典型试题

1. 项目 A 的活动取决于项目 B 的任务完成，如果完成项目 B 的活动表示项目 A 的活动完成，则这之间的逻辑是____。

A．完成到开始

B．开始到完成

C．完成到完成

D．开始到开始

答案：C

解析：考查紧前关系绘图法的四种基本表达逻辑的理解。

2. 一名项目团队成员被要求支持另一个职能部门三天时间。项目经理识别到这将会让项目延期五天。项目经理应使用什么技术来确定这一点？

A．进度网络分析

B．关键路径法

C．关键链法

D．资源平衡

答案：A

解析：进度网络分析是创建项目进度模型的一种综合技术，它采用了其他几种技术，如关键路径法、资源优化技术和建模技术。其他分析包括（但不限于）：①当多个路径在同一时间点汇聚或分叉时，评估汇总进度储备的必要性，以减少出现进度落后的可能性。②审查网络，看看关键路径是否存在高风险活动或具有较多提前量的活动，是否需要使用进度储备或执行风险应对计划来降低关键路径的风险。进度网络分析是一个反复进行的过程，一直持续到创建出可行的进度模型。

3. 一个项目由三个活动组成。A 活动历时 5 周，B 活动历时 6 周，C 活动历时 7 周。

活动排序为 A-B-C，但是活动 B 的资源分配要 1 周，C 在 B 活动开始 1 周后开始。则该项目最短工期是多少？

  A．12 周

  B．13 周

  C．14 周

  D．16 周

答案：C

解析：本题目考核确定和整合依赖关系及提前量和滞后量，计算最短工期要考虑滞后量，如图 6-5 所示为活动间依赖关系：5+7+2=14。

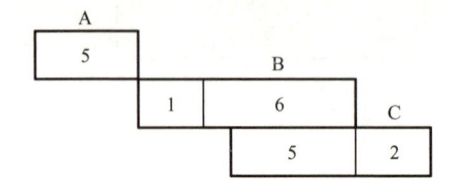

图 6-5　活动间依赖关系

  4．活动 A 的持续期为 3 天，而且要在星期一（4 号）开始。接下来的活动 B 和活动 A 是首尾相连的关系。这种首尾相连的关系中间又发生了 3 天的滞后时间，而且活动 B 的持续时间是 4 天。星期日是公休日。根据这些数据你能得出下列哪个结论？

  A．两项活动的总持续期为 8 天

  B．从 A 开始到 B 结束的日历天数为 11 天

  C．B 活动结束的日期是星期三（13 号）

  D．从 A 开始到 B 结束的日历天数为 14 天

答案：B

解析：由题意可以计算出 3（A 持续时间）+3（滞后量）+1（星期日公休）+4（持续时间）=11 天。

  5．你正致力于所在城市的一个新项目，任务是建造环保的垃圾掩埋场。目前掩埋场地址很不受欢迎，此地的原居民已搬至临近的其他城市。然而，尽管项目得到了公众支持，在被批准开始工作之前，需要召开若干该市政府的听证会。由于目前正处于项目规划阶段，在开始现场准备工作之前，你正等待这些听证会的具体时间定下来并召开。这些听证会是哪项的实例？

  A．里程碑

  B．外部依赖关系

  C．作为子网络而被安排的事项

  D．强制性依赖关系

答案：B

解析：外部依赖关系又称外部逻辑。在排列活动顺序过程中，项目管理团队应明确哪些依赖关系属于外部依赖关系。外部依赖关系是项目活动与非项目活动之间的依赖关

系。这些依赖关系往往不在项目团队的控制范围内。例如，软件项目的测试活动取决于外部硬件的到货；建筑项目的现场准备工作，可能要在政府的环境听证会之后才能开始。

要点总结
- ✓ 紧前关系绘图法。
- ✓ 活动依赖关系。
- ✓ 紧前关系绘图法中的逻辑关系。
- ✓ 提前量与滞后量。
- ✓ 项目进度网络图。

6.4 估算活动持续时间

估算活动持续时间是要初步确定每项活动的工作时长，这里有个前提容易被遗忘，那就是完成一项工作首先要考虑的是需要什么资源及你现有哪些资源，通过对资源的正确估算为前提才能较准确地估算出工作时长。在第 6 版《PMBOK®指南》之前的版本，在"估算持续时间"过程之前是"估算活动资源"，现在的版本将之前的"人力资源管理"知识领域扩展成"资源管理"并将"估算活动资源"放到了这一领域，这样的安排可以说是比较合理的，但对于很多初学者来说，容易忽略这两个过程之间的重要联系。

所以请切记：活动持续时间的估算是根据资源估算的结果，估算完成单项活动所需工作时段数的过程，而且这个过程会在整个项目期间开展。

在这一过程中还要注意，因为工作的特性（受到持续时间的约束、相关人力投入或资源数量），无论资源分配如何，都需要花预定的时间才能完成工作。估算持续时间时需要考虑的其他因素包括：

- ✓ 收益递减规律。在保持其他因素不变的情况下，增加一个用于确定单位产出所需投入的因素（如资源）会最终达到一个临界点，在该点之后的产出或输出会随着增加这个因素而递减。
- ✓ 资源数量。增加资源数量，使其达到初始数量的两倍不一定能缩短一半的时间，因为这样做可能因风险而造成持续时间增加；在某些情况下，如果增加太多活动资源，可能因知识传递、学习曲线、额外合作等其他相关因素而造成持续时间增加。
- ✓ 技术进步。在确定持续时间估算时，这个因素也可能发挥重要作用。例如，通过采购最新技术，制造工厂可以提高产量，而这可能影响持续时间和资源需求。
- ✓ 员工激励。项目经理还需要了解"学生综合征"（拖延症）和帕金森定律，前者指出，人们只有在最后一刻，即快到期限时才会全力以赴；后者指出，只要还有时间，工作就会不断扩展，直到用完所有的时间。

6.4.1 估算活动持续时间过程的输入

在估算活动持续时间之前是需要对所需资源进行估算的，所以在估算活动时间输入时需要资源管理中的项目文件作为输入。

6.4.1.1 资源分解结构

资源分解结构按照资源类别和资源类型，提供了已识别资源的层级结构。

6.4.1.2 资源日历

资源日历中的资源可用性、资源类型和资源性质，都会影响进度活动的持续时间。资源日历规定了在项目期间特定的项目资源何时可用及可用多久。

6.4.1.3 资源需求

估算的活动资源需求会对活动持续时间产生影响。对于大多数活动来说，所分配的资源能否达到要求，将对其持续时间有显著影响。例如，向某个活动新增资源或分配低技能资源，就需要增加沟通、培训和协调工作，从而可能导致活动效率或生产率下降，由此需要估算更长的持续时间。

6.4.2 估算活动持续时间过程的工具与技术

估算活动持续时间可能使用多种方法进行粗略或精确的估算，不同的项目类型及根据相关方的需求会采用不同的估算方法。常用的估算方法不仅在估算时间时是可用的，在之后的估算成本和资源时也可以使用。

6.4.2.1 类比估算

类比估算是一种使用相似活动或项目的历史数据，来估算当前活动或项目的持续时间或成本的技术。类比估算以过去类似项目的参数值（如持续时间、预算、规模、重量和复杂性等）为基础，来估算未来项目的同类参数或指标。在估算持续时间时，类比估算技术以过去类似项目的实际持续时间为依据，来估算当前项目的持续时间。

这是一种粗略的估算方法，在项目详细信息不足时，就经常使用类比估算来估算项目持续时间。相对于其他估算技术，类比估算通常成本较低、耗时较少，但准确性也较低。如果以往活动是本质上而不是表面上类似，并且从事估算的项目团队成员具备必要的专业知识，那么类比估算就最为可靠。

6.4.2.2 参数估算

参数估算是一种基于历史参数和项目参数，使用某种算法来计算成本或持续时间的估算技术。参数估计是指利用历史数据之间的统计关系，以及与其他参数变量来估算诸如成本、预算、持续时间等活动参数。

参数估算的准确性取决于参数模型的成熟度与基础数据的可靠性。参数估算可以针对某个项目或者项目中的一部分，并可与其他估算方法联合使用。参数估算相对于类比估算耗时相对较多、成本较高、准确度较高。回归或叫还原分析就属于参数估算的类型。

6.4.2.3 三点估算

三点估算通过考虑估算中的不确定性和风险，可以提高活动持续时间估算的准确性。这个概念起源于计划评审技术。

计划评审技术是指用网络图来表达项目中各项活动的进度和它们之间的相互关系，

在此基础上，进行网络分析和时间估计。简单说，计划评审技术就是综合运用网络计划图、关键路径法及三点估算而开展的对计划的评估方法。

该方法认为，项目持续时间及整个项目完成时间长短是随机的，服从某种概率分布（基于三角或基于贝塔的概率分布），可以利用活动逻辑关系和项目持续时间的加权合计，即项目持续时间的数学期望计算项目时间。

PERT 使用 3 种估算值来界定活动持续时间的近似区间：
- 最可能时间（t_M）：基于最可能获得的资源、最可能取得的资源生产率、对资源可用时间的现实预计、资源对其他参与者的可能依赖关系及可能发生的各种干扰等，所估算的活动持续时间。
- 最乐观时间（t_O）：基于活动的最好情况所估算的活动持续时间。
- 最悲观时间（t_P）：基于活动的最差情况所估算的持续时间。

基于持续时间在以上三种估算值区间内的假定分布情况，可计算期望持续时间 t_E。
- 基于三角分布的三点估算公式：

期望持续时间=（最悲观时间+最可能时间+最乐观时间）/3
- 基于贝塔分布的三点估算公式：

（此分布将在估算成本过程出现，是考试中计算出题的主要内容，若题目中未明确，则默认贝塔分布。）

期望持续时间=（最悲观时间+最可能时间×4+最乐观时间）/6

例题：完成某工作最乐观的工期是 14 天，最悲观的工期是 20 天，最可能的工期是 17 天，该工作在 18 天内完成的概率是多少？16 天内完成的概率是多少？

解题思路：没有说是哪种分布默认用贝塔分布。

计算出 t_E（期望持续时间估值）

t_P（最悲观时间）：20 天

t_M（最可能时间）：17 天

t_O（最乐观时间）：14 天

$$t_E=(t_P+t_M\times 4+t_O)/6=(20+17\times 4+14)/6=17（天）$$

6.4.2.4 自下而上估算

自下而上估算是一种估算项目持续时间或成本的方法，通过从下到上逐层汇总 WBS 组成部分的估算而得到项目估算。如果无法以合理的可信度对活动持续时间进行估算，则应将活动中的工作进一步细化，然后估算具体的持续时间，接着再汇总这些资源需求估算，得到每个活动的持续时间。活动之间可能存在或不存在会影响资源利用的依赖关系；如果存在，就应该对相应的资源使用方式加以说明，并记录在活动资源需求中。这样的估算方法准确度相对更高，但耗时也更久。

6.4.2.5 储备分析

储备分析用于确定项目所需的应急储备量和管理储备。

1. 应急储备

应急储备是由项目经理自由使用的估算成本，用来处理预期（能识别出的）确定的事件。这类事件被称为"已知-未知事件或风险",是项目范围和成本基准的一部分。应急储备是在成本与进度管理中针对"已知-未知"风险所设立的。

2. 管理储备

管理储备是一个单独计划出来的成本,以备未来不可预见的事件发生时使用,这类事件又被称为"未知的未知事件或风险"。管理储备包括成本或进度储备,以降低偏离成本或进度目标的风险,管理储备的使用需要对项目基准进行变更。

关于管理储备以下几点是必须理解的:

(1) 管理储备是为预先考虑的那些"未知-未知"风险做准备的储备。
(2) 管理储备由发起人或管理层负责管理。
(3) 项目经理使用管理储备,需要向发起人或管理层申请。
(4) 管理储备是项目预算的一部分但不是成本基准的一部分。
(5) 管理储备不纳入挣值计算。
(6) 管理储备在项目的结束点反映。
(7) 管理储备的多少取决于管理层对风险的判断,若无估算依据,管理储备可按总成本的一定比例(如10%)计算。

在进行持续时间估算时,需考虑应急储备(有时称为"进度储备"),以应对进度方面的不确定性。应急储备可取活动持续时间估算值的某一百分比或某一固定的时间段,亦可把应急储备从各个活动中剥离出来并汇总。随着项目信息越来越明确,可以动用、减少或取消应急储备,应该在项目进度文件中清楚地列出应急储备,也可以估算项目进度管理所需要的管理储备量。

6.4.3 估算活动持续时间过程的输出

6.4.3.1 持续时间估算

持续时间估算是对完成某项活动、阶段或项目所需的工作时段数的定量评估,其中并不包括任何滞后量但可指出一定的变动区间。例如,1周±1天,表明活动至少需要4天,最多不超过6天(假定每周工作5天)。

6.4.3.2 估算依据

估算依据是指持续时间估算所需的支持信息的数量和种类。属于支持性项目文件,不论其详细程度如何,都应该清晰、完整地说明持续时间估算是如何得出的。

持续时间估算的支持信息主要包括:
- ✓ 关于估算依据的文件(如估算是如何编制的)。
- ✓ 关于全部假设条件的文件。
- ✓ 关于各种已知制约因素的文件。
- ✓ 对估算区间的说明,以指出预期持续时间的所在区间。
- ✓ 对最终估算的置信水平的说明。
- ✓ 有关影响估算的单个项目风险的文件。

6.4.4 典型试题

1. 一个新项目的项目经理获得一份活动清单及一份公司已经执行过的类似项目的资源估算，为了估算活动持续时间，项目经理首先必须完成哪个过程？
   A．识别风险
   B．估算活动持续时间
   C．排列活动顺序
   D．控制进度
   答案：C
   解析：进度计划制订的基本步骤：定义活动—排列活动顺序—估算活动资源—估算活动持续时间—制订进度计划。

2. 项目经理与主题专家一起估算项目任务。主题专家认为某项活动最可能花 45 小时完成。但是在项目团队会议上，相同的活动估计需要花 70 小时。而有些团队成员认为这项活动能够在 32 小时内完成。项目经理应该怎么估算这项活动？
   A．32 小时
   B．45 小时
   C．47 小时
   D．70 小时
   答案：C
   解析：考查三点估算的公式。

3. 里程碑持续时间____。
   A．比最长活动的持续时间短
   B．比它代表的活动的持续时间短
   C．没有持续时间
   D．和它代表的活动的持续时间相同
   答案：C
   解析：里程碑只标志事件不消耗资源。

4. 询问团队成员各自工作活动的时间估算，以及为每项活动讨论日历日期协议包含在哪一项？
   A．制订进度计划
   B．控制进度
   C．定义活动
   D．估算活动持续时间
   答案：D
   解析：题目描述的是资源日历所描述的内容，资源日历记录每个项目团队成员在项目上的工作时间段。必须很好地了解每个人的可用性和时间限制（包括时区、工作时间、休假时间、当地节假日和在其他项目的工作时间），它是估算活动持续时间的输入依据。

5. 一名从事研发的项目团队成员告诉你，她所执行的工作太具有创造性，无法提供每项任务的固定的单一的估算。你们决定使用过去的项目上的相关任务的平均时间来预测未来。这属于下述哪种方法？

A. 参数估算
B. PERT
C. CPM
D. 蒙特卡洛分析

答案：B

解析：在参数估算中，输入的变量 $X1, X2, \ldots$，得出的是 Y。其中 X 和 Y 不是同一个数据。比如，估算一个教室的用电量，输入的是小时数，得出的是用电量。在类比估算中，输入的是以前项目的用电量，输出的是本项目的用电量，输入输出是同一类型的数据。PERT 是根据以往项目中同一任务的数值的平均值，作为当前项目这个任务的估算。简捷的做法就是在以往数值中找到最乐观值、最悲观值和最可能值，然后用简化的公式计算出平均值。

要点总结

- 资源分解结构。
- 资源日历。
- 估算方法：三点估算、自上而下估算。
- 资源需求。
- 储备分析。

6.5 制订进度计划

在比较充分地完成之前的几个过程后，就可以将它们分析的结果通过有效的进度模型展现出来，如单代号网络图、甘特图、里程碑。制订可行的项目进度计划是一个反复进行的过程。编制进度计划时，需要审查和修正持续时间估算、资源估算和进度储备，以制订项目进度计划，并在经批准后作为基准用于跟踪项目进度。

6.5.1 制订进度计划过程的输入

定义活动、估算活动持续时间、规划资源管理及识别风险过程的重要输出会成为制订季度计划的输入依据：活动属性、活动清单、假设日志、估算依据、持续时间估算、经验教训、里程碑清单、项目进度网络图、项目团队派工单、资源日历、资源需求、风险登记册。

6.5.2 制订进度计划过程的工具与技术

6.5.2.1 数据分析

数据分析技术可以评估项目进度计划在不同条件下的可行性，以及为应对不确定性情况的影响而编制进度储备和应对计划。

1. 假设情景分析

假设情景分析是对各种情景进行评估，预测它们对项目目标的影响（积极或消极的）。假设情景分析就是对"如果情景 X 出现，情况会怎样？"这样的问题进行分析，即基于已有的进度计划，考虑各种各样的情景。例如，推迟某主要部件的交货日期，延长某设计工作的时间，或者加入外部因素（如罢工或许可证申请流程变化等）。

2. 模拟

模拟是把单个项目风险和不确定性的其他来源模型化的方法，以评估它们对项目目标的潜在影响。最常见的模拟技术是蒙特卡洛分析，它利用风险和其他不确定资源计算整个项目可能的进度结果。模拟包括基于多种不同的活动假设、制约因素、风险、问题或情景，使用概率分布和不确定性的其他表现形式，来计算出多种可能的工作包持续时间。

6.5.2.2 关键路径法

关键路径法是用寻找关键路径及其时间长度来确定项目的完成日期与总工期的方法，所有路径中活动持续时间相加时间最长的为关键路径（见图 6-6）。

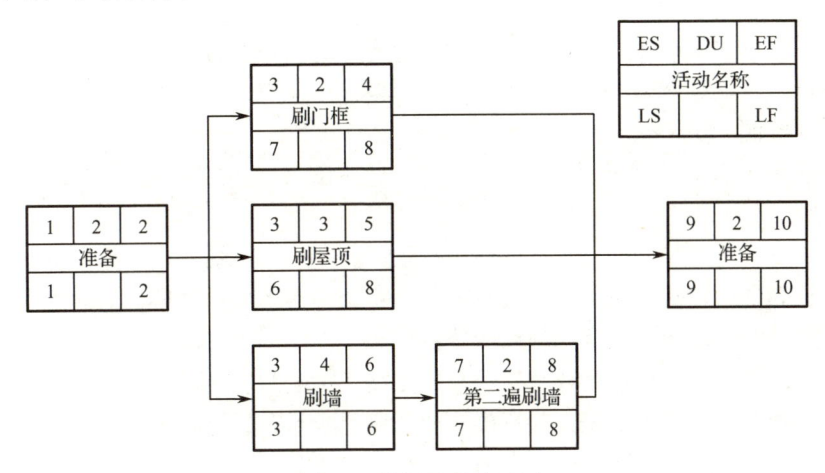

图 6-6 关键路径法示例

关键路径法本质上属于进度网络分析技术，它是在不考虑任何资源限制的情况下，沿进度网络路径使用顺推与逆推法，计算出所有活动的最早开始、最早结束、最晚开始和最晚完成日期，项目中时间最长的活动顺序，决定着可能的项目最短工期。

在一个项目中可能有一条或多条关键路径，并有可能在项目发展过程中因为某些不确定性而发生改变。根据绘制方法的不同，关键路径法可以分为两种，即箭线图（双代号网络图）和前导图（单代号网络图），现代项目管理中常用的是后一种。

关键路径法使用步骤关键点：
- ✓ 首先根据排序画出网络图，以节点标明事件，由箭头代表活动间依赖关系。
- ✓ 在活动节点标出每项活动的持续时间（DU）。
- ✓ 从网络图前端开始，计算每项活动的最早结束时间（EF）。该时间等于最早开始时间（ES）加上该活动的持续时间（DU），也被称为"正推法"。
- ✓ 当所有计算都完成时，最后算出的时间就是完成整个项目所需要的时间，即总工期。
- ✓ 然后根据逆推法，从网络末端开始，根据推导出的总工期由后向前推导，每项活动的最晚结束时间（LF）减去每项活动的持续时间（DU），得到每项活动的最晚开始时间。最后一项活动的最晚完成时间与总工期应该相等。
- ✓ 最晚结束时间减去活动持续时间得到最晚开始时间（LS），也被称为"逆推法"。
- ✓ 每项活动的最晚结束时间与最早结束时间，或者最晚开始时间与最早开始时间的差值就是该节点活动的总浮动时间，即总时差（TF）。
- ✓ 关键路径也可以描述成总时差为零的活动所组成的路径，即关键路径上的活动没有总浮动时间。
- ✓ 若总浮动时间为负值，可能是由于持续时间和逻辑关系违反了对最晚日期的制约因素。负值浮动时间分析是一种有助于找到推动延迟的进度回到正轨的方法的技术。

6.5.2.3 资源优化

进度管理的多数时候是通过资源的优化配置对进度进行控制。资源优化是在进度网络图的基础上，通过调整活动的开始和完成日期，以调整计划使用的资源，使其等于或少于可用的资源。

资源优化技术是根据资源供需情况，来调整进度模型的技术，主要包括两大技术。

1. 资源平衡

资源平衡简称"平衡"，也称"有限资源进度计划"（见图6-7），是当资源成为制约项目进度计划的因素时，所采用的分析方法。将资源有效分配到项目活动中，目的是减少资源过度分配，形成一种资源使用的平稳分布。采用这一方法通常会使项目关键路径发生改变。因此，在项目进度计划期间，关键路径可能发生变化。

资源平衡使用场景一般是：共享资源或关键资源只在特定时间可用，数量有限或被过度分配，如一个资源在同一时段内被分配至两个或多个活动（见图6-7），就需要进行资源平衡；也可以为保持资源使用量处于均衡水平而进行资源平衡。

2. 资源平滑

资源平滑是对进度模型中的活动进行调整，从而使项目资源需求不超过预定的资源限制的一种技术。相对于资源平衡而言，资源平滑不会改变项目关键路径，完工日期也不会延迟。也就是说，活动只在其自由和总浮动时间内延迟，但资源平滑技术可能无法实现所有资源的优化。

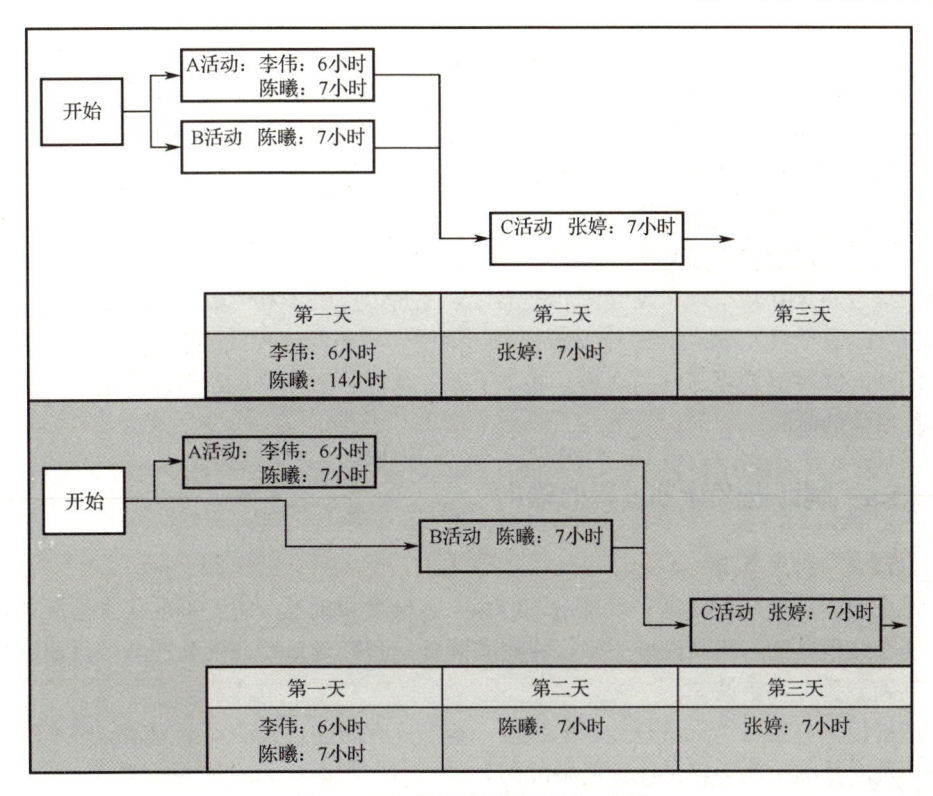

图 6-7 资源平衡的使用场景与方法

6.5.2.4 进度网络分析

进度网络分析是创建项目进度模型的一种综合技术，它采用了如关键路径法、资源优化技术和建模技术。

除以上分析技术外还可能用到：
- ✓ 路径汇聚分析，当多个路径在同一时间点汇聚或分叉时，评估汇总进度储备的必要性，以减少出现进度落后的可能性。
- ✓ 审查网络，看看关键路径是否存在高风险活动或具有较多提前量的活动，是否需要使用进度储备或执行风险应对计划来降低关键路径的风险。

进度网络分析是一个反复进行的过程，一直持续到创建出可行的进度模型。

6.5.2.5 进度压缩

进度压缩技术是指在不缩减项目范围的前提下，缩短或加快进度工期，以满足进度制约因素、强制日期或其他进度目标，主要包括以下几种。

1. 赶工

赶工是通过增加资源，以最小的成本代价来压缩进度工期的一种技术。赶工的例子包括批准加班、增加额外资源或支付加急费用，来加快关键路径上的活动。赶工只适用于那些通过增加资源就能缩短持续时间的，且位于关键路径上的活动。但赶工并非总是切实可行的，因它可能导致风险和/或成本的增加。

2. 快速跟进

将正常情况下按顺序进行的活动或阶段改为至少部分并行开展。快速跟进可能造成返工和风险增加，所以它只适用于能够通过并行活动来缩短关键路径上的项目工期的情况。以防进度加快而使用提前量通常增加相关活动之间的协调工作，并增加质量风险。快速跟进还有可能增加项目成本。

6.5.2.6 敏捷发布规划

敏捷发布规划基于项目路线图和产品发展愿景，提供了高度概括的发布进度时间轴（通常是3～6个月）。同时，敏捷发布规划还确定了发布的迭代或冲刺次数，使产品负责人和团队能够决定需要开发的内容，并基于业务目标、依赖关系和障碍因素确定达到产品放行所需的时间。

6.5.3 制订进度计划过程的输出

6.5.3.1 进度基准

进度模型被批准后就是进度基准，经相关方接受和批准，进度基准包含基准开始日期和基准结束日期。在监控过程中，将用实际开始和完成日期与批准的基准日期进行比较，以确定是否存在偏差。

基准用作与实际结果进行比较的依据，基准只有通过正式的变更控制程序才能进行变更。进度基准是项目管理计划的组成部分。

6.5.3.2 项目进度计划

项目进度计划是进度模型的输出，为各个相互关联的活动标注了计划日期、持续时间、里程碑和所需资源等关系。项目进度计划中至少要包括每个活动的计划开始日期与计划完成日期。即使在早期阶段就进行了资源规划，但在未确认资源分配和计划开始与完成日期之前，项目进度计划都只是初步的。一般要在项目管理计划（见第4.2.3.1节）编制完成之前进行这些确认。还可以编制一份目标项目进度模型，规定每个活动的目标开始日期与目标完成日期。

项目进度计划主要包括三类模型：横道图、里程碑图、项目进度网络图。

1. 横道图

横道图也称为"甘特图"，是展示进度信息的一种图表方式。在横道图中，纵向列示活动，横向列示日期，用横条表示活动自开始日期至完成日期的持续时间。横道图相对易读，比较常用。它可能包括浮动时间，也可能不包括，具体取决于受众。为了便于控制，以及与管理层进行沟通，可在里程碑或横跨多个相关联的工作包之间，列出内容更广、更综合的概括性活动，并在横道图报告中显示。

2. 里程碑图

与横道图类似，但仅标示出主要可交付成果和关键外部接口的计划开始或完成日期。

3. 项目进度网络图

项目进度网络图通常用活动节点法绘制，没有时间刻度，纯粹显示活动及其相互关系,有时也称为"纯逻辑图"。项目进度网络图也可以是包含时间刻度的进度网络图,有时称为"逻辑横道图"。图6-8是将横道图、里程碑图与网络图结合在一起的进度计划模型。

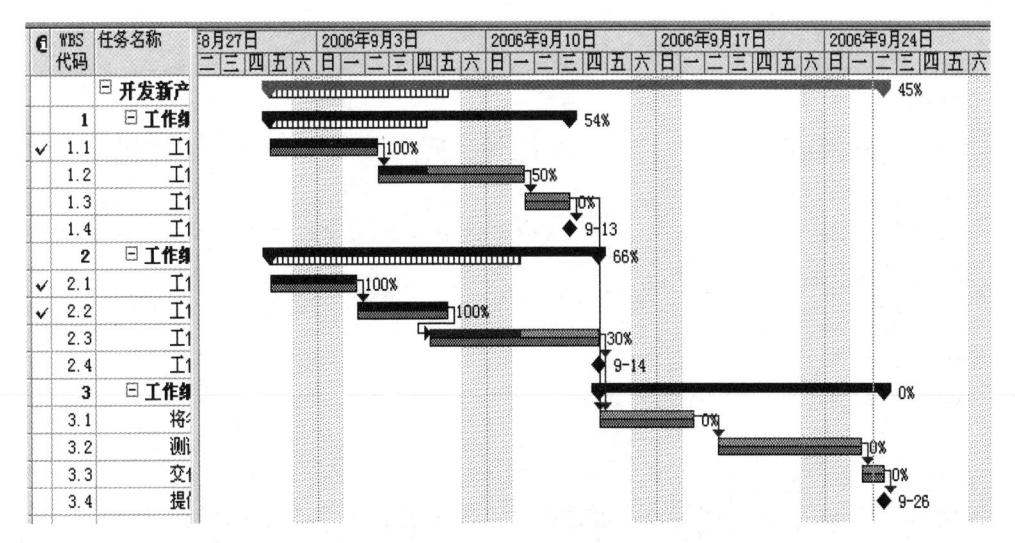

图 6-8 项目进度计划模型

6.5.3.3 进度数据

项目进度模型中的进度数据是用以描述和控制进度计划的信息集合。进度数据至少包括进度里程碑、进度活动、活动属性,以及已知的全部假设条件与制约因素。

经常可用作支持细节的进度数据主要包括:
- ✓ 按时段计列的资源需求,往往以资源直方图表示。
- ✓ 备选的进度计划,如最好情况或最坏情况下的进度计划、经资源平衡或未经资源平衡的进度计划、有强制日期或无强制日期的进度计划。
- ✓ 使用的进度储备。

6.5.3.4 项目日历

项目日历是一个工作时间与非工作时间的划分规则。它把可用于开展进度活动的时间段(按天或更小的时间单位)与不可用的时间段区分开来。在一个进度模型中,可能需要采用不止一个项目日历来编制项目进度计划,因为有些活动需要不同的工作时段。因此,可能需要对项目日历进行更新。

项目日历与资源日历的区别:项目日历是一个工作时间与非工作时间的划分规则,如每周工作时间是从周一到周五、节假日是否要求工作;资源日历记录了每个项目资源在项目中的可用时间段,规定了在项目期间确定的团队和实物资源何时可用,可用多久。

6.5.4 典型试题

1. 项目经理发现关键路径上一项活动的开始到结束依赖关系遗漏了。项目进度计划已经与客户沟通,若要避免这个问题,项目经理应该事先做什么?

A. 审查工作分析结构
B. 进行进度网络分析
C. 制订风险管理计划
D. 进行挣值分析

答案：B

解析：在排列活动顺序时，紧前关系绘图法是工具，输出项目进度网络图。其他选项和排列活动顺序无关。

2. 在项目规划阶段，项目经理完成进度计划。若要确定总体进度计划的灵活性，项目经理应使用下列哪项工作或技术？

A. 关键路径分析
B. 赶工
C. 资源平衡
D. 资源日历

答案：A

解析：通过关键路径法制订进度计划时，计划的灵活性受浮动时间影响。

3. 如图 6-9 中网络计划图所示的关键路径是什么？

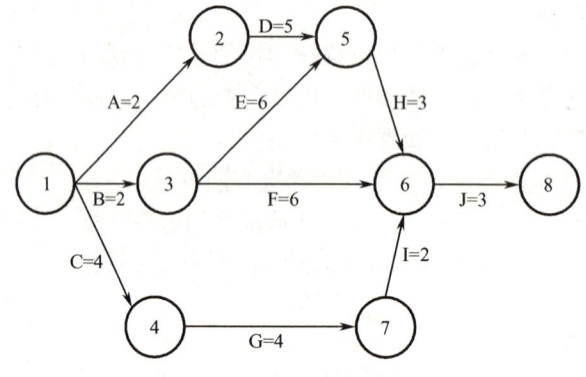

图 6-9　网络计划图示例

A. B-F-J
B. B-E-H-J
C. B-D-H-J
D. C-G-I-J

答案：B

解析：由图可以得出：B-E-H-J 持续时间=2+6+3+3=14。这条路径最长。

4. 在项目执行期间，项目经理发现某个资源未得到充分利用。资源平衡的目的是下列哪一项？

A. 尽量减小资源负荷的变化
B. 尽量增加资源负荷的变化

C. 尽量减少资源的负荷
D. 尽量增加资源的主动性

答案：A

解析：资源平衡是当资源成为制约项目进度计划的因素时，所采用的分析方法。将资源有效分配到项目活动中，其目的是减少资源过度分配，形成一种资源使用的平稳分布。采用这一方法通常会使项目历时比最初估算的项目工期长。资源平衡使用场景一般如下：①处理时间安排需要满足规定交工日期的计划活动；②处理只有在某些时间动用或只能动用有限数量的必要的共用或关键资源数量；③处理在项目工作具体时间段内按照某种水平均匀地使用选定资源。资源平衡的核心在于将稀缺资源首先用到关键路径的关键活动。此外，可以考虑加班和提高资源的生产率（如不同技术或者机器，自动化生产线等）。

5. 如果项目因某些活动时间限制而无法如期完工，客户对这些活动可做出何种推测？
A. 开始时间不切实际
B. 资源不足
C. 最晚的开始时间，晚于最早的结束时间
D. 它们存在浮动时间

答案：A

解析：C、D 选项表达的意思一致，但浮动时间与工期延误间无必然联系，题干强调时间限制导致完工延期，应与计划有关。

要点总结
- 假设情景分析。
- 关键路径法与使用步骤。
- 资源平衡与资源平滑。
- 进度压缩技术：赶工与快速跟进。
- 进度基准构成。

6.6 控制进度

控制进度作为实施整体变更控制过程的一部分，主要作用是在整个项目期间保持对进度基准的维护，并监督项目状态，以更新项目进度和管理进度基准变更。主要的工作内容包括：
- 判断项目进度的当前状态。
- 对引起进度变更的因素施加影响。
- 重新考虑必要的进度储备。
- 判断项目进度是否已经发生变更。
- 在变更实际发生时对其进行管理。

进度管理是考试的重点,这一部分还可能出现有关敏捷中对于进度的管理内容,主要涉及:
- ✓ 通过比较上一个时间周期中已交付并验收的工作总量与已完成的工作估算值,来判断项目进度的当前状态。
- ✓ 实施回顾性审查(定期审查,记录经验教训),以便纠正与改进过程。
- ✓ 对剩余工作计划(未完项)重新进行优先级排序。
- ✓ 确定每次迭代时间(约定的工作周期持续时间,通常是两周或一个月)内可交付成果的生成、核实和验收的速度。
- ✓ 确定项目进度已经发生变更。
- ✓ 在变更实际发生时对其进行管理。

6.6.1 控制进度过程的输入

6.6.1.1 项目管理计划与项目文件
可以为控制进度提供依据的项目管理计划与项目文件主要包括:进度管理计划、进度基准、范围基准和绩效测量基准、项目进度计划、项目日历、资源日历和进度数据。

6.6.1.2 工作绩效数据
工作绩效数据包含关于项目状态的数据,例如,哪些活动已经开始,它们的进展如何,哪些活动已经完成。这些执行数据为进度控制提供了重要的依据。

6.6.2 控制进度过程的工具与技术:数据分析

对进度数据的分析可以有效地进行进度管控,主要的分析方法包括以下几种。

1. 挣值分析(详细内容见"控制成本")

进度绩效测量指标(如进度偏差和进度绩效指数)用于评价偏离初始进度基准的程度。

2. 迭代燃尽图

这类图用于追踪迭代未完项中尚待完成的工作。它基于迭代规划中确定的工作,分析与理想燃尽图的偏差。可使用预测趋势线来预测迭代结束时可能出现的偏差,以及在迭代期间应该采取的合理行动。在燃尽图中,一般先用对角线表示理想的燃尽情况,再每天画出实际剩余工作,最后基于剩余工作计算出趋势线以预测完成情况。

燃尽图的基本形式,如图 6-10 所示。

3. 绩效审查

绩效审查是指根据进度基准,测量、对比和分析进度绩效,如实际开始和完成日期、已完成百分比,以及当前工作的剩余持续时间。

4. 趋势分析

趋势分析检查项目绩效随时间的变化情况,以确定绩效是在改善还是在恶化。图形分析技术有助于理解截至目前的绩效,并与未来的绩效目标(表示为完工日期)进行对比。

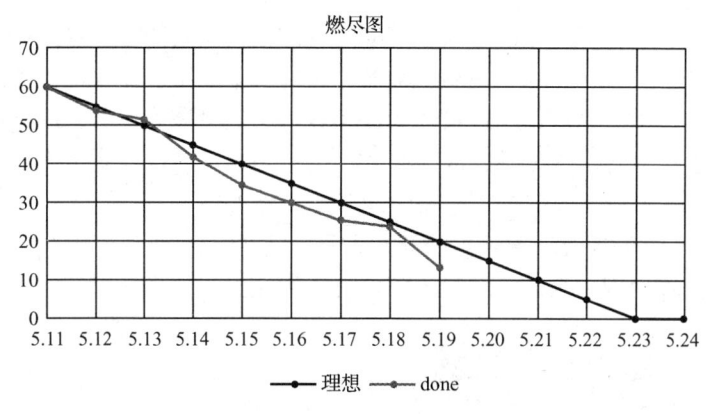

图 6-10 燃尽图示例

5. 偏差分析

偏差分析关注实际开始和完成日期与计划的偏离，实际持续时间与计划的差异，以及浮动时间的偏差。它包括确定偏离进度基准的原因与程度，评估这些偏差对未来工作的影响，以及确定是否需要采取纠正或预防措施。

其他在控制进度过程中使用的主要工具技术还包括关键路径法、资源优化、提前量和滞后量、进度压缩等。

6.6.3 控制进度过程的输出

6.6.3.1 工作绩效信息

工作绩效信息包括与进度基准相比较的项目工作执行情况。可以在工作包层级和控制账户层级，计算开始和完成日期的偏差及持续时间的偏差。对于使用挣值分析的项目，进度偏差和进度绩效指数将记录在工作绩效报告中。

6.6.3.2 进度预测

进度更新即进度预测，指根据已有的信息和知识，对项目未来的情况和事件进行的估算或预测。随着项目执行，应该基于工作绩效信息，更新和重新发布预测。进度预测中可能包括挣值绩效指数，以及可能在未来对项目造成影响的进度储备信息。

6.6.4 典型试题

1. 由于一名资源过度承诺而导致一些任务未完成。项目经理意识到如果使用其他资源将不能按时完成关键路径。项目经理应使用什么来满足进度计划？

A. 假设情景分析

B. 资源平衡

C. 赶工

D. 资源平滑

答案：D

解析：资源平滑是对进度模型中的活动进行调整，从而使项目资源需求不超过预定的资源限制的一种技术。相对于资源平衡而言，资源平滑不会改变项目关键路径，完工日期也不会延迟。也就是说，活动只在其自由和总浮动时间内延迟。这就意味着如果该资源在某些非关键路径上的浮动时间较多的话，也是有可能实现资源优化，满足既定的进度计划要求的。

2. 分配到一个为期 10 天任务的开发人员完成了 50%的任务。在每周的状态评审会议上，项目经理发现一名团队成员希望加班工作三天来完成该任务。该任务的挣值是多少？

　A．7 天
　B．6.25 天
　C．5 天
　D．4 天
答案：C

解析：挣值是已完成工作的计划价值。根据题意 50%×10=5。

3. 在一个软件开发项目的规划阶段，如果比承诺交付时间提前两个月交付产品，公司将获得一份奖励，产品开发的项目经理让编程人员在需求和设计完成之前开始代码编写。在这种情况下，项目经理在应用哪项进度技术？

　A．赶工
　B．快速执行
　C．快速跟进
　D．分阶段执行
答案：C

解析：快速跟进：一种进度压缩技术，将正常情况下按顺序进行的活动或阶段改为至少是部分并行开展的。

4. 客户要求新产品必须尽快推向市场，并要求项目经理进一步压缩项目进度。项目经理接下来应该怎么做？

　A．告知客户进度无法更改
　B．要求客户提交变更请求
　C．修订关键路径并将新进度通知团队
　D．协商变更范围，并压缩进度
答案：B

解析：压缩关键路径上的活动才能够对项目进度进行压缩，影响关键路径上的活动，应提交变更请求。

5. 准备每周状态报告时，项目经理注意到该周的计划里程碑满足。但是项目的进度绩效指数为 0.8。项目经理接下来应该怎么做？

　A．核实所有里程碑
　B．核实是否有任何逾期任务

C. 由于所有里程碑均已满足，不需要任何行动
D. 由于所有里程碑均已满足，可以在之后考虑进一步行动

答案：B

解析：所属过程组：监控过程组。所属知识领域：项目进度管理。SPI=0.8，整体进度延期，说明肯定有任务没有按期完成。仅当期里程碑满足不能说明所有里程碑满足，因此排除 C、D 选项。项目经理首先应该核实是否有逾期任务。

要点总结
- ✓ 进度控制主要活动。
- ✓ 迭代燃尽图。

第 7 章
项目成本管理

对于从事项目管理的人来说，对成本的重视应该仅次于进度，可以说从对成本的管控权限就能看出项目经理的权限大小，同时也从侧面体现出项目在组织中的优先级及整合资源的能力。

简单点说，项目成本管理的主要内容其实和我们在生活中对"钱"的管理差不多，主要解决三件事：花多少钱？什么时候花钱？花的钱值不值？前两件事和预算制定有关，第三件事与成本控制有关，而且还涉及是否值得做这件事的决策。

项目成本管理重点关注完成项目活动所需资源的成本，但同时也应考虑项目决策对项目产品、服务或成果的使用成本、维护成本和支持成本的影响。例如，增加商业论证的次数可降低项目成本，但可能增加由此带来的运营成本。

《PMBOK®指南》中对项目成本管理的具体描述是为使项目在批准的预算内完成而对成本进行规划、估算、预算、融资、筹资、管理和控制的各个过程，从而确保项目在批准的预算内完工。

项目成本管理的四个过程，如表 7-1 所示。

表 7-1 项目成本管理实现过程

知识领域	过程组			
	启动过程组	规划过程组	执行过程组	监控过程组	收尾过程组
7.项目成本管理		7.1 规划成本管理 7.2 估算成本 7.3 制定预算		7.4 控制成本	

虽然在文字的描述上各项目成本管理过程以界限分明和相互独立的形式出现，但在实际工作中它们会相互交叠和相互作用。这些过程不仅彼此产生影响，还会与其他知识领域中的过程相互影响，尤其是对其他两个基准。

项目成本管理本质上关注的是完成项目所有活动所需资源的成本，但在项目管理发展的当下，要求项目管理者越来越重视项目生命周期之外的决策对项目产品、服务或成果的使用成本、维护成本和支持成本的影响。例如，增加商业论证的次数可降低项目成本，但可能增加由此带来的运营成本。

对挣值管理的应用与扩展越来越受到重视，一方面，更多的企业组织开始使用挣值管理对项目成本进行管控；另一方面，挣值管理将进度与成本两条基准更紧密地联系起来进行控制。比如，进度管理时引入挣得进度（ES）这一概念。ES 是 EVM 理论和实践的延伸。挣得进度理论用 ES 和实际时间（AT）替代了传统 EVM 所使用的进度偏差测量指标（挣值-计划价值），使用这种替代方法计算进度偏差 ES-AT，如果挣得进度大于 0，则表示项目进度提前了；从另一个角度看就是在某个给定的时间点，项目的挣值大于计划价值。挣得进度绩效指数为 ES 与 AT 之比，表示完成项目的工作效率。

在敏捷环境下，如果易变的项目也遵循严格的预算，通常需要更频繁地更改范围和进度计划，以始终保持在成本制约因素之内。所以，它们更多地采用轻量级估算方法快速生成对项目人力成本的高层级预测，在出现变更时容易调整预测。

融资与筹资：融资，英文是 financing，从狭义上讲，是一个企业的资金筹集的行为与过程；从广义上讲，融资也叫金融，就是货币资金的融通，是当事人通过各种方式到金融市场上筹措或贷放资金的行为；筹资，又称资金筹集，是指企业根据生产、对外投资的需要，通过筹资渠道和资本市场，运用筹资方式，有效地筹集企业所需要资金的财务活动。

根据定义可以看出，融资的含义包含筹资，融资更多的是一种金融行为统称，筹资是企业组织经营行为。

7.1 规划成本管理

每一个知识领域在具体行程计划前都要提前设定一份指导性的文件，这在第 6 版《PMBOK®指南》中得到了充分说明，之前我们也说过，这一工作很重要但容易被项目经理忽略，因为这是件重要但不紧急的事情。这件事实际上就是在给项目管理团队设定本领域的管理原则和应使用的工具技术及工作流程的基本制度，让大家在从事具体的管控时有章可循，比如是否使用挣值管理、货币符号等。

规划成本管理输出的成本管理计划，作为项目管理计划的一部分会为在整个项目期间确定如何估算、预算、管理、监督和控制项目成本提供指导。

7.1.1 规划成本管理过程的输入

7.1.1.1 项目章程

项目章程中规定了预先批准的财务资源，可据此确定详细的项目成本。项目章程所规定的项目审批要求，也对项目成本管理有影响。

7.1.1.2 项目管理计划

在进行成本管理计划制订时，进度管理计划与风险管理计划是参考的主要依据。

1. 进度管理计划

进度管理计划确定了编制、监督和控制项目进度的准则和活动，同时也提供了影响成本估算和管理的过程及控制方法。

2. 风险管理计划

风险管理计划提供了识别、分析和监督风险的方法，同时也提供了影响成本估算和管理的过程及控制方法。

7.1.2 规划成本管理过程的工具与技术：数据分析

规划成本时，要对不同的筹集项目资源的方法（如自制、采购、租用或租赁）进行量化。主要采用备选方案分析，可包括审查筹资的战略方法，如自筹资金方案对比、股权投资方案对比、借贷投资方案等。

7.1.3 规划成本管理过程的输出：成本管理计划

成本管理计划描述将如何规划、安排和控制项目成本，是项目管理计划的组成部分，成本管理过程及其工具与技术应记录在此计划中。

成本管理计划中规定的主要内容。

- ✓ 计量单位：需要规定每种资源的计量单位，例如，用于测量时间的人时数、人天数或人周数，用于计量数量的米、升、吨，或者用货币表示的总价。
- ✓ 精确度：根据活动范围和项目规模，设定成本估算向上或向下取整的程度（如895.59 元取整为 900 元）。
- ✓ 准确度：为活动成本估算规定一个可接受的范围区间（如±10%），其中可能包括一定数量的应急储备。
- ✓ 组织程序链接：通过工作分解结构的工作内容与组织的资源和成本管理建立关联，为成本管理计划提供规划的基础，以便据此规范地开展成本估算、预算和控制。
- ✓ 控制临界值：可能需要规定偏差临界值，以便在控制成本时监督成本绩效。所谓临界值就是在需要采取某种措施前，允许出现的最大差异，通常用偏离基准计划的百分数来表示。
- ✓ 绩效测量规则：需要规定用于绩效测量的挣值管理规则。
- ✓ 报告格式：需要规定各种成本报告的格式和编制频率。
- ✓ 其他细节：关于成本管理活动的其他细节主要包括对战略筹资方案的说明、处理汇率波动的程序、记录项目成本的程序。

精确度与准确度的异同：准确度是指测定值与真实值符合的程度，表示测定的正确性；精确度是指用相同方法对同一试样进行多次测定，各测定值彼此接近的程度，即各次测定结果之间越接近，结果的精确度越高，表现了测定的重复性和再现性。在成本管理中仅是对单位取整的程度，保证不出现相关方的误解。质量管理中的含义更接近它的含义本身。（两者之间有密切关系。准确度高的前提是精确度高；但精确度高不一定准确度高；精确度不高，准确度肯定不可靠，只有准确度和精确度都好的测量值才最可靠。所以，在成本管理中首先要规划这两点。）

7.1.4 典型试题

1. 项目选择委员必须在项目 A 和项目 B 之间做出选择，项目 A 的投资回报期为 21

个月，项目 B 的成本为 175 000 美元，第一年的预期正现金流为 75 000 美元，之后每季度的正现金流为 50 000 美元，项目经理应选择哪一个？

A．项目 A 或项目 B，因为两个项目投资回报期一样
B．项目 B，因为项目 A 的投资回报期更长
C．项目 A，因为项目 B 的投资回报期更长
D．项目 B，因为项目 B 的投资回报期更短

答案：D

解析：所属知识领域：项目成本管理。所属过程组：规划过程组。解析：在进行项目选择的商业论证中，投资回收期指标是一个选择方法，根据题意，项目 A 的回收期是 21 个月，项目 B 的回收期是 18 个月（12 个月加上两个季度 6 个月），所以选 D。考点：项目回收期。

2．该项目已进入在 7 个国家开展工作的阶段。项目团队成员需要知道他们要用哪种货币来报告他们的成本数据。他们应该参考下列哪一项？

A．成本基准
B．成本管理计划
C．成本估算
D．成本分解结构

答案：B

解析：成本管理计划提供关于项目经理和项目团队如何计划、核算和控制项目成本的信息和指导。计划的内容根据具体项目的需要而有所不同。场景中的项目在许多国家和货币中运行。为了使所有的项目文件和通信保持一致，对这个项目的成本管理计划来说，在什么时候、什么情况下及项目的其他相关需求，详细说明使用或不使用的货币是很重要的。

3．项目经理正在制订成本管理计划，需要根据法律要求确定项目的最佳资金来源。资本成本估计为 9.7%的非股息支付股权，6.7%的债务和 5.1%的自我融资。该项目的净现值为 50 万美元，机会成本为 75 万美元。项目经理的最佳行动方案是什么？

A．由于没有股息义务，所以用股本为项目提供资金
B．选择自筹资金选项，因为它提供最低的资金成本
C．执行备选方案分析，因为有多个因素要考虑
D．建议终止该项目，因为另一个项目的 NPV 更高

答案：C

解析：该问题中项目经理正在制订成本管理计划，这表明正在执行规划成本管理过程。可用于此流程的数据分析技术包括一个可选方案分析，该技术用于评估已识别的选项，以选择用于执行和执行项目工作的选项或方法。在这种情况下，备选方案分析可以包括审查融资选择，如自我融资、股权融资或债务融资。虽然这个问题提供了一些财务数据，但在选择适当的资金来源之前，还应考虑其他一些因素。因此，在可用的选项中，对项目经理来说，最好的行动方案是执行一个备选方案分析。

4. 公司承接了一个系统集成开发项目，拟用挣值管理规则进行成本管控，应该在以下哪个文件中做出规定？
   A. 项目成本管理计划
   B. 绩效测量计划
   C. 项目资金需求计划
   D. 项目变更管理计划

答案：A

解析：规划成本管理是确定如何估算、预算、管理、监督和控制项目成本的过程。本过程的主要作用是，在整个项目期间为如何管理项目成本提供指南和方向。

5. 项目经理进行项目决策时，需要考虑以下各种成本，除了____。
   A. 间接成本
   B. 固定成本
   C. 可变成本
   D. 沉没成本

答案：C

解析：间接成本、固定成本都是对于项目经理来说不可控的成本，在进行投资决策时，从微观经济学的角度来说，沉没成本是不予考虑的。

要点总结
✓ 规划成本管理过程的作用。
✓ 成本管理计划的内容与作用。
✓ 精确度与准确度。

7.2 成本估算

项目成本估算是对项目中所使用的资源的成本进行预测的过程，从名称中的"估算"就能想到它的准确性不会太高，但要注意两件事：一是估算还是预算除与资源本身价值有关外，更重要的是是否得到项目出资人的认可，也就是说，估算只要被批准执行那就是预算；二是成本估算实际上是一个动态的渐进明细的过程，它是随着更详细信息的呈现和假设条件的验证，对成本估算进行审查和优化的。一般在启动阶段可得出项目的粗略量级估算（Rough Order of Magnitude，ROM），其区间为-25%到+75%；之后，随着信息越来越详细，确定性估算的区间可缩小至-5%到+10%。

在成本估算时，对于人工、材料、设备、服务、设施，以及一些特殊的，如通货膨胀补贴、融资成本或应急成本等，都要考虑纳入项目全部资源成本中进行估算。

7.2.1 成本估算过程的输入：项目管理计划

在成本估算时需要参考上一过程输出的成本管理计划及可能影响成本估算准确与

否的质量管理计划和范围基准。

1. 成本管理计划

成本管理计划描述了可使用的估算方法，以及成本估算需要达到的准确度和精确度。

2. 质量管理计划

质量管理计划描述了项目管理团队为实现一系列项目质量目标所需的活动和资源。

3. 范围基准

范围基准反映了因项目资金支出的周期而产生的资金制约因素，或者其他财务假设条件和制约因素。

7.2.2 成本估算过程的工具与技术

类比估算、参数估算、自下而上的估算与三点估算是这一过程根据不同项目背景使用的主要估算方法。

7.2.2.1 类比估算

成本类比估算使用以往类似项目的参数值或属性来估算。项目的类似参数值和属性主要包括范围、成本、预算、持续时间和规模指标，类比估算以这些项目参数值或属性为基础来估算。

7.2.2.2 参数估算

参数估算可以针对整个项目或项目中的某个部分，并可与其他估算方法联合使用。

7.2.2.3 自下而上的估算

自下而上的估算首先对单个工作包或活动的成本进行最具体、细致的估算，然后把这些细节性成本向上汇总或"滚动"到更高层次，用于后续报告和跟踪。自下而上估算的准确性及其本身所需的成本，通常取决于单个活动或工作包的规模或其他属性。

7.2.2.4 三点估算

基于三点的假定分布计算出期望成本，并说明期望成本的不确定区间。（此内容详见第 6.4.2.3 节）

7.2.2.5 数据分析

在进行成本估算时要通过备选方案分析对筹融资成本等进行方案分析，使用储备分析对项目规划与执行过程中的应急储备和管理储备进行分析，以及通过分析质量成本来保证有足够的成本使可交付成果达到质量标准。

7.2.3 成本估算过程的输出

7.2.3.1 成本估算

成本估算包括对完成项目工作可能需要的成本、应对"已知-未知"风险的应急储备，以及应对计划外工作的管理储备的量化估算。

成本估算应覆盖项目所使用的全部资源，可以是汇总的或详细分列的。间接成本对于项目经理是不可控成本，但如果间接成本也包含在项目估算中，则可在活动层次或更高层次上计列间接成本。

7.2.3.2 估算依据

成本估算所需的支持信息的数量和种类，因项目的不同领域而有区别，不论其详细程度如何，支持性文件都应该清晰、完整地说明成本估算是如何得出的。

成本估算的支持信息可包括：
- 关于如估算是如何编制的估算依据文件。
- 关于估算成本时的全部假设条件的文件。
- 各种已知制约因素的文件。
- 有关已识别的、在估算成本时应考虑的风险的文件。
- 对估算区间的说明（估算的准确度）。
- 对最终估算的置信水平的说明。

7.2.4 典型试题

1. 应急储备应____。
   A. 隐蔽，以防止管理层不批准该项资金
   B. 加到每项任务上，以防止客户知道该储备金的存在
   C. 由管理层掌握，用来填补成本超支
   D. 加到项目的基本成本上，用来解决风险问题

   答案：D

   解析：在风险管理过程中，应为风险事件确定适当的成本储备。这些储备的总和加到项目的总估算上，用来填补风险事件发生的成本。

2. 在项目开始时，项目经理被要求准备一份快速、高层次成本估算。该项目经理之前从事过一个具有类似规模和复杂性的项目。项目经理应使用下列哪项工具或技术准备估算？
   A. 三点估算和质量成本
   B. 卖方投标分析和群体决策技术
   C. 专家判断和类比估算
   D. 自下而上估算和储备分析

   答案：C

   解析：项目经理需要进行快速、高层次成本估算，并且之前从事过一个具有类似规模和复杂性的项目，因此可以使用专家判断和类比估算。

3. 一项调查显示，执行一个项目的最低可能成本为 1 亿美元。进一步调查同类项目比估算多 25%，而另一个项目成本比最低成本估算多三倍。使用提供的估算，下列哪一项应作为成本估算？
   A. 1 亿美元

B．1.5 亿美元
C．2 亿美元
D．2.5 亿美元

答案：B

解析：这道题比较有迷惑性，看似是类比估算，但根据三点估算法才能得出准确答案。根据三点估算法：最低 1 亿元，最可能 1.25 亿元，最多 3 亿元，因此该项目成本=（1+4×1.25+3）/6=1.5 亿（美元）。

4．受 P&T 建筑公司雇用，一位造价工程师为该公司在中国的首个油田的管道建设项目估算成本，但没有得到任何详细工程数据。这位工程师应采用哪种费用估算方法为 P&T 建筑公司提供初步成本预算？

A．近似估算
B．量级估算
C．限定性估算
D．可行性估算

答案：B

解析：通常在概念形成与启动阶段基于具有比例因子的某一工作范围用于可行性研究，粗略量级估算的准确度在-25%到+75%。

5．你正负责为世界银行的一个大项目准备成本估算。因为你的估算需要尽可能准确，所以你决定准备一个自下而上的估算。你的第一步是____。

A．确定在进程中需要的计算工具
B．利用前面的项目成本估算来帮助准备这个成本估算
C．确定并且估算每一个工作条目的成本
D．向这个方面的专家咨询，并且将他们的建议作为你的估算的基础

答案：C

解析：自下而上估算是对工作组成部分进行估算的一种方法。首先对单个工作包或活动的成本进行最具体、细致的估算；然后把这些细节性成本向上汇总或"滚动"到更高层次，用于后续报告和跟踪。自下而上估算的准确性及其本身所需的成本，通常取决于单个活动或工作包的规模或其他属性。

要点总结
✓ 估算量级。
✓ 估算依据。

7.3 制定预算

制定预算包括两个步骤：一是汇总所有单个活动或工作包的估算成本；二是将汇总的成本进行准确的基于项目时间段的分配，然后通过组织认可签字建立一个经批准的成

本基准。项目预算也就是项目资金总需求，它包含三个部分：项目总成本、应急储备与管理储备。

经过批准的预算一旦形成也就有了成本基准，这条基准将是项目管理核心工具挣值管理的重要基础。

7.3.1 制定预算过程的工具与技术

7.3.1.1 成本汇总

通过自下而上地把 WBS 中的工作包汇总至 WBS 的更高层次，最终得出整个项目的总成本，即汇总的成本，也就是成本汇总（见表 7-2）。

表 7-2 成本汇总示例

ID	组 成 部 分	说 明
8	成本预算	=Σ(3)+5+7
7	管理储备	确定性估算
6	成本基准	=Σ(3)+5
5	应急储备	确定性估算
4	项目总成本	=Σ(3)
3	控制账户	=Σ(2)
2	工作包	=Σ(1)
1	活动	确定性估算值

成本汇总=所有控制账户汇总得到项目总成本+应急储备+管理储备。项目总成本是在不考虑风险的前提下完成范围基准中工作内容的资金。

7.3.1.2 资金限制平衡

制定预算时应该根据对项目资金的限制，来平衡资金支出。

对项目实施组织的运行而言，资金的阶段性支出发生大的起伏会对组织现金流和项目的资金使用带来风险。因此，资金的花费在由客户或项目团队界定的项目资金支出的界限内进行平衡。这需要对进度计划已排序的工作活动进行向后或向前移动，这样对进度计划的调整还将涉及资源日历的更新。

要达到对资金支出的限制平衡就必须对已经汇总的成本进行按时间切段分配（见图 7-1），然后根据它们形成数据表现工具，如直方图进行分析（见图 7-2），根据分析结果对网络计划图上相应工作活动进行重新排序，经过如此反复迭代的平衡后，通过对按时间切段分配的资金的累计即可得到成本基准（见图 7-3）。

成本基准是通过对按时间切段分配后的预算资金经过"资金限制平衡"后得到的，这也是本过程重要的输出——成本基准的表现模型。在成本基准、进度基准在以范围基准作为基础的共同作用下，挣值管理将在成本与进度控制中发挥作用。

项目成本管理 第 7 章

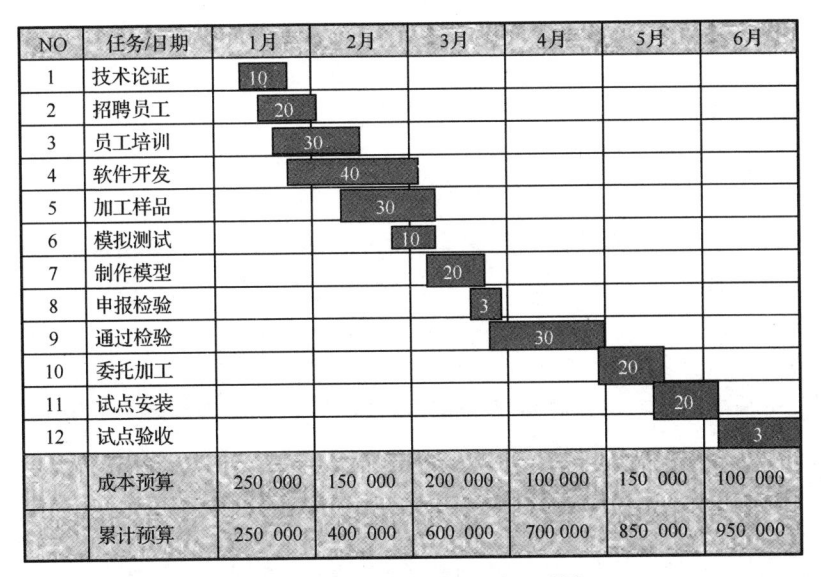

NO	任务/日期	1月	2月	3月	4月	5月	6月
1	技术论证	10					
2	招聘员工	20					
3	员工培训		30				
4	软件开发		40				
5	加工样品			30			
6	模拟测试			10			
7	制作模型				20		
8	申报检验				3		
9	通过检验				30		
10	委托加工					20	
11	试点安装					20	
12	试点验收						3
	成本预算	250 000	150 000	200 000	100 000	150 000	100 000
	累计预算	250 000	400 000	600 000	700 000	850 000	950 000

图 7-1 资金按时间切段分配示例

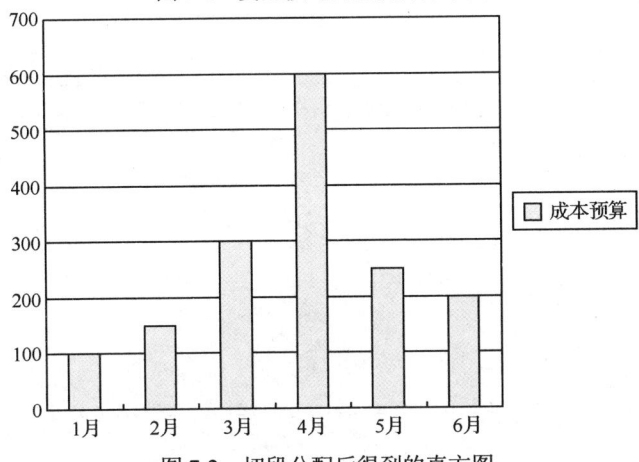

图 7-2 切段分配后得到的直方图

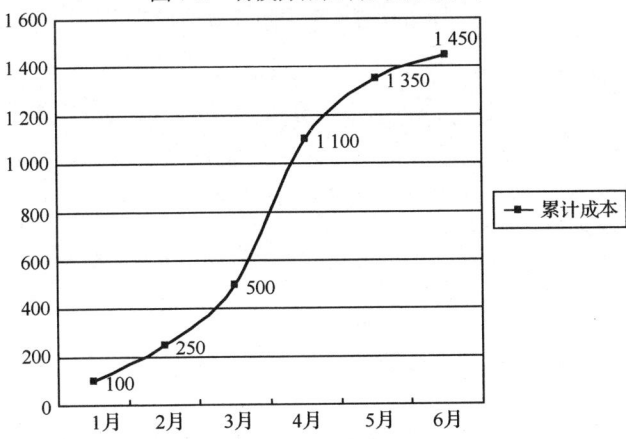

图 7-3 成本基准示例

7.3.2 制定预算过程的输出

7.3.2.1 成本基准

成本基准是经过批准的、按时间切段分配的项目预算，也可以描述成是不同进度活动经批准的预算的总和。

进度基准包括项目总成本与应急储备两部分，不包括任何管理储备。进度基准只有通过正式的变更控制程序才能变更，用作与实际结果进行比较的依据。

成本预算包含项目总成本、应急储备、管理储备三部分。

7.3.2.2 项目资金需求

根据成本基准，确定总资金需求和阶段性资金需求。成本基准中既包括预计支出，也包括预计债务。

项目资金通常以增量的方式投入，并且可能是非均衡的阶梯状累计。如果有管理储备，则总资金需求等于成本基准加管理储备。在资金需求文件中，也可说明资金来源。

图 7-4 为项目预算的详细构成。**项目预算=项目资金需求=项目总成本+应急储备+管理储备**（如果有）。

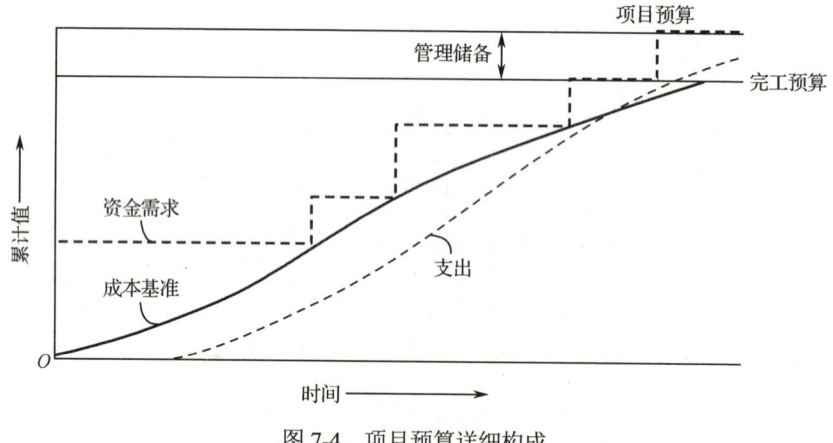

图 7-4 项目预算详细构成

7.3.3 典型试题

1. 在一个软件项目中，一家外部变更请求获得批准，并正在执行，这包含了新的工作包及额外资金，这些资金将被记录在哪一份（哪些）项目文件中？
   A. 在应急储备金中
   B. 在批准的变更请求和变更管理计划中
   C. 在成本基准和批准的变更请求中
   D. 在成本绩效指数和完工预算中
   答案：C
   解析：可能需要新编（或修订）成本估算、活动排序、进度日期、资源需求 和（或）

风险应对方案分析，这些变更可能要求调整项目管理计划和其他项目文件。

2．项目经理制定了详细的 WBS，并为每个工作包都进行了成本估算。要想根据这些信息制定成本基准，项目经理应该____。

A．使用 WBS 最高层级的信息进行近似估算
B．将对工作包的估算和风险应急储备进行汇总
C．将对工作包的估算汇总在一起，然后再加上管理储备
D．让专家针对项目总成本给出意见

答案：B

解析：题干中，项目经理要做的是制定预算，根据以上背景，制定预算要汇总所有单个活动或工作包的估算成本。而根据活动成本估算包含应急储备。所以选项 B 正确。

3．某国际合作项目计划制造并向市场投放一种创新工具，项目经理受命对该项目的实施指定可行的项目计划。项目赞助人称，项目可能需要赶工，项目经理在确定项目资金需求时，需要下列哪些辅助以完成任务？

A．成本估算、估算依据、范围基准、项目进度表、资源管理计划、合同及组织过程资产
B．范围基准、利害关系者登记簿、成本、绩效基准、进度基准、风险登记簿、企业环境因素和组织过程资产
C．工作绩效评估、预算预测、组织过程、资产更新变更请求、项目管理计划更新和项目文件更新
D．控制界限、绩效评估、过程说明、过程费率、单位措施及各工作分解结构措施的成本

答案：A

解析：制定预算的输入包括成本估算、范围基准、项目进度计划、资源管理计划、合同、组织过程资产及事业环境因素等，所以选 A。

4．项目经理遇到了项目预算的挑战，在项目开始前，他得到了 100 万美元的项目预算。这些预算分别如下：200 000 美元用于材料支出，100 000 美元用于差旅，100 000 美元用于资本折旧。项目开始后，新的需求可能导致额外的 50 000 美元的人工支出。由于预算的制约，项目经理不能为项目获得额外的资金。因为项目进度十分紧张且不能延期，项目经理应该怎么做？

A．与项目发起人协商，继续项目之前获得足够的预算
B．与项目团队协商，继续项目之前获得一份意见
C．要求更多的时间来交付项目
D．接受预算短缺作为一项风险，并继续项目

答案：D

解析：根据题干，目前的支出是 20+10+10=40（万美元），即使有额外的 5 万美元的人工支出，在不能获得额外资金的情况下，也仍然可以继续进行该项目，故选 D。

要点总结
- ✓ 成本汇总方法。
- ✓ 资金限制平衡。
- ✓ 预算制定的过程与工具。
- ✓ 项目成本基准的内容。
- ✓ 项目预算的内容。

7.4 控制成本

监控过程组的各个子过程都与整体变更控制有关，重点都在于监督项目的状态，只是因各自领域有所侧重。控制成本就是监督项目状态，当出现相应变更请求时对成本与基准进行变更。有效成本控制的关键就在于管理经批准的成本基准。

在成本控制时要避免的误区是只监督资金的支出，而不考虑由这些支出所带来的工作的价值，这对项目的监控没有什么意义，只能是跟踪资金流。因此在成本控制中，应重点分析项目资金支出与相应完成的工作之间的关系。挣值管理的应用很好地解决了这一问题。PMP®考试中挣值管理也是重点考核点，并且很多题目需要通过对公式的理解记忆进行计算。

项目成本控制主要工作内容包括：
- ✓ 对造成成本基准变更的因素施加影响。
- ✓ 确保所有变更请求都得到及时处理。
- ✓ 当变更实际发生时，管理这些变更。
- ✓ 确保成本支出不超过批准的资金限额，既不超出按时段、按 WBS 组件、按活动分配的限额，也不超出项目总限额。
- ✓ 监督成本绩效，找出并分析与成本基准间的偏差。
- ✓ 对照资金支出，监督工作绩效。
- ✓ 防止在成本或资源使用报告中出现未经批准的变更。
- ✓ 向相关方报告所有经批准的变更及其相关成本。
- ✓ 设法把预期的成本超支控制在可接受的范围内。

7.4.1 控制成本过程的输入：项目管理计划

项目管理计划组件包括（但不限于）成本管理计划、成本基准和绩效测量基准。成本管理计划描述将如何管理和控制项目成本。把成本基准与实际结果相比，以判断是否需要进行变更或采取纠正措施或预防措施。使用挣值分析时，将绩效测量基准与实际结果比较，以决定是否有必要进行变更，或者采取纠正措施或预防措施。

7.4.2 控制成本过程的工具与技术

7.4.2.1 储备分析

在控制成本过程中，可以采用储备分析来监督项目中应急储备和管理储备的使用情况，从而判断是否还需要这些储备，或者是否需要增加额外的储备。

7.4.2.2 挣值分析

挣值分析来源于挣值项目管理，这是一个可以单独用来进行项目管理的管理体系，它的使用基础是完整的工作分级结构、预算准确的按时间切段分配。

1. 什么是挣值

挣值就是挣得值（Earned Value，EV）的简称，正式名称叫作"已经完成工作的预算成本"。

例如，你准备花 1 000 元 4 天内完成一项工作，共分成了 8 个工作包，每天完成 2 个工作包，每个工作包需要花费 125 元的成本。

当第一天结束时你要审核一下整件工作的状态，发现完成了 1 个工作包，实际共花费了 175 元。此时，就出现了这样几个指标：1 000 元相当于你的完工总预算（BAC），即 BAC=1 000 元；当天计划完成2个工作包计划花费(也就是计划价值)250 元，即 PV=250 元；实际只完成 1 个工作包，等于只获得了 125 元的挣得值（EV），即 EV=250 元；当天实际花费的成本（AC）是 175 元，即 AC=175 元。

通过这个例子可以理解挣得值的概念，简单说，就是你准备花 100 元（预算 BAC 为 100 元）做一件事，结果花了 100 元达到了预期的效果，钱没了但你得到了你期望的价值，这个价值就是挣得值，它的数值与你的实际花销相等；如果花了 100 元完成了这件事，但只获得你期望价值的 60%，那你的挣得值 EV 就是 100 元×60%=60 元，而实际成本 AC 是 100 元，100 元既是你的完工预算，也是你的计划价值。

完工预算就是项目成本基准中完工总成本与应急储备的总和，不包含管理储备。

2. 什么是挣值管理

项目的挣值管理是用与进度计划、成本预算和实际成本相联系的三个独立的变量进行项目绩效测量的一种方法。它比较计划工作量、WBS 的实际完成量（挣得）与实际成本花费，以决定成本和进度绩效是否符合原定计划。

挣值管理可以在项目某一特定时间点上，从达到范围、时间、成本三项目标上评价项目所处的状态。

挣值管理是以项目计划作为一个基准来衡量的：

- ✓ 已经完成的工作。
- ✓ 花费的时间（是超前还是滞后）。
- ✓ 花费的成本（是超支还是节约）。

3. 挣值管理的基本指标

（1）4 个基本测量指标：完工预算 BAC、计划价值 EV、挣值 EV、实际成本 AC。

（2）2个偏差分析指标：成本偏差 CV、进度偏差 SV、完工偏差 VAC。
（3）2个趋势分析指标：进度绩效指数 SPI、成本绩效指数 CPI。
（4）3个预测分析指标：完工估算 EAC、完工尚需估算 ETC、完工尚需绩效指数 TCPI。

图 7-5 展示了挣值管理中基本指标间的关系。

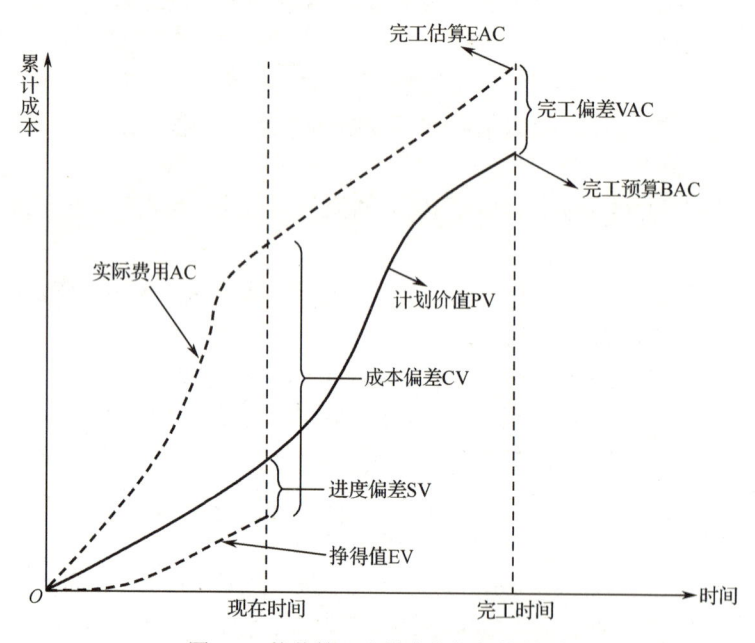

图 7-5 挣值管理中基本指标间的关系

4. 挣值管理测算公式汇总

（1）偏差分析：**CV=EV-AC　SV=EV-PV　VAC=BAC-EAC**。
（2）趋势分析：**CPI=EV/AC　SPI=EV/PV**。
（3）预测分析指标：

EAC=BAC/CPI（典型偏差，也就是预期剩余项目部分的 CPI 不变的情况）。

EAC=AC+自下而上的 ETC（最初计划不再有效时使）。

EAC=AC+(BAC-EV)（如果未来工作将按计划进度完成）。

EAC=AC+[(BAC-EV)/CPI×SPI]（如果 CPI 和 SPI 都会影响剩余工作，即非典型偏差）。

ETC=EAC-AC（假设工作继续按计划进行，完成剩余工作的成本）。

ETC=重新估算（重新自下而上估算剩余工作）。

TCPI=(BAC-EV)/(BAC-AC)（为完成计划必须保持的效率）。

TCPI=(BAC-EV)/(EAC-AC)（为完成当前完工估算必须保持的效率）。

考试时未特殊说明，所有挣值计算都按照典型偏差计算。

图 7-6 对挣值管理中相关主要指标的作用进行了总结。

项目成本管理 第❼章

绩效测量指标		进度		
		SV >0 & SPI >1	SV = 0 & SPI = 1	SV <0 & SPI <1.0
成本	CV>0 & CPI>1	进度提前 成本结余	符合进度计划 成本结余	进度滞后 成本结余
	CV=0 & CPI=1	进度提前 符合预算计划	符合进度计划 符合预算计划	进度滞后 符合预算计划
	CV<0 & CPI<1	进度提前 成本超支	符合进度计划 成本超支	进度滞后 成本超支

图 7-6　挣值管理中相关主要指标的作用总结

5. 挣值管理案例分析

（1）案例背景。某土方工程总挖方量为 4 000 立方米，预算单价为 45 元/立方米。该挖方工程预算总费用为 180 000 元。计划用 10 天完成，每天 400 立方米。

开工后第 7 天早晨刚上班时业主项目管理人员前去测量，取得了两个数据：已完成挖土方 2 000 立方米，支付给承包单位的工程进度款累计达 120 000 元。

请计算出此项目当下的挣值管理基本测量指标并预测完工估算，均按照典型偏差计算。

（2）案例分析。项目管理人员先计算已完工作预算费用，得 EV =45 元/立方米×2 000 立方米=90 000 元，接着查看项目计划，计划表明，开工后第 6 天结束时，承包单位应得到的工程进度款累计额 PV=108 000 元。进一步计算得：

成本偏差：CV=EV-AC=90 000-120 000=-30 000 元，表明承包单位已经超支。

进度偏差：SV=EV-PV=90 000-108 000=-18 000 元，表明承包单位进度已经拖延。表示项目进度落后，较预算还有相当于价值 18 000 元的工作量没有做。

18 000/（400×45）=1（天）的工作量，所以承包单位的进度已经落后 1 天。

另外，还可以使用成本绩效指数 CPI 和进度绩效指数 SPI 测量工作是否按照计划进行。

CPI= EV/AC= 90 000/120 000=0.75

SPI= EV/PV= 90 000/108 000=0.83

CPI 和 SPI 都小于 1，此项目当下该亮黄牌了。

7.4.3　控制成本过程的输出

7.4.3.1　工作绩效信息

工作绩效信息包括有关项目工作实施情况的信息，可以在工作包层级和控制账户层级上评估已执行的工作和工作成本方面的偏差。对于使用挣值分析的项目，CV、CPI、EAC、VAC 和 TCPI 将记录在工作绩效报告中。

7.4.3.2 成本预测

无论是计算得出的 EAC 值，还是自下而上估算的 EAC 值，都需要记录下来，并传达给相关方。

7.4.4 典型试题

1. 定期项目评审过程中，项目经理发现挣值（EV）为 50 000 美元，而计划价值（PV）为 30 000 美元。此外，与预先估算的 15 000 美元相比，已经花费了 35 000 美元。下列哪一种说法描述了项目的当前状态？

　　A．处于正常轨道，并与风险管理计划保持一致
　　B．落后于进度计划，且由于许多变量可能偏移
　　C．由于有效利用资源，处于正常轨道
　　D．由于赶工，超前于进度

答案：D

解析：挣值（EV）50 000 美元大于计划价值（PV）30 000 美元，进度提前。

2. 项目已完成 50%，项目经理计算出项目的进度绩效指数为 1.03，成本绩效指数为 0.97，项目的状态是什么？

　　A．进度提前，但超出预算
　　B．进度提前，但低于预算
　　C．进度落后，但低于预算
　　D．进度落后，但超出预算

答案：A

解析：进度绩效指数 SPI 大于 1，表示已经完成的工作进度提前；成本绩效指数 CPI 小于 1，表示已经完成的工作成本超支。

3. 某项目进度超前，但是预算超支，下列哪一项可能是项目进度和成本绩效指数？

　　A．进度绩效指数为 1.20；成本绩效指数为 1.15
　　B．进度绩效指数为 1.10；成本绩效指数为 0.09
　　C．进度绩效指数为 0.95；成本绩效指数为 0.85
　　D．进度绩效指数为 0.90；成本绩效指数为 1.10

答案：B

解析：根据题目描述，进度超前，预算超支，因此 SPI 大于 1，CPI 小于 1，B 正确。

4. 项目经理被任命管理一个正在进行的项目，在交接期，项目经理获得与该项目成本有关的完工预算和实际成本数据。可从该数据中确定下列哪一项？

　　A．完工估算
　　B．完工尚需估算
　　C．剩余资金
　　D．剩余工作

答案： C

解析： 根据题目描述，项目经理知道了项目当前的 BAC 和 AC，BAC-AC 得到的是项目剩余的资金。

5. 每次与你的项目发起人会面，她都要强调对于你的新的电子商务项目的成本控制的必要性。她经常询问你成本业绩方面的问题，诸如哪个预算达到了，哪个没有达到。为了回答她的问题，你应该提供____。

    A．绩效测量基准

    B．业绩衡量图表

    C．资源生产力分析

    D．趋势分析统计

答案： A

解析： 控制成本中输入的第一项为项目管理计划，其中包含成本绩效基准，将绩效测量基准与实际结果比较，以决定是否有必要进行变更，采取纠正措施或预防措施。

要点总结

- 挣值管理基本概念。
- 挣值管理基本指标。
- 挣值管理偏差分析与趋势分析基本公式。
- 典型与非典型偏差概念。
- 典型偏差下的 EAC 计算公式。
- TCPI 基本意义。

第 8 章
项目质量管理

质量管理可以说是任何项目的关键，同时，它对于项目管理这一学科来说也起着重要的作用。项目管理中的很多思想与价值观都是借鉴于质量管理领域的，比如，PDCA、持续改进思想、一次性成功成本最低、适合客户的产品是最好的、项目是规划出来的而非检查出来的，甚至项目质量管理的三个子过程都来源于质量管理学家朱兰的质量管理三部曲：规划质量、质量保证、质量控制。所以，想要对项目管理有更深的认知，对于质量管理学科的知识尽量要多了解，如六西格玛管理、全面质量管理、零缺陷管理等。

虽然说质量管理更重要的是价值观问题而不是技术问题，但在项目质量管理领域的考核中有很多关于识别与改善质量的工具与技术，它们是考试的高频考点，如控制图、帕累托图等。这也就意味着质量管理领域的考题既涉及过程输入输出，还涉及工具的使用，更重要的是还有质量管理的理念。

项目质量管理实现的三个过程，如表 8-1 所示。

表 8-1 项目质量管理实现过程

知识领域	过程组				
	启动过程组	规划过程组	执行过程组	监控过程组	收尾过程组
8.项目质量管理		8.1 规划质量管理	8.2 管理质量	8.3 控制质量	

项目质量管理的主要目的是把组织的质量政策应用于规划、管理、控制项目和产品质量要求，以满足相关方目标，并以执行组织的名义支持过程的持续改进活动。为了能很好地执行质量管理的各项工作，需要对很多概念有所了解并能加以应用。

- ✓ 项目质量管理需要兼顾项目管理与项目可交付成果两个方面：项目质量与产品质量。其中，项目质量从管理和过程的角度强调对项目所有质量方面的管理，包含为实现项目目标需要完成的所有管理工作与流程，同时也包括交付成果的质量即产品质量，所以项目质量包含管理层面和技术层面的两个角度的质量；产品质量的含义可以是技术的、经济的、社会的、心理的和生理的。一般来说，常把反映产品使用目的的各种功能、技术经济参数作为质量特性。
- ✓ 质量的第一个层次是适用性，即一组固有特性满足产品使用者要求的程度就叫适用性质量，这是从技术角度看待质量；第二个层次是适合性，适合性体现的是对客户的主观与客观满意的同时满足的一种意识。产品的拥有者和使用者在获得产品的功能特性时可能并不一定满意，而质量最终需要由他们评判是否达到要求，功能过多或过少都可能无法获得客户的认可，恰到好处的功能与特性才是所谓的"最佳"质量，所以，质量往往没有最好，只有合适或不合适。

- ✓ 一次性把事情做对成本最低：质量成本的概念是由美国质量专家A.V.菲根堡姆在20世纪50年代提出来的。其定义是：为了确保产品（或服务）满足规定要求的费用及没有满足规定要求引起的损失，是企业生产总成本的一个组成部分。通过定义可以看出，质量有两种成本，即为确保与要求一致而做的所有工作叫作一致成本，以及由于不符合要求而引起的全部工作叫作不一致成本。若一次性把事情做对意味着没有不一致成本，这样成本相对最低。对于项目从它们的特性理解，项目若失败了那之前的成本就成为沉没成本，想要继续投入完成就要开启另一个项目，这时的成本投入就推高了实现同一目标的成本。比如，大家参加PMP®考试，若一次就通过那你的成本是最少的，若需要补考意味着要继续投入时间与经济成本，而且可以说那就是另一个项目了，只是第一次考试给你提供了过程资产。质量管理学家克劳士比提出"质量是免费的"，这建立在你若能避免返工等不一致成本的基础上。
- ✓ 预防胜于检查：在传统的质量管理中，基本是将统计作为质量管理的主要手段，即当产品生产出来后通过检查确定质量管理的好坏，比如，整体产品质量通过对合格产品的统计概率来确定，若合格率达到90%，就说明产品质量好，但另外的10%仍然会到达客户手中。现在统计学也是质量管理的重要组成，但随着客户满意度提升的难度和人们对质量认知意识的提升，提前做好预防措施保证每一件产品的质量才是管理的目的，而非通过事后检查的统计结果得出，更在乎的是质量中过程的管理，而不再单单是结果的检查。统计在质量管理中应用时所涉及的概念：
— 属性抽样。根据控制测试的目的和特点所采用的审计抽样通常称为属性抽样，其目的在于估计总体既定控制的偏差率或偏差次数。属性抽样时，每个样本的结果都是非此即彼（要么是，要么不是；要么合格，要么不合格），但是其统计结果可以是一个数量，比如，合格率80%。
— 变量抽样。在连续的量表上标明结果所处的位置，表明合格的程度。变量抽样时，需要从量的角度通过样本来推断总体，比如，估算中本体的平均值，预测总体的偏差情况等，其结果是一个数量，这个数量说明什么根据具体应用而定。
— 公差。结果的可接受范围。
— 控制界限。在统计意义上稳定的过程或过程绩效的普通偏差的边界。
- ✓ 全面质量管理（Total Quality Management，TQM）就是指一个组织以质量为中心，以全员参与为基础，目的在于通过顾客满意和本组织所有成员及社会受益而达到长期成功的管理途径。在全面质量管理中，质量这个概念和全部管理目标的实现有关，不再是一个单独的管理成果。这一理论中的全员参与概念也是项目管理的重要思想，即要让项目成为所有相关方的项目而不只是项目经理的项目。

全面质量管理体现在五个"面"：全面性、全员性、预防性、服务性、科学性。
- ✓ 质量与等级的关系："质量"与"等级"不是相同的概念。质量作为实现的性能或成果，是"一系列内在特性满足要求的程度"（ISO 9000界定的质量）。等级作为设计意图,是对用途相同但技术特性不同的可交付成果的级别分类。项目经理及项目管理团队负责权衡,以便同时达到所要求的质量与等级水平。质量水平未达到质量要求肯定是个问题,而低等级产品不一定是个问题。表 8-2 对质量与等级关系进行了总结。

表 8-2 质量与等级关系

等　　级	质　　　　　量	
大量功能 (高等级)	无明显错误 有可读性好的文件	高质量
	许多错误 组织很差的使用手册	低质量
有限功能 (低等级)	无明显错误 有可读性好的文件	高质量
	许多错误 组织很差的使用手册	低质量

主要质量管理学家的观点也是 PMP® 的考点。

(1)沃特·阿曼德·休哈特。休哈特是现代质量管理的奠基者,美国工程师、统计学家、管理咨询顾问,被人们尊称为"统计质量控制之父"。休哈特重要的著作是《产品生产的质量经济控制》。1931 年出版后被公认为质量基本原理的起源。本书对质量管理做出重大贡献。休哈特宣称"变异"存在于生产过程的每个方面,但是可以通过使用简单的统计工具如抽样和概率分析来了解变异,他的很多著作在贝尔实验室内部发行,其中之一是 1924 年 5 月 16 日的有历史意义的备忘录,在备忘录中他向上级提出了使用"控制图"(Control Chart)的建议。

(2)约瑟夫·莫西·朱兰。朱兰,质量管理专家。首创将人力与质量管理结合起来,如今,这一观点已包含于全面质量管理的概念之中。朱兰观念的发展过程是逐步进行的。最高管理层的参与,质量知识的普及培训,质量实用性的定义,质量改进逐个项目的运作方法,"重要的少数"与"有用的多数"及"三部曲"(质量策划、质量控制、质量改进)之间的区别——朱兰就是以这些观点而闻名的。朱兰的名言:"质量是一种合用性,即产品在使用期间能满足使用者的要求""21 世纪是质量的世纪"。

(3)爱德华兹·戴明。戴明博士是世界上著名的质量管理专家,他因对质量管理发展做出的卓越贡献而享誉全球。以戴明命名的"戴明品质奖",至今仍是日本品质管理的最高荣誉。

戴明学说简洁易明,其主要观点十四要点(戴明的 14 点)成为 20 世纪全面质量管理的重要理论基础。

戴明博士最早提出了 PDCA 循环的概念,所以又称其为戴明环。PDCA 循环是能使任何一项活动有效进行的一种合乎逻辑的工作程序,特别是在质量管理中得到了广泛应用。戴明将休哈特的 PDCA 循环修正为 Plan-Do-Study-Act,更真实地反映了这个过程的活动。

戴明学说的核心可以概括为：高层管理的决心及参与，群策群力的团队精神，通过教育来增强质量意识，质量改良的技术训练，制定衡量质量的尺度标准，对质量成本的分析及认识，不断改进活动，各级员工的参与。

（4）菲利浦·克劳士比。克劳士比被美国《时代》杂志誉为"本世纪伟大的管理思想家""品质大师中的大师""零缺陷之父""一代质量宗师"。

主要观点：质量是免费的，它不是礼品，但它是免费的；从事质量管理的全部过程就是要建立……习惯，使得职员和供应商们做他们所承诺过的事，即要符合已同意的要求；对一个组织的最终产品或服务不满就叫作"质量有麻烦"；质量的定义必须"符合要求"。

项目质量管理过程与其他过程之间的关系，如图 8-1 所示。

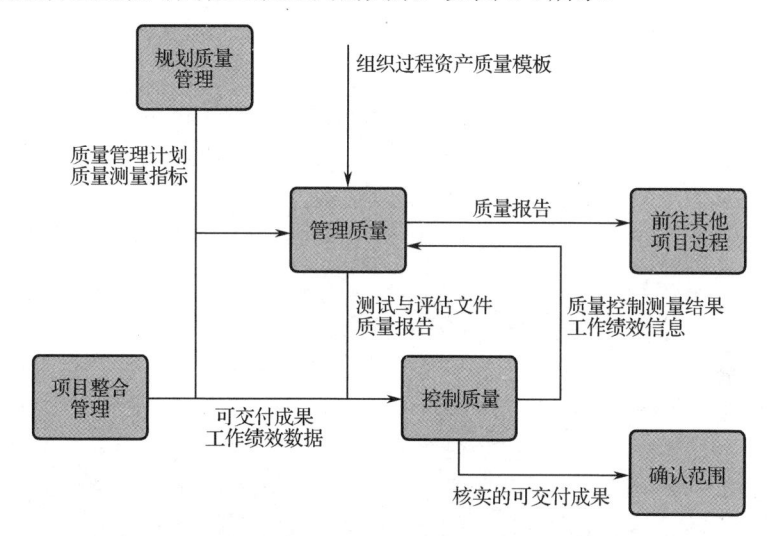

图 8-1 项目质量管理过程与其他过程之间的关系

8.1 规划质量管理

规划质量管理在传统质量管理中就是"定标准"，但在项目质量管理中包括两方面的内容：一方面是制定项目中如何进行质量标准界定、管理和监督的规则，另一方面是识别项目及其可交付成果的质量要求和（或）标准，并书面描述项目将如何证明符合质量要求和（或）标准。质量规划应与其他规划过程并行开展。

8.1.1 规划质量管理过程的工具与技术

8.1.1.1 数据收集与标杆对照

1. 数据收集

数据收集技术在这一过程主要用于通过对相关方的需求的进一步收集为之后分析

及制定质量标准提供真实有效的依据。

2. 标杆对照

标杆对照是将实际或计划的项目实践或项目的质量标准与可比项目的实践进行比较，以便识别最佳实践，形成改进意见，并为项目绩效考核标准提供依据。作为标杆的项目可以来自执行组织内部或外部，或者来自同一应用领域或其他应用领域。标杆对照也允许用不同应用领域或行业的项目做类比。

8.1.1.2 数据分析

数据分析技术在本过程的使用主要用于了解和估算一个过程的质量成本，改进过程并识别可能出现质量缺陷或可以纳入质量检查的地方，识别会出现数据完整性或其他质量问题的地方，识别对项目成功至关重要的质量测量指标，快速收集项目质量要求、制约因素、依赖关系和联系。

1. 成本效益分析

成本效益分析是用来估算备选方案优势和劣势的财务分析工具，以确定可以创造最佳效益的备选方案。成本效益分析可帮助项目经理确定规划的质量活动是否有效利用了成本。达到质量要求的主要效益包括减少返工、提高生产率、降低成本、提升相关方满意度及提升盈利能力。对每个质量活动进行成本效益分析，就是要比较其可能成本与预期效益。

2. 质量成本

质量成本是包括在产品生命周期中为预防不符合要求，为评估产品或服务是否符合要求，以及因未达到要求（返工），而发生的所有成本。主要分为：一致性成本与不一致性成本。

（1）一致成本。一致成本是预防性的，包括预防成本和评估成本，是在缺陷发生之前付出的，用于质量与要求或规范一致而付出的成本。预防成本如在项目中对成员的培训费用；评估成本如为了将合格产品在送达客户手上之前所进行的测试成本。

（2）不一致成本。不一致成本是由于质量与要求或者规范不一致而造成的成本。失败成本就属于不一致成本。失败成本是因产品、可交付成果或服务与相关方需求或期望不一致而导致的相关成本。失败成本如因项目执行过程中工作失误造成的返工成本。

最优质量成本能够在预防成本和评估成本之间找到恰当的投资平衡点，以规避失败成本。

8.1.1.3 数据表现

数据表现工具主要有流程图、逻辑数据模型、矩阵图、思维导图，下面只介绍流程图和逻辑数据模型。

1. 流程图

流程图也称过程图，用来显示在一个或多个输入转化成一个或多个输出的过程中，所需要的步骤顺序和可能分支。它通过映射水平价值链的过程细节来显示活动、决策点、分支循环、并行路径及整体处理顺序。通过工作流的逻辑分支及其相对频率来估算质量成本。这些逻辑分支细分为完成符合要求的输出而需要开展的一致性工作和非一致性工作。用于展示过程步骤时，流程图有时又被称为"过程流程图"或"过程流向图"。SIPOC（S—供应商、I—输入、P—过程、O—输出、C—客户）是典型的流程图模型，如图 8-2 所示。

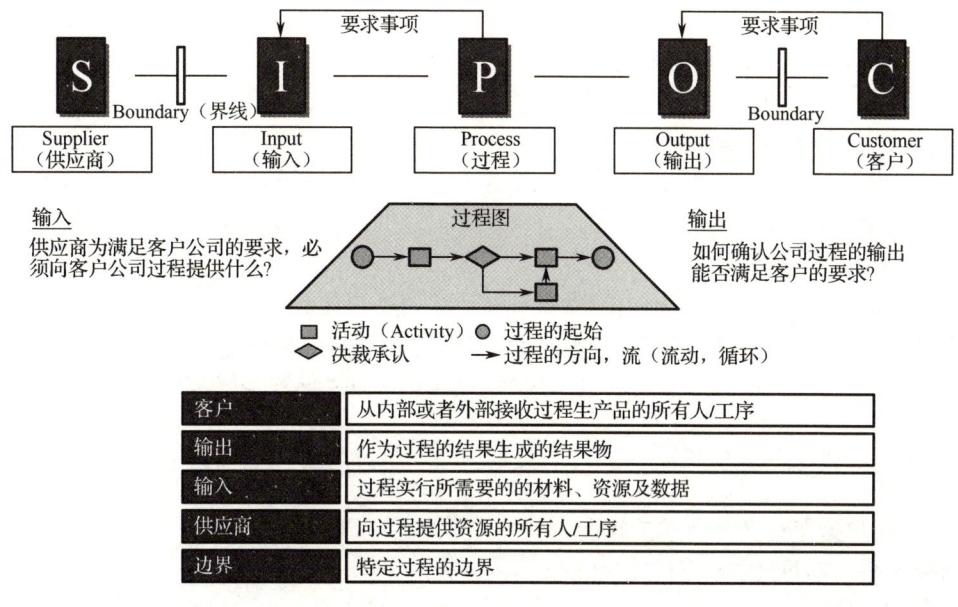

图 8-2 SIPOC 模型示例

SIPOC 流程图的作用具体如下分述。
（1）能展示出一组跨越职能部门界限的活动。
（2）不论一个组织的规模有多大，SIPOC 图都可以用一个框架来勾勒其业务流程。
（3）有助于保持"全景"视角，还可以向全景中增加附加细节。

2．逻辑数据模型

逻辑数据模型把组织数据可视化，以商业语言加以描述，不依赖任何特定技术。

8.1.1.4　测试与检查的规划

在规划阶段，项目经理和项目团队决定如何测试或检查产品、可交付成果或服务，以满足相关方的需求和期望，以及如何满足产品的绩效和可靠性目标。

8.1.2　规划质量管理过程的输出

8.1.2.1　质量管理计划

质量管理计划是项目管理计划的一部分，主要内容是项目质量目标及要采用的质量标准，并描述了如何实施适用的政策、程序和指南以实现质量目标。计划中还界定了项目管理团队为实现一系列项目质量目标所需的活动和资源。质量管理计划的详细程度可根据项目具体需要及团队风格而定。应该在项目早期就对质量管理计划进行评审，以确保决策是基于准确信息的。

质量管理计划的主要内容包括：
- ✓ 项目采用的质量标准。
- ✓ 项目的质量目标。
- ✓ 质量角色与职责。
- ✓ 需要质量审查的项目可交付成果和过程。
- ✓ 为项目规划的质量控制和质量管理活动。
- ✓ 项目使用的质量工具。
- ✓ 与项目有关的主要程序，例如，处理不符合要求的情况，纠正措施程序及持续改进程序。

8.1.2.2 质量测量指标

质量测量指标是本过程输出的除质量管理计划外的重要文件之一，专用于描述项目或产品属性，以及控制质量过程将如何验证符合程度。质量测量指标的例子包括按时完成任务的百分比、以 CPI 测量的成本绩效、故障率、识别的日缺陷数量等。

8.1.3 典型试题

1. 客户抱怨说产品要求的标准未满足。项目经理确定已正确记录客户要求的标准，且保持不变。项目经理应该怎么做？

   A. 查看范围管理计划
   B. 开展假设情景分析，确定潜在变更的影响
   C. 查看质量管理计划
   D. 提交变更请求解决该问题

   答案：C

   解析：质量管理计划是项目管理计划的组成部分，描述将如何实施组织的质量政策，以及项目管理团队准备如何达到项目的质量要求。根据题意，用户抱怨说产品要求的标准未满足，此时应查看关于项目及其可交付成果的质量要求和/或标准描述的文档，即"质量管理计划"。

2. 一个期限很短的项目关键相关方希望避免质量控制。项目经理知道必须提供最低质量水平。项目经理应当使用什么工具或技术？

   A. 标杆对照
   B. 统计抽样
   C. 实验设计
   D. 成本效益分析

   答案：D

   解析：成本效益分析可帮助项目经理确定规划的质量活动是否有效利用了成本。达到质量要求的主要效益包括减少返工、提高生产率、降低成本、提升相关方满意度及提升盈利能力。对每个质量活动进行成本效益分析，就是要比较其可能的成本与预期效益。

3. 项目过程中可能发生哪三种质量成本类型？
A．预防成本、评价成本和失败成本
B．环境成本、评价成本和预防成本
C．评价成本、人工成本和预防成本
D．相关方成本、预防成本和人工成本

答案：A

解析：质量成本包括预防成本、评价成本和失败成本（内部、外部）。

4. 下列哪个群体有责任提供成功质量管理所需的资源？
A．项目团队成员
B．人力资源部
C．职能型组织
D．管理层

答案：D

解析：管理层提供项目所需资源，职能部门提供项目支持，项目团队对工作负责。

5. 谁应该负责创建质量计划？
A．高级管理层
B．质量经理
C．质量团队成员
D．项目经理和项目团队成员

答案：D

解析：计划由团队编写，项目经理负责汇总提交。

要点总结

- ✓ 项目质量与产品质量。
- ✓ 项目质量管理基本概念。
- — 质量是一种适合性。
- — 一次性把事情做对成本最低。
- — 预防胜于检查。
- — 全面项目管理。
- — 质量责任的界定。
- ✓ 属性抽样与变量抽样。
- ✓ 质量与等级。
- ✓ 质量管理过程间关系。
- ✓ 主要质量管理学家及观点。
- ✓ 规划项目管理数据收集与分析技术。
- ✓ 质量管理计划主要内容。
- ✓ 质量测量指标构成。

8.2 管理质量

管理质量过程的主要作用是提高实现质量目标的可能性,并识别无效过程和导致质量低劣的原因。

管理质量在之前的版本中完全延续了传统质量管理学科中的名称——"质量保证",但"管理质量"的定义比"质量保证"更广,因其可用于非项目工作。在项目管理中,质量保证侧重于项目使用的过程,旨在从宏观层面高效地执行项目过程,包括遵守和满足标准,向相关方保证最终产品可以满足他们的需求、期望和要求。管理质量包括所有质量保证活动,还与产品设计和过程改进有关。管理质量工作属于质量成本中的一致性工作。

虽然管理质量被认为是所有人的共同职责,包括项目经理、项目团队、项目发起人、执行组织的管理层,甚至是客户,但在非项目型组织架构下,项目经理和项目团队多数是通过组织的质量保证部门或其他组织职能执行某些管理质量活动的。参与质量管理工作的程度取决于所在行业和项目管理程度与组织环境。在敏捷项目中,整个项目期间的质量管理由所有团队成员执行;但在传统项目中,质量管理通常是特定团队成员的职责。

8.2.1 管理质量过程的输入:项目文件

8.2.1.1 质量控制测量结果

质量控制测量结果用于分析和评估项目过程和可交付成果的质量是否符合执行组织的标准或特定要求,有助于分析这些测量结果的产生过程,以确定实际测量结果的正确程度。

8.2.1.2 风险报告

管理质量过程使用风险报告识别整体项目风险的来源及整体风险敞口的最重要的驱动因素,这些因素能够影响项目的质量目标。

8.2.2 管理质量过程的工具与技术

8.2.2.1 数据分析

管理质量过程的数据分析技术是通过收集到的质量测量指标的数据,对当前阶段项目与产品是否达到质量要求做出分析判断,对发现的质量问题进行有效分析以便解决相应质量问题,使用到的主要数据分析技术有根本原因分析、过程分析、备选方案分析、文件分析,以下主要对根本原因分析和过程分析进行介绍。

1. 根本原因分析

根本原因分析是确定引起偏差、缺陷或风险的根本原因的一种分析技术。一项根本原因可能引起多项偏差、缺陷或风险。根本原因分析还可以作为一项技术,用于识别问题的根本原因并解决问题。消除所有根本原因可以杜绝问题再次发生。

2. 过程分析

过程分析可以识别过程改进机会，同时检查在过程期间遇到的问题、制约因素，以及非增值活动。

8.2.2.2　数据表现

本过程表现技术主要作用在于对质量问题的分析解决提供支撑，通过对收集到的质量测量指标等数据以不同方式展现对问题进行分析并找到需要解决的关键点。

这里所总结的工具是根据质量管理七工具而形成的。传统的质量管理七工具包括因果图、流程图、核查表、直方图、帕累托图、控制图、散点图。这里总结的六种工具加上控制质量过程的控制图被称为新的质量管理七工具。

1. 亲和图

亲和图可以对潜在缺陷成因进行分类，展示最应关注的领域。亲和图又称 KJ 法、A 形图解法。亲和图是将未知的问题、未曾接触过领域的问题的相关事实、意见或设想之类的语言文字资料收集起来，并利用其内在的相互关系做成归类合并图（见图 8-3），以便从复杂的现象中整理出思路，抓住实质，找出解决问题的途径的一种方法。

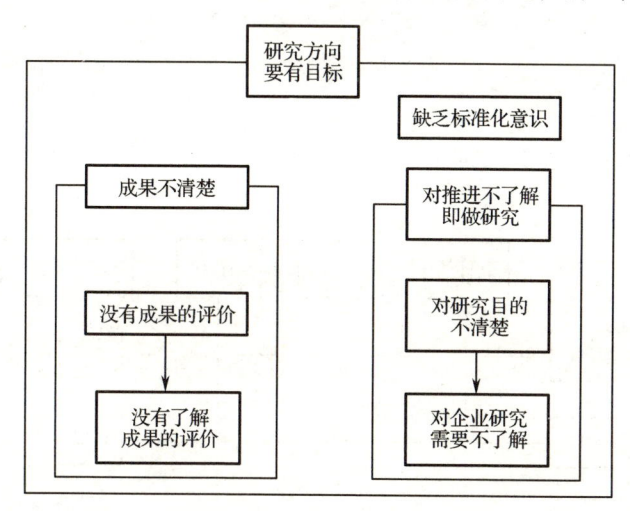

图 8-3　亲和图示例

2. 因果图

因果图又称"鱼骨图""Why-Why 分析图""石川图"，将问题陈述的原因分解为离散的分支，有助于识别问题的主要原因或根本原因。

3. 流程图

流程图也称为过程图，用来描述一个过程怎样从开始走到结束，以及中间各步骤之间的相互关系，它可以用来帮助人们发现问题和解决问题。在质量管理中可以展示出引发缺陷的一系列步骤。

4. 直方图

直方图是一种展示数字数据的条形图（见图8-4），可以展示每个可交付成果的缺陷数量、缺陷成因的排列、各个过程的不合规次数，或者项目或产品缺陷的其他表现形式。

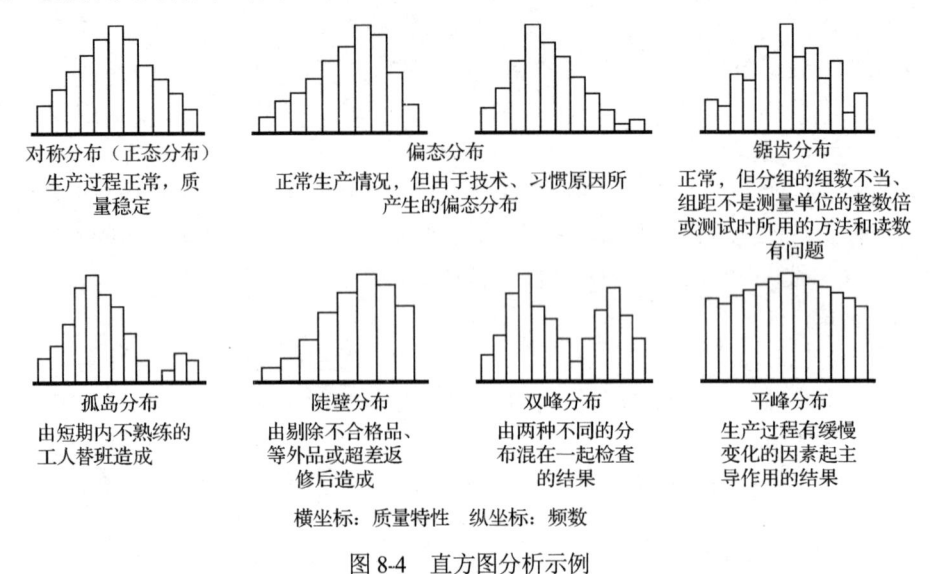

对称分布（正态分布）
生产过程正常，质量稳定

偏态分布
正常生产情况，但由于技术、习惯原因所产生的偏态分布

锯齿分布
正常，但分组的组数不当、组距不是测量单位的整数倍或测试时所用的方法和读数有问题

孤岛分布
由短期内不熟练的工人替班造成

陡壁分布
由剔除不合格品、等外品或超差返修后造成

双峰分布
由两种不同的分布混在一起检查的结果

平峰分布
生产过程有缓慢变化的因素起主导作用的结果

横坐标：质量特性　纵坐标：频数

图 8-4　直方图分析示例

5. 矩阵图

矩阵图在行列交叉的位置展示因素、原因和目标之间的关系强弱。矩阵图示例，如图 8-5 所示。

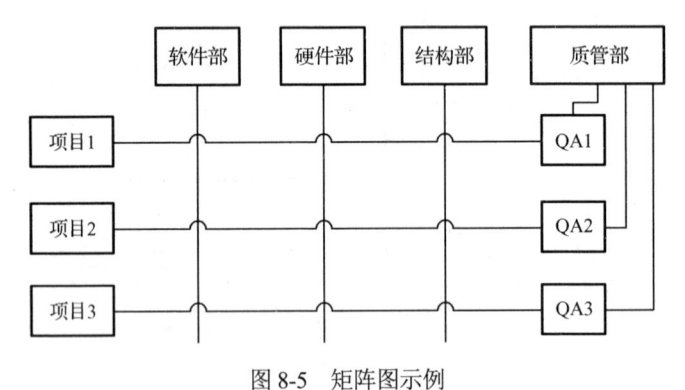

图 8-5　矩阵图示例

6. 散点图

散点图是一种展示两个变量之间的关系的图形，它能够展示两支轴的关系，一支轴表示过程、环境或活动的任何要素，另一支轴表示质量缺陷。散点图示例，如图 8-6 所示。

8.2.2.3　审计

质量审计是用于确定项目活动是否遵循了组织和项目的政策、过程与程序的一种结构化且独立的过程。质量审计通常由项目外部的团队开展，如组织内部审计部门、项目管理办公室或组织外部的审计师。质量审计的主要目的：
- ✓ 识别全部正在实施的良好及最佳实践。
- ✓ 识别所有违规做法、差距及不足。
- ✓ 分享所在组织和/或行业中类似项目的良好实践。
- ✓ 积极、主动地提供协助，以改进过程的执行，从而帮助团队提高生产效率。
- ✓ 强调每次审计都应对组织经验教训知识库的积累做出贡献。

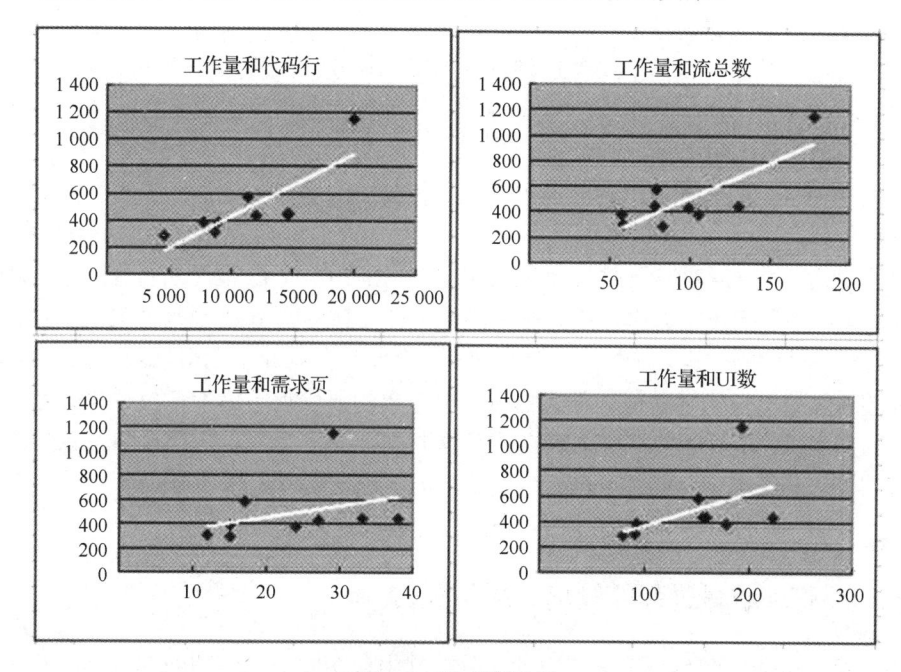

图 8-6 散点图示例

质量审计还可确认已批准的变更请求（包括更新、纠正措施、缺陷补救和预防措施）的实施情况，以便采取后续措施纠正问题，可以降低质量成本，并提高发起人或客户对项目产品的接受度。

8.2.2.4 面向 X 的设计

面向 X 的设计是 Design for X 的缩写，可以翻译为"面向 X 的设计"或"可 XX 设计"，其中，X 可以代表产品全生命周期或生命周期中某一环节，如装配、制造、测试、维修等。主要作用是优化设计的特定方面，可以控制或提高产品最终特性。

8.2.2.5 问题解决

"问题解决"作用是发现解决问题或应对挑战的解决方案。它包括收集其他信息、具有批判性思维的、创造性的、量化的和/或逻辑性的解决方法。有效和系统化地解决问题是质量保证和质量改进的基本要素。问题可能在控制质量过程或质量审计中发现，也可能与过程或可交付成果有关。使用结构化的问题解决方法有助于消除问题和制订长久有效的解决方案。

问题解决方法通常的步骤：

（1）定义问题。
（2）根本原因。
（3）可能的解决方案。
（4）选择最佳解决方案。
（5）执行解决方案。
（6）验证解决方案的有效性。

8.2.2.6 质量改进方法

质量改进的开展，可基于质量控制过程的发现和建议、质量审计的发现或管理质量过程的问题解决。计划 — 实施 — 检查 — 行动和六西格玛是最常用于分析和评估改进机会的两种质量改进工具。

六西格玛（6σ）概念于 1986 年由摩托罗拉公司的比尔·史密斯提出，此概念属于品质管理范畴。

6σ 管理法是一种统计评估法，核心是追求零缺陷生产，防范产品责任风险，降低成本，提高生产率和市场占有率，提高顾客满意度和忠诚度。6σ 管理既着眼于产品、服务质量，又关注过程的改进。"σ" 是希腊文的一个字母，在统计学上用来表示标准偏差值，用以描述总体中的个体离均值的偏离程度，测量出的 σ 表征着诸如单位缺陷、百万缺陷或错误的概率牲，σ 值越大，缺陷或错误就越少。6σ 是一个目标，这个质量水平意味的是所有的过程和结果中，99.999 66%是无缺陷的，也就是说，做 100 万件事情，其中只有 3.4 件是有缺陷的，这几乎趋近到人类能够达到的最为完美的境界。

8.2.3 管理质量过程的输出：质量报告

质量报告可能是图形、数据或定性文件，其中包含的信息可帮助其他过程和部门采取纠正措施，以实现项目质量期望。质量报告的信息可以包含团队上报的质量管理问题，针对过程、项目和产品的改善建议，纠正措施建议（包括返工、缺陷/漏洞补救、100% 检查等），以及在控制质量过程中发现的情况的概述。

8.2.4 典型试题

1. 一份重要项目文件的过期版本被误发给一组项目相关方。更新问题日志之后，项目经理下一步应该做什么？
   A. 确定纠正措施并执行缺陷补救
   B. 确定预防措施并执行缺陷补救
   C. 确定纠正措施并更新工作绩效报告
   D. 确定预防措施并更新工作绩效报告

   答案：B

   解析：为了处理版本误发问题必须执行缺陷补救，为了避免以后发生同样问题需要确定预防措施。

2. 一个项目反复出现缺陷，可能导致无法满足客户期望。项目经理首先应该使用什么来解决这个问题？

A．开展统计抽样

B．准备石川图

C．创建一份亲和图

D．执行质量审计

答案：D

解析：审计是用于确定项目活动是否遵循了组织和项目的政策、过程与程序的一种结构化且独立的过程。质量审计目标可能包括（但不限于）：识别全部正在实施的良好及最佳实践；识别所有违规做法、差距及不足；分享所在组织和/或行业中类似项目的良好实践；积极、主动地提供协助，以改进过程的执行，从而帮助团队提高生产效率；强调每次审计都应对组织经验教训知识库的积累做出贡献。

3. 项目团队一些成员通过消除那些不增加项目整体价值的活动，促进项目绩效，团队成员所做是下列哪一项？

A．规划质量

B．监督与控制

C．管理质量

D．制订项目管理计划

答案：C

解析：管理质量过程的主要作用是提高实现质量目标的可能性，以及识别无效过程和导致质量低劣的原因。管理质量使用控制质量过程的数据和结果向相关方展示项目的总体质量状态。

4. 项目团队遵循过程分析中说明的步骤来识别必需的改进。该任务应在哪个过程组中执行？

A．计划

B．执行

C．监控

D．收尾

答案：B

解析：过程分析可以识别过程改进机会，同时检查在过程期间遇到的问题、制约因素及非增值活动。过程分析是管理质量的工具，而管理质量属于执行过程组。

5. 项目经理希望监控项目质量保证的有效性。要做到这一点，他们应该实施哪项工具和技术？

A．质量矩阵

B．质量分析

C．质量控制

D．质量审计

答案：D

解析：质量审计是一种独立的结构化审查，用来确定项目活动是否遵循了组织和项目的政策、过程与程序。

要点总结
- ✓ 质量管理主要工具。
- ✓ 面向 X 的设计。
- ✓ 问题解决步骤。
- ✓ 质量改进方法：六西格玛。
- ✓ 质量报告。

8.3 控制质量

控制质量的主要目的是在用户验收和最终交付之前核实产品或服务是否符合质量管理计划与相关项目文件的标准。同时，这一过程还要评估绩效，若在执行中出现质量问题，要及时进行处理以确保输出成果的完整与适合性。

在整个项目期间应执行质量控制，用可靠的数据来证明项目已经达到发起人和/或客户的验收标准。在敏捷项目中，控制质量活动可能由所有团队成员在整个项目生命周期中执行，而在瀑布式项目中，控制质量活动由特定团队成员在特定时间点或者项目或阶段快结束时执行。

8.3.1 控制质量过程的输入

8.3.1.1 可交付成果

控制质量过程的主要作用就是核实提交的可交付成果，这里输入的可交付成果是在某一过程、阶段或项目完成时，必须产出的任何独特并可核实的产品、成果或服务能力。

作为执行过程组中指导与管理项目工作过程的输出的可交付成果将得到检查，并与项目范围说明书定义的验收标准进行比较。

8.3.1.2 工作绩效数据

工作绩效数据包括产品状态数据，例如，观察结果、质量测量指标、技术绩效测量数据，以及关于进度绩效和成本绩效的项目质量信息。

8.3.2 控制质量过程的工具与技术

8.3.2.1 数据收集

1. 核对单

核对单在控制质量过程中有助于以结构化方式管理控制质量活动是否完整地被执行。

2. 核查表

核查表又称计数表,用于合理排列各种事项,以便有效地收集关于潜在质量问题的有用数据。在开展检查以识别缺陷时,用核查表收集属性数据就特别方便,如关于缺陷数量或后果的数据。

3. 统计抽样

统计抽样是指从目标总体中选取部分样本用于检查(如从多张设计图纸中随机抽取几张)。样本用于测量控制和确认质量。抽样的频率和规模应在规划质量管理过程中确定。

8.3.2.2 数据分析

1. 绩效审查

针对实际结果,测量、比较和分析规划质量管理过程中定义的质量测量指标。

2. 根本原因分析

根本原因分析用于识别缺陷成因。

8.3.2.3 测试/产品评估

测试是一种有组织的、结构化的调查,旨在根据项目需求提供有关被测产品或服务质量的客观信息。

测试的目的是找出产品或服务中存在的错误、缺陷、漏洞或其他不合规问题。评估各项需求的测试的类型、数量和程度是项目质量计划的一部分,具体取决于项目的性质、时间、预算或其他制约因素。

测试可以贯穿于整个项目,可以随着项目的不同组成部分变得可随时进行,也可以在项目结束(交付最终可交付成果)时进行。早期测试有助于识别不合规问题,帮助减少修补不合规组件的成本。

8.3.2.4 数据表现

1. 控制图

控制图用于确定一个过程是否稳定,或者是否具有可预测的绩效。规格上限和下限是根据要求制定的,反映了可允许的最大值和最小值。上下控制界限不同于规格界限。控制界限根据标准的统计原则,通过标准的统计计算确定,代表一个稳定过程的自然波动范围。项目经理和相关方可基于计算出的控制界限,识别须采取纠正措施的检查点,以预防不在控制界限内的绩效。控制图可用于监测各种类型的输出变量。虽然控制图最常用来跟踪批量生产中的重复性活动,但也可用来监测成本与进度偏差、产量、范围变更频率或其他管理工作成果,以便帮助确定项目管理过程是否受控。

2. 控制图考试的高频考点

控制图的基本构成由控制上下限、规格上下限、均线与检查点构成。规格与控制上下限在均线或称中线的两侧,最外侧是规格上下限,均线与规格上限之间是控制上下限(见图8-7)。规格上限及下限通常是根据客户要求来定的(产品的规格),得到规格上下限后,项目团队收集数据计算出控制界限,当然前提是过程是稳定的。如果在监测数据时有某个点落在了规格界限之外,则说明项目团队无法达到客户要求;若有一点落在控制界限之外说明当下项目过程出现失控,需要采取纠正措施。

在控制图中有一条七点规则很重要，是常考题目。如图 8-7 所示，当所测试评估的数据点连续七次落在了控制界限以内但都在均线的同一侧时，也可判定为过程失控，需要纠正，这就是七点规则。这里一定要注意：一是连续的七个点，二是全落在均线同一侧。

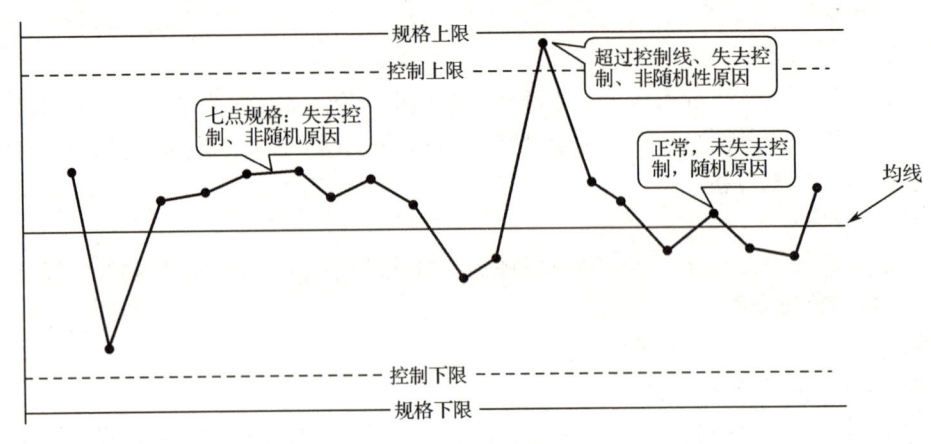

图 8-7 控制图示例

8.3.3 控制质量过程的输出

8.3.3.1 质量控制测量结果

控制质量的测量结果是对质量控制活动的结果的书面记录，应以质量管理计划所确定的格式加以记录。测量结果的客观真实性直接反映了项目集产品的质量情况，对核实交付成果很重要。

8.3.3.2 核实的可交付成果

控制质量过程的一个目的就是确定可交付成果的正确性。开展控制质量过程的最重要的输出就是核实的可交付成果，它在被核实后成为确认范围过程的输入，以便正式验收。

8.3.4 典型试题

1. 一名项目经理负责管理一个已经经历质量问题的项目。项目经理应使用什么来控制这些质量问题？
   A. 蒙特卡洛模拟
   B. 专家判断
   C. 帕累托图
   D. 工作绩效数据分析
   答案：C
   解析：帕累托图是一种特殊的垂直条形图，用于识别造成大多数问题的少数重要原因。

2. 在项目执行期间，团队成员通知项目经理，有一个工作包未达到质量标准。为了分析这种情况，项目经理希望与项目所有相关方开会，项目经理是在参与质量管理过程的哪部分？

A. 检查质量
B. 管理质量
C. 监控项目工作
D. 控制质量

答案：D

解析：根本原因分析用于识别缺陷成因。根据题意，为分析工作包未达到质量标准情况，可以判断项目经理是在控制质量，通过质量控制活动，可以识别造成过程低效或产品质量低劣的原因。

3. 一个软件开发项目的项目经理收到该系统内一个重大组件的完工预告，然而，在内部审查过程中发现了一个缺陷，技术主管通知项目经理这个缺陷将需要一段时间来修复，且无法满足交付日期。项目经理应采取下列哪项措施？

A. 为开发代码的团队成员安排一次培训会议
B. 要求团队修改代码，并向项目发起人通知延期
C. 向项目发起人提交一份范围变更请求，因此可以避免延期
D. 在状态报告中报告缺陷，并等待项目发起人的指示

答案：B

解析：在核实可交付成果时，对变更或补救的对象进行检查，做出接受或拒绝的决定，并把决定通知相关方，被拒绝的对象可能需要返工。

4. 下面哪一个选项最好地描述了属性样本以及变量样本？

A. 属性样本与预防有关，而变量样本与监督有关
B. 属性样本与一致性有关，而变量样本与一致性的程度有关
C. 属性样本与具体原因有关，而变量样本与任何原因有关
D. 两者是同一概念

答案：B

解析：考查控制质量的工具与技术——属性抽样（结果或为合格，或为不合格）和变量抽样（在连续的量表上标明结果所处的位置，以此表明合格的程度）。

5. 生产过程运行图中有 8 个点，其中有一个点在控制界限以外，项目经理如何解读？

A. 这属于正常情况，不用采取行动
B. 应放宽控制范围
C. 这属于不正常情况，生产流程需改进
D. 这是一个警告信号，质量标准系统需升级

答案：C

解析：连续 7 个点落在均值上方或下方时，就认为过程已经失控。

要点总结
- ✓ 控制质量过程作用。
- ✓ 控制图及七点规则。
- ✓ 核实的可交付成果。
- ✓ 核查表与核对单。

第9章
项目资源管理

资源对于项目来说永远都是约束条件，否则也就无所谓资源的整合。无论在何时都需要对资源做好充分的管控以达到对项目整体执行的支撑，进度的控制本质上是资源的优化配置，项目范围的完成需要资源的有力保障，相关方与成本本身就是资源的一部分，项目资源管理与项目相关方管理之间有重叠的部分。本章内容侧重于对项目团队的管理。

第6版《PMBOK®指南》将之前的第10章"人力资源管理"调整为"资源管理"，完善了资源的概念，不再单指人力资源，而是对于"团队资源"和"实物资源"的综合管理。实物资源包括设备、材料、设施和基础设施，而团队资源或人员指的是人力资源。团队资源管理相对于实物资源管理，对项目经理提出了不同的技能和能力要求。

项目资源管理实现的六个过程，如表9-1所示。

表9-1 项目资源管理实现过程

知识领域	过程组				
	启动过程组	规划过程组	执行过程组	监控过程组	收尾过程组
9.项目资源管理		9.1 规划资源管理 9.2 估算活动资源	9.3 获取资源 9.4 管理团队 9.5 建设团队	9.6 控制资源	

项目资源管理的主要作用是对成功实现项目目标所需资源的识别、获取和管理，主要关注确保项目经理和项目团队在正确的时间和地点使用正确的资源。

项目团队是参与项目其中并对项目有具体影响作用的相关方，项目团队由承担特定角色和职责的个人组成，因此，项目经理应在获取、管理、激励和增强项目团队方面投入相当的精力。若是项目能够更高效地执行，在对团队的管理上要尽可能地让所有团队成员参与项目，让项目成为大家的项目。所以，尽管项目团队成员被分派了特定的角色和职责，但让他们全员参与项目规划和决策仍是非常必要的。团队成员参与规划阶段，既可使他们对项目规划工作贡献专业技能，又可以增强他们对项目的责任感。项目经理既是项目团队的领导者又是项目团队的管理者。作为管理者除了项目管理活动，还要负责建设高效的团队；作为领导者，项目经理还负责积极培养团队技能和能力，同时提高并保持团队的满意度和积极性，项目经理还应留意并支持职业与道德行为，确保所有团队成员都遵守这些行为。

伴随项目需求易变性的不断增加，项目管理灵活性也随之增强，为了进一步提高最终项目的价值实现，基于强技能人员的自组织团队和虚拟团队的运用越来越广泛。

✓ **自组织团队**：随着敏捷方法在众多项目中越来越普遍运用，无须强集中管控运作自组织团队越来越多。对于拥有自组织团队的项目，"项目经理"的角色主要是为团队创建一个稳定的执行环境，提供支持并信任团队可以完成工作。成功的自组织团队通常由通用的专才而不是主题专家组成，他们能够不断适应变化的环境并采纳建设性反馈。
- ✓ **虚拟团队**：项目成本与技术的要求及全球化浪潮的推动使虚拟团队的应用不断增长。这些团队成员分布在不同的地方基于现代化网络的沟通技术致力于同一个项目，使虚拟团队变得越来越高效。虚拟团队的优势在于能够利用项目团队的专业技术，即使相应的专家不在同一地理区域；将在家办公的员工纳入团队；它面临的问题主要在于沟通，如团队成员之间难以分享知识和经验，难以跟进进度和生产率，以及可能存在时区和文化差异，等等。

实物资源管理主要关注通过有效和高效的方式，对成功完成项目所需的实物资源的分配和使用，如材料、设备和用品。为此，组织应当拥有资源需求、可以满足这些需求的资源配置，以及资源供应。

9.1 规划资源管理

规划资源管理用于确定和识别一种方法，以确保项目的成功完成有足够的可用资源。这一过程输出的资源管理计划主要内容是定义如何估算、获取、管理和利用团队，以及实物资源并根据项目类型和复杂程度确定适用于项目资源的管理方法和管理程度。

规划资源管理重点关注：
- ✓ 识别并确认资源的属性。
- ✓ 可用资源的责权分配。
- ✓ 获取项目所需资源的途径与方法。
- ✓ 确定资源管理的基本原则。

9.1.1 规划资源管理过程的输入

9.1.1.1 项目章程
项目章程里有能影响项目资源管理的关键相关方名单、里程碑概况，以及预先批准的财务资源。

9.1.1.2 项目管理计划
资源规划最主要考虑的是需要哪些资源、所需要的资源应达到何种标准，如人员技能、设备等级等。质量管理计划与范围基准给出了这两方面的参考依据。

1. 质量管理计划

质量管理计划有助于定义项目所需的资源水平，以实现和维护已定义的质量水平并达到项目测量指标。

2. 范围基准

范围基准识别了可交付成果，决定了需要管理的资源的类型和数量。

9.1.1.3 项目文件

此过程涉及的主要项目文件有以下几个。

1. 项目进度计划

项目进度计划提供了所需资源何时使用、何时释放的主要信息。

2. 需求文件

需求文件指出了项目所需资源的类型和数量，并可能影响管理资源的方式。

3. 风险登记册

风险登记册里可能有影响资源规划的各种威胁和机会的信息。

9.1.2 规划资源管理过程的工具与技术

9.1.2.1 数据表现

数据表现技术的使用在于清晰地记录和阐明团队成员的角色与职责。大多数格式属于层级型、矩阵型或文本型。有些项目人员安排可以在其他子计划（如风险、质量或沟通管理计划）进行展示。无论使用什么方法来记录团队成员的角色，目的都是确保每个工作包都有明确的责任人，确保全体团队成员都清楚地理解其角色和职责。

1. 层级型

用于表示高层级角色。可以采用传统的组织结构图，自上而下地显示各种职位及其相互关系。规划资源时使用的层级结构主要包括：

（1）工作分解结构。工作分解结构用来显示如何把项目可交付成果分解为工作包，有助于明确高层级的职责。

（2）组织分解结构。WBS 显示项目可交付成果的分解，组织分解结构则按照组织现有的部门、单元或团队排列，并在每个部门下列出项目活动或工作包，如研发部门只需要找到其所在的组织分解结构位置，就能看到自己的全部项目职责。

（3）资源分解结构。按资源类别和类型，对团队和实物资源的层级列表，用于规划、管理和控制项目工作。每向下一个层次都代表对资源的更详细描述，直到信息细到可以与工作分解结构相结合，用来规划和监控项目工作。

通过以上内容可以看出，三种结构之间是有着紧密联系的，并非割裂开来的。

2. 文本型

需要详细描述团队成员的职责时，就可以采用文本型。通常以概述的形式，提供诸如职责、职权、能力和资格等方面的信息。

3. 矩阵型

矩阵型能够展示项目资源在各个工作包中的任务分配。职责分配矩阵是矩阵型图表的重要例子，它显示了分配给每个工作包的项目资源，用于说明工作包或活动与项目团队成员之间的关系。

在大型项目中，可以制定多个层次的 RAM。例如，高层次的 RAM 可定义项目团队、小组或部门负责 WBS 中的哪部分工作，而低层次的 RAM 可在各小组内为具体活动分配角色、职责和职权。矩阵图能反映与每个人相关的所有活动，以及与每项活动相关的所有人员，它也可确保任何一项任务都只有一个人负责，从而避免职权不清。一个常用的职责分配矩阵是 RACI（执行、负责、咨询和知情）矩阵，图 9-1 为常用 RACI 矩阵示例。

角色	状态	发起人	姓名或角色	姓名或角色	姓名或角色	项目经理	技术经理	姓名或角色	姓名或角色	顾问	姓名或角色	姓名或角色	姓名或角色
可交付成果或任务	状态	发起人/领导层			项目团队				其他资源					
1期														
交付物/任务1		I	S			S	I	C	S	S		A	C	C
交付物/任务2		A			R		I							
2期														
交付物/任务1		C	I				A		R					
交付物/任务2			I				A			R				
3期														
交付物/任务1		C	I				A	I		R		C		
交付物/任务2			I				A	I		R		C		
4期														
交付物/任务1				I			A		R				C	
交付物/任务2				I			A		R					
在此上方插入新行														

图 9-1 RACI 矩阵示例

图 9-1 中最左边的一列表示待完成的工作任务，分配给每项工作的资源可以是个人或小组，项目经理也可根据项目需要，选择"领导"或"资源"等适用词汇，来分配项目责任。如果团队是由内部和外部人员组成的，RACI 矩阵对明确划分角色和职责特别有用。

9.1.2.2 组织理论

组织理论是管理理论的核心内容，是研究组织结构、职能和运转及组织中管理主体的行为，并揭示其规律性的逻辑知识体系。它在项目管理中主要是为了阐述个人、团队和组织部门的行为方式。有效利用组织理论中的常用技术，可以节约规划资源管理过程的时间、成本及人力投入，提高规划工作的效率。

9.1.3 规划资源管理过程的输出

9.1.3.1 资源管理计划

资源管理计划是项目管理计划的一部分，它提供了关于如何分类、分配、管理和释放项目资源的指导说明。资源管理计划可以根据项目的具体情况分为团队管理计划和实物资源管理计划。主要内容包括以下几个。

1. 识别资源

识别资源指用于识别和量化项目所需的团队和实物资源的方法。

2. 获取资源

获取资源指关于如何获取项目所需的团队和实物资源的指南。

3. 角色与职责

（1）角色。在项目中，某人承担的职务或分配给某人的职务，如土木工程师、商业分析师和测试协调员。

（2）职权。使用项目资源、做出决策、签字批准、验收可交付成果并影响他人开展项目工作的权力。项目中很多事项都需要由具有明确职权的人来做决策，如选择活动的实施方法，质量验收标准，以及如何应对项目偏差等。当个人的职权水平与职责相匹配时，团队成员才能较好地开展工作。

（3）职责。为完成项目活动，项目团队成员必须履行的职责和工作。

（4）能力。为完成项目活动，项目团队成员需具备的技能和才干。如果项目团队成员不具备所需的能力，就不能有效地履行职责。

4. 项目组织图

以图形方式展示项目团队成员及其报告关系。

5. 项目团队资源管理

项目团队资源管理指关于如何定义、配备、管理和最终遣散项目团队资源的指南。

6. 培训

培训指针对项目成员的培训策略。

7. 团队建设

团队建设指建设项目团队的方法。

8. 认可与奖励计划

认可与奖励计划指给予团队成员哪些认可和奖励，以及何时给予。

9. 资源控制

资源控制主要是对事物资源的管理，依据需要确保实物资源充足可用，并为项目需求优化实物资源采购，包括在整个项目生命周期内的库存、设备和用品管理的信息。

9.1.3.2 团队章程

团队章程对项目团队成员的可接受行为确定了明确的期望。尽早认可并遵守明确的规则，有助于减少误解，提高生产力。由团队制定或参与制定的团队章程可发挥最佳效果。章程的内容主要包括：团队价值观、沟通指南、决策标准和过程、冲突处理过程、会议指南、团队共识。

9.1.4 典型试题

1. 一名新的项目经理被授权管理一个项目，而该项目已经在进行中。由于涉及的资源非常多，新的项目经理弄不清楚每个人的职责范围。新的项目经理可以参阅什么文件来解除他的困惑？

　　A．项目组织图
　　B．组织分解结构
　　C．责任分配矩阵
　　D．资源分解结构

　　答案：C

　　解析：责任分配矩阵是一种将项目组织分解结构与工作分解结构联系起来的结构，有助于确保项目工作范围的每一个组成部分都被分给了某个人或者某个团体。

2．项目执行阶段，发现一个子团队没有为约定的项目目标工作。项目经理应该查阅哪份文件？

　　A．项目管理计划
　　B．资源分解结构
　　C．项目章程
　　D．资源管理计划

　　答案：D

　　解析：资源管理计划中包含的责任分配矩阵（项目组织图的一种）是用来显示分配给每个工作包的项目资源的表格。它显示工作包或活动与项目团队成员之间的关系。矩阵图能反映与每个人相关的所有活动，以及与每项活动相关的所有人员。它也可确保任何一项任务都只有一个人负责，从而避免职责不清。

3．在项目启动大会期间，人力资源经理说，在提供详细的项目进度计划之前将不会提供资源。若要获得资源，项目经理应该怎么做？

　　A．将该问题上报给项目发起人
　　B．提交工作说明书
　　C．创建一份详细的活动清单
　　D．参见责任分配矩阵

　　答案：A

　　解析：不能获得项目资源需要请项目发起人协调解决。题目中明确写了与职能经理谈判无法获得资源时，可以找发起人协调解决。

4．一个项目团队由来自项目经理所在公司的15名团队成员组成。10名团队成员来自客户组织，3名团队成员来自外部顾问。项目经理在哪份文件中能找到有关不同团队成员角色和职责的定义？

　　A．资源管理计划
　　B．项目组织计划
　　C．人员管理计划
　　D．资源分解结构

　　答案：A

解析：资源管理计划描述将如何安排项目的角色与职责、报告关系和人员配备管理。

5. 为获得新项目所需的资源，项目经理必须得到所有职能经理的许可，这家公司的组织结构是什么？

  A．平衡矩阵型组织

  B．弱矩阵型组织

  C．强矩阵型组织

  D．职能型组织

答案：B

解析：弱矩阵型组织保留了职能型组织的大部分特征，其项目经理的角色更像协调员或联络员，他们的职权较低，需要向职能经理汇报。

要点总结

- 资源管理计划的作用与主要内容。
- RACI 矩阵的作用。
- 团队章程。
- 组织理论。

9.2 估算活动资源

估算活动资源是资源管理的重要过程，与其他过程紧密相关。比如，活动资源的分配基于实现产品成果的具体工作内容；需要获取资源的数量与资源的获取渠道会直接影响项目预算的制定。

这一过程通过估算执行项目所需的团队资源，以及材料、设备和用品的类型和数量来明确完成项目所需的资源种类、数量和特性。

9.2.1 估算活动资源过程的输入：项目管理计划与项目文件

估算活动资源将为资源管理与进度管理提供所需资源所需量的依据，估算时需要使用有关的项目管理计划支撑，主要涉及资源管理计划、范围基准、活动清单、活动属性、假设日志、成本估算、资源日历、风险登记册。

资源成本从数量和技能水平方面会影响资源选择。

9.2.2 估算活动资源过程的工具与技术：资源估算工具

在资源估算过程中使用的主要估算方法与进度估算工具基本相同：自下而上估算、类比估算和参数估算。

9.2.3 估算活动资源过程的输出

9.2.3.1 资源需求

资源需求识别了各个工作包或工作包中每个活动所需的资源类型和数量，可以汇总这些需求，以估算每个工作包、每个 WBS 分支及整个项目所需的资源。

9.2.3.2 估算依据

资源估算所需的支持信息的数量和种类，因项目业务类型不同而异。但不论其详细程度如何，支持性文件都应该清晰完整地说明资源估算是如何得出的。

资源估算的支持信息可包括：估算方法、用于估算的资源（如以往类似项目的信息）、与估算有关的假设条件、已知的制约因素、估算范围、估算的置信水平、有关影响估算的已识别风险的文件。

9.2.3.3 资源分解结构

资源分解结构是资源依类别和类型的层级展现，如图 9-2 所示。资源分解结构是按照资源种类和形式划分的资源层级结构，它是项目分解结构的一种，通过它可以在资源需求细节上制订进度计划，并可以通过汇总的方式向更高一层汇总资源需求和资源可用性。当一个项目的组织分解结构将项目的工作分别分配给项目团队或项目组织的某个群体或个人以后，项目管理还需要适用这种项目分解结构去说明在实施这些工作中有权得到资源的情况，以及项目资源的整体分配情况。

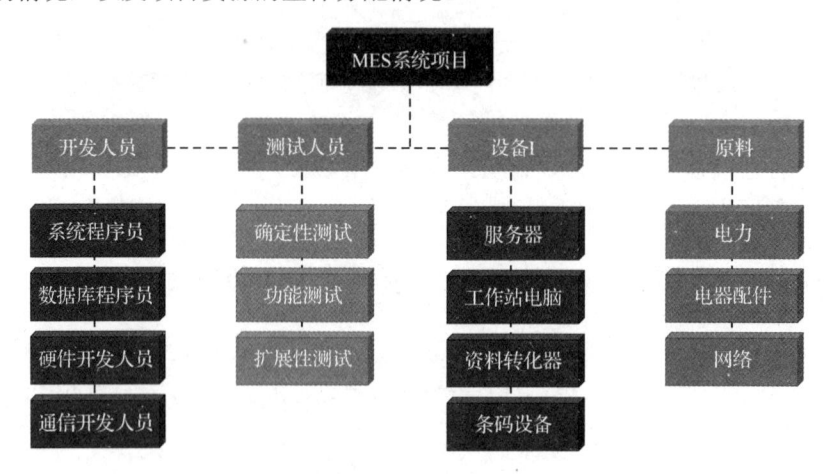

图 9-2 资源分解结构示例

9.2.4 典型试题

1. 许多事项可能属于项目进度数据的组成部分。额外详细信息的数量将有所不同，但进度数据应包括以下事项，除哪项外？

A．进度活动

B．活动属性

C．已识别的假设

D．资源分解结构

答案：D

解析： 资源分解结构是估算活动资源过程的输出。

2．在项目计划阶段，你意识到不只有一个职能部门拥有相应的技能和技术完成某一项任务。项目经理处理这种情况的最佳方法是_____。

A．做出决定，制定责任分配矩阵表格并将其发给所有部门

B．让受到影响的小组决定他们之间谁来完成这项任务

C．请管理层发起人做出决定

D．允许每个小组完成任务的一部分

答案：B

解析： 题目中描述的是估算资源时的一种冲突。首先由当事人直接协商处理。请看书中关于冲突处理的说法："应该采用直接和合作的方式，尽早并且通常在私下处理冲突。""假如意见分歧成为负面因素，应该首先由项目团队成员负责解决。如果冲突升级，项目经理应提供协助，促成满意的解决方案。"

3．在项目执行阶段为特定任务分配资源时，项目经理应该参考下列哪一项？

A．工作分解结构　　B．资源日历　　C．资源分解结构　　D．任务分解结构

答案：B

解析： 特定任务的资源分配，要参考资源日历，资源日历中会罗列出哪些资源在什么时间可用。

4．你管理着一个项目，其目的是重新设计零售店布局，以提高客户在通道的通过量及效率。很多项目工作需于现场完成，并且需要商店雇员的积极参与，他们是以劳动力市场动荡著称的某强大工会的终生会员。你的进度计划的一个重要组成部分必须是_____。

A．资源能力矩阵

B．缓冲和储备

C．资源日历

D．资源直方图

答案：C

解析： 项目日历和资源日历识别了允许工作的时间。项目日历影响所有资源。资源日历影响着某个特定资源成某类资源，例如，一份劳动合同规定特定工人在一周中的某些天工作。

5．一个项目已经启动，目的是搜索一个失败的大面积爆炸的机器碎片。该项目现正在规划中，团队成员之间就完成该活动所需的资源的类型和数量进行了辩论。项目经理首先应该做什么？

A．选择任何资源和数量以在截止日期前完成任务

B．请求团队投票并根据多数做出决定

· 195 ·

C. 研究不同层次的资源能力和技能、类型及大小
D. 利用 PMIS 来管理资源池和分配资源

答案：C

解析：这个问题暗示了这个团队正在执行评估活动资源的过程。这个过程使用了许多工具和技术。了解资源需求和活动资源的最佳潜在解决方案的一种技术是数据分析。数据分析可以以多种形式和格式进行。目标是评估可能的选择或方法或价值，以确定最佳的活动资源估计。一旦确定了合理的数量值或数量值的收缩范围，就可以设置最适合参与者的估计值或决策。因此，在做出任何决定之前，研究各种资源级别、类型和方法是项目经理首先应该做的事情。

要点总结
- ✓ 资源需求。
- ✓ 资源分解结构构成。

9.3 获取资源

通过何种方式与渠道获得所需实物资源和组建项目团队，并将两大类资源分配给相应项目活动是这一过程的主要工作，项目所需资源可能来自项目执行组织的内部或外部。内部资源由职能经理或资源经理负责获取或分配，外部资源则是通过采购过程获得的。

获取项目资源过程中，项目经理应注意的事项是高频的考核点：
- ✓ 项目经理或项目团队应该进行有效谈判，并影响那些能为项目提供所需团队和实物资源的人员，例如，职能组织架构下的职能经理，项目经理时常为了获取相应资源而要与他们谈判。
- ✓ 获取项目所需的资源时，若无法按照进度或成本计划实施，可能影响项目客户满意度、质量和风险。
- ✓ 获得的实物资源与人员能力不足会降低项目成功的概率，最坏的情况可能导致项目取消。

如因经济因素或其他项目对资源的占用等约束条件，而无法获得所需项目资源，项目经理或项目团队可能不得不使用也许能力和成本不同的替代资源。在不违反法律、规章、强制性规定或其他具体标准的前提下可以使用替代资源。

9.3.1 获取资源过程的输入：项目管理计划与项目文件

在获取项目资源时需要参考相关的项目管理计划与项目文件，为资源的获得提供基本说明和规则指导：资源管理计划、采购管理计划、成本基准、项目进度计划、资源日历、资源需求、相关方登记册。（其他内容之前章节已经有说明，这里要重点说明采购管理计划。）采购管理计划提供了关于将从项目外部获取的资源的信息，包括如何将采购与其他项目工作整合起来，以及涉及资源采购工作的相关方。

9.3.2 获取资源过程的工具与技术

9.3.2.1 决策

在获取资源时使用决策技术，主要是对潜在资源进行评级或打分（例如，在内部和外部团队资源之间进行选择时）。经常用到的决策技术是多标准决策分析，一般会使用多标准决策分析制定出标准，标准用于选择项目的实物资源或项目团队。

可使用的选择标准包括：
- 可用性：确认资源能否在项目所需时段内为项目所用。
- 成本：确认增加资源的成本是否在规定的预算内。
- 能力：确认团队成员是否提供了项目所需的能力。

9.3.2.2 人际关系与团队技能

项目经理为了能够及时有效地获取已规划好的资源，通常用到的技能是谈判。因为资源对于任何组织都是约束条件，即便在项目优先级较高时或项目型组织中，项目经理一般也很少能拥有对资源的绝对使用权。所以，与众多掌握着资源的相关方谈判就成了项目经理的一项重要人际关系与团队技能。这些相关方一般包括：职能经理、执行组织中的其他项目管理团队、外部组织和供应商。

9.3.2.3 预分派

预分派指事先确定项目的实物或团队资源，下列情况下可能出现：在竞标过程中承诺分派特定人员进行项目工作；项目取决于特定人员的专有技能；在完成资源管理计划的前期工作之前，制定项目章程过程或其他过程已经指定了某些团队成员的工作分派。

9.3.2.4 虚拟团队

虚拟团队是指在不同地域、空间的个人通过各种各样的信息技术来进行合作。团队成员可能来自同一个组织，也可能来自多个组织，甚至成员之间可能从未见过面。例如，波音公司在制造波音 777 飞机时就采用了虚拟团队的形式，因为他们的合作成员中有供应商（如 GE 公司）和客户（如美国航空公司）。与那些主要由同一组织成员构成的通过人与人之间亲自接触的团队不同，虚拟团队跨时间、跨地区甚至跨组织地工作（成员来自不同组织）。

虚拟团队存在四个方面的特征：
- 团队成员具有共同的目标。
- 团队成员地理位置的离散性。
- 采用电子沟通方式。
- 宽泛型的组织边界。

虚拟团队的使用为招募项目团队成员提供了新的可能性。现代通信技术的发展使虚拟团队成为可行。

虚拟团队模式的主要优势：
- 在组织内部地处不同地理位置的员工之间组建团队。

- ✓ 为项目团队增加特殊技能，即使相应的专家不在同一地理区域。
- ✓ 将在家办公的员工纳入团队。
- ✓ 在工作班次、工作小时或工作日不同的员工之间组建团队。
- ✓ 将行动不便者或残疾人纳入团队。
- ✓ 执行那些原本会因差旅费用过高而被搁置或取消的项目。
- ✓ 节省员工所需的办公室和所有实物设备的开支。

在虚拟团队中，高效沟通规划变得日益重要。项目经理可能需要花更多时间，来设定明确的期望、促进沟通、制定冲突解决方法、召集人员参与决策、理解文化差异，以及共享成功喜悦。

9.3.3 获取资源过程的输出

9.3.3.1 实物资源分配单
实物资源分配单记录了项目将使用的材料、设备、用品、地点和其他实物资源。

9.3.3.2 项目团队派工单
项目团队派工单记录了团队成员及其在项目中的角色和职责，可包括项目团队名录，还需要把人员姓名插入项目管理计划的其他部分，如项目组织图和进度计划。

9.3.4 典型试题

1. 你的某些小组成员不断出现吵架、缺席和工作表现不佳的情况。你已经安排了一次在当地山区进行的团体活动，包括芳香疗法、品尝美酒、温泉浴等。其他更有趣的活动包括弹球游戏和草地保龄球。你组织这些活动的主要目的是____。
   A. 改善小组工作业绩
   B. 提高士气
   C. 提高质量
   D. 提高个人绩效

   答案：A

   解析：建设团队的目标就是提升项目绩效。

2. 物业管理团队通知他们的现有办公大楼已经达到其容量。项目经理已经开始为新项目招募资源，包括外包提供商和一些外部承包商。项目经理应考虑下列哪一项？
   A. 组建虚拟团队，从多个地点工作
   B. 允许团队成员在远程地点工作
   C. 安排团队成员在不同班次、时间或日期工作
   D. 提交一份请求，重新安排项目团队的工作地点

   答案：A

   解析：虚拟团队的使用为招募项目团队成员提供了新的可能性。虚拟团队可定义为具有共同目标、在完成角色任务的过程中很少或没有时间面对面工作的一群人。现代沟

通技术（如电子邮件、电话会议、社交媒体、网络会议和视频会议等）使虚拟团队成为可行。

3．由于对项目无关事项的多次讨论和激烈争论，在项目启动大会上，项目经理无法解决所有事项。若要满足所有会议目标，项目经理事先应该做什么？

A．仅邀请关键项目相关方

B．计划更少的会议议程事项

C．邀请主题专家

D．制定基本规则（团队章程）

答案：D

解析：团队章程对项目团队成员的可接受行为确定了明确的期望。尽早认可并遵守明确的规则，有助于减少误解，提高生产力；讨论诸如行为规范、沟通、决策、会议礼仪等领域，团队成员可以了解彼此重要的价值观。由团队制定或参与制定的团队章程可发挥最佳效果。所有项目团队成员都分担责任，确保遵守团队章程中规定的规则。

4．一个职能经理拒绝安排某个员工到项目上去。项目经理决定与职能经理当面讨论，寻求解决方案。项目经理使用的是什么技巧？

A．妥协

B．冲突管理

C．行使职权

D．谈判

答案：D

解析：人际关系技能中与职能经理进行谈判，确保项目在要求的时限内获得最佳资源，直到完成职责。

5．一家全球性公司推出一个新项目，在其各分支机构交付一个质量体系。关键项目相关方担心位于公司总部外面的人员参与程度。若要解决这个问题，项目经理应该怎么做？

A．为位于公司总部的人员举行面对面会议，并向所有团队成员发送电子邮件会议纪要

B．与所有团队成员分享主要成就，并根据需要安排后续追踪电话

C．使用电子邮件向所有团队成员发送项目相关主题

D．安排运行所有参与者参加的虚拟会议，并向所有团队成员发送电子邮件会议纪要

答案：D

解析：虚拟团队的使用为招募项目团队成员提供了新的可能性。虚拟团队可定义为具有共同目标、在完成角色任务的过程中很少或没有时间面对面工作的一群人。现代沟通技术（如网络会议和视频会议等）使虚拟团队成为可行。

要点总结

✓ 预分派。

- ✓ 虚拟团队。
- ✓ 实物资源分配单。
- ✓ 项目团对派工单。

9.4 建设团队

建设高效项目团队是项目经理的主要职责之一，团队高绩效协作是项目成功的关键因素。建设团队的主要工作是提高团队工作能力，促进团队成员互动，改善团队整体氛围，以提高项目绩效。

建设项目团队要求项目经理具备相应的技能和理论基础，才能实现建设团队的基本目标。

建设团队的主要目标：
- ✓ 提高团队成员的知识和技能，以提高他们完成项目可交付成果的能力，并降低成本，缩短工期和提高质量。
- ✓ 提高团队成员之间的信任和认同感，以提高士气，减少冲突和增进团队协作。
- ✓ 创建富有生气、凝聚力和协作性的团队文化，以达到：提高个人和团队生产率，振奋团队精神，促进团队合作；促进团队成员之间的交流，以分享知识和经验。
- ✓ 提高团队参与决策的能力，使他们承担起对解决方案的责任，从而提高团队的生产效率，获得更有效和高效的成果。

建设团队的主要技能：
- ✓ 使用开放与有效的沟通。
- ✓ 创造团队建设机遇。
- ✓ 建立团队成员间的信任。
- ✓ 以建设性方式管理冲突。
- ✓ 鼓励合作型的问题解决方法。
- ✓ 鼓励合作型的决策方法。

建设团队的主要理论模型：

在项目管理中，团队发展常用到的一种理论模型叫塔克曼阶梯理论，这一模型由布鲁斯·塔克曼于 1965 年提出，主要是针对小型团队的，所以对于大多数项目团队而言具有很重要的价值。根据塔克曼模型，团队的发展将经历五个阶段。这五个阶段都是必需的、不可逾越的，团队在成长、迎接挑战、处理问题、发现方案、规划、处置结果等一系列经历过程中必然要经历。在项目团队中对于塔克曼模型的运用是有一定调整的，为的是更符合项目团队的临时性，如原始模型最后一个阶段是"休整期"，项目团队则是"解散阶段"。图 9-3 展示了塔克曼模型不同阶段与团队状态。

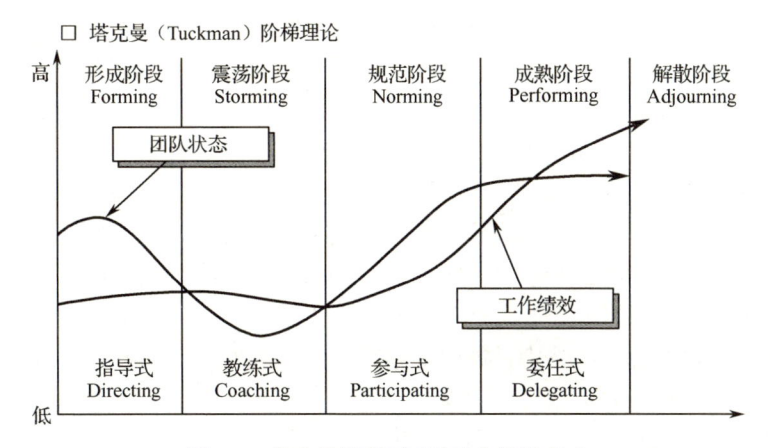

图 9-3 塔克曼模型不同阶段与团队状态

- ✓ 形成阶段。在本阶段，团队成员相互认识，并了解项目情况及他们在项目中的正式角色与职责。在这一阶段，团队成员倾向于相互独立，不一定开诚布公。
- ✓ 震荡阶段。在本阶段，团队开始从事项目工作、制定技术决策和讨论项目管理方法。如果团队成员不能用合作和开放的态度对待不同观点和意见，团队环境可能变得事与愿违。
- ✓ 规范阶段。在规范阶段，团队成员开始协同工作，并调整各自的工作习惯和行为来支持团队，团队成员会学习相互信任。
- ✓ 成熟阶段。进入这一阶段后，团队就像一个组织有序的单位那样工作，团队成员之间相互依靠，平稳高效地解决问题。
- ✓ 解散阶段。在解散阶段，团队完成所有工作，团队成员离开项目。通常在项目可交付成果完成之后，或者在结束项目或阶段过程中，释放人员，解散团队。

尽管这些阶段通常按顺序进行，然而团队停滞在某个阶段或退回到较早阶段的情况也并非罕见；如果团队成员曾经共事过，项目团队建设也可跳过某个阶段。某个阶段持续时间的长短，取决于团队活力、团队规模和团队领导力。项目经理应该对团队活力有较好的理解，以便有效地带领团队经历所有阶段。

9.4.1 建设团队过程的工具与技术

9.4.1.1 集中办公

集中办公是指把许多或全部最活跃的项目团队成员安排在同一个物理地点工作，以增强团队工作能力。集中办公可以是临时的（此时也称"作战室"），也可以贯穿整个项目。实施集中办公策略，可借助团队会议室、张贴进度计划的场所，以及其他能增进沟通和集体感的设施。敏捷项目团队通常都是在集中办公情况下共同工作以达到沟通的透明与高效性。

9.4.1.2 沟通技术

在解决集中办公或虚拟团队的团队建设问题方面，需要足够的沟通技术保证团队成员之间的有效沟通，这也是团队能够高效建设管理的基本前提。它有助于为集中办公团队营造一个融洽的环境，促进虚拟团队（尤其是团队成员分散在不同时区的团队）更好地相互理解。

可采用的主要沟通技术包括共享信息库、视频会议、音频会议、电子邮件/聊天软件。

9.4.1.3 人际关系与团队技能

团队建设过程中为了能提升项目团队的整体绩效，项目经理的软技能的强弱会对绩效产生重要影响。在这一过程，不同场景能够有效使用相应人际关系与团队技能能有效促使团队成员快速融入项目环境，过渡到成熟阶段。常用到的软技能有：

- ✓ 冲突管理：项目经理应及时地以建设性方式解决冲突，从而创建高绩效团队。
- ✓ 影响力：本过程的影响力技能收集相关的关键信息，在维护相互信任的关系时，来解决重要问题并达成一致意见。
- ✓ 激励：激励为成员采取行动提供了理由。提高团队参与决策能力并鼓励独立工作。
- ✓ 谈判：团队成员之间的谈判旨在就项目需求达成共识。谈判有助于在团队成员之间建立融洽的相互信任的关系。
- ✓ 团队建设：团队建设是通过举办各种活动，强化团队的社交关系，打造积极合作的工作环境。团队建设活动既可以是状态审查会上的五分钟议程，也可以是为改善人际关系而设计的、在非工作场所专门举办的专业提升活动。团队建设活动旨在帮助各团队成员更加有效地协同工作。团队建设在项目前期必不可少，但它更是个持续的过程。项目环境的变化不可避免，要有效应对这些变化，就需要持续不断地开展团队建设。项目经理应该持续地监督团队机能和绩效，确定是否需要采取措施来预防或纠正各种团队问题。

9.4.1.4 个人和团队评估

个人和团队评估能让项目经理和项目团队洞察成员的优势和劣势。这些工具可帮助项目经理评估团队成员的偏好和愿望、团队成员如何处理和整理信息、如何制定决策，以及团队成员如何与他人打交道。可用于个人和团队评估的工具主要有态度调查、专项评估、结构化访谈、能力测试及焦点小组。

9.4.2 建设团队过程的输出：团队绩效评价

团队绩效主要包括三个方面：团队对组织既定目标的达成情况；团队成员的满意感；团队成员继续协作的能力。

随着项目团队建设工作（如培训、团队建设和集中办公等）的开展，项目管理团队应该对项目团队的有效性进行正式或非正式的评价，以便制定有效的团队建设策略和活动，提高团队绩效，从而提高实现项目目标的可能性。

团队有效性的评价指标主要包括：个人技能的改进能力；团队整体绩效的改进能力；团队成员离职率高低；团队凝聚力的强弱。

团队整体绩效的评价，可以让项目管理团队能够识别出所需的特殊培训、教练、辅导、协助或改变，以提高团队绩效。

9.4.3 典型试题

1．项目经理正在与不同公司部门工作的成员一起组建项目团队。现在团队成员一起工作并且彼此信任。团队预期将经历下列哪一项组建阶段？

A．形成阶段

B．成熟阶段

C．规范阶段

D．震荡阶段

答案：C

解析：在规范阶段，团队成员开始协同工作，并调整各自的工作习惯和行为来支持团队，团队成员开始相互信任。

2．审查完团队成员的技能情况后，项目经理发现缺少某些必要技能。为解决这种情况，项目经理该怎么做？

A．创建一份培训计划，培养需要的技能

B．将问题上报高级管理层

C．调整项目范围使之适应团队成员的技能

D．在项目发起人的帮助下申请新项目团队成员

答案：A

解析：如果项目团队成员缺乏必要的管理或技术技能，可以把对这种技能的培养作为项目工作的一部分。

3．项目经理必须为客户实施一个战略项目。该项目中包含一名特定的技术工程师，该项目经理应该与下列哪一方谈判？

A．所有项目相关方

B．项目发起人和项目总监

C．职能经理和其他项目管理团队

D．人力资源经理和项目领导

答案：C

解析：在许多项目中，人员分派是通过谈判完成的。例如，项目管理团队需要与下列各方谈判：职能经理，确保项目能够在需要时获得具备适当能力的人员，确保项目团队成员能够、愿意并且有权在项目上工作，直到完成其职责。执行组织中的其他项目管理团队，合理分配稀缺或特殊人力资源。

4．意料之外的技术问题需要添加三个新的项目资源。现有团队表现良好，但由于不能跟团队新资源分享关键信息，导致落后于进度。项目经理应该怎么做？

A．指示所有团队成员查看沟通管理计划

B．与新资源开会，说明基本规则并要求妥协

C．要求职能经理指示新团队成员遵循相关方管理计划

D．开展团队建设活动，鼓励人际关系纽带

答案：D

解析：团队建设活动旨在帮助各团队成员更加有效地协同工作。非正式的沟通和活动有助于建立信任和良好的工作关系。

5．项目经理了解到一名团队成员未报告进度情况。项目经理确认已经向该团队成员分配项目活动，并让该团队成员负责交付产品。报告流程在批准的项目管理计划中有具体说明。

项目经理下一步该怎么做？

A．审查并变更团队成员报告进度情况的方式
B．向团队成员培训现有报告流程
C．将该问题上报给项目发起人
D．为所有团队成员创建报告进度情况和激励措施

答案：B

解析：培训包括旨在提高项目团队成员能力的全部活动。

要点总结

- ✓ 团队建设技能。
- ✓ 塔克曼团队模型。
- ✓ 建设团队中的沟通技术作用与类型。
- ✓ 建设团队软技能：激励、团队建设。
- ✓ 个人和团队评估的作用。
- ✓ 团队绩效评价作用及评价指标。

9.5 管理团队

管理团队是基于建设团队对项目团队进行绩效进一步优化的过程，管理团队对项目经理的软技能要求更高，需要对人际关系与团队技能中的冲突解决、领导力、问题解决、影响力等有效的运用，这对项目经理来说需要有足够的项目实践和对团队管理的意识。通过对这些技能的使用以达到跟踪团队成员工作表现，提供反馈，解决问题并管理团队变更，以优化项目绩效目的。

项目经理应留意团队成员是否有意愿和能力完成工作，然后相应调整管理和领导力方式。

项目管理团队与项目团队：在之前的版本中并未对这两者有区分，它们基本上是一个意思，但在《PMBOK®指南》第6版对这两个术语进行了定义。

- ✓ 项目管理团队：直接参与项目管理活动的团队成员。
- ✓ 项目团队：支持项目经理执行项目工作，以实现项目目标的一组人员。

从它们的定义可以看出，项目团队的含义更广一些。首先，无论具体执行的人员还是参与项目管理活动的人员都属于项目团队。其次，直接参与项目管理活动的团队成员

并不一定没有需要具体执行的工作内容。对于一些 PMO 或职能架构下的组织可能有一些只从事管理的人员，这与定义基本不冲突。

对这两个术语的理解也有助于区分项目管理计划与项目计划的异同。

9.5.1 管理团队过程的工具与技术：人际关系与团队技能

管理团队需要进一步优化和提升团队的绩效和能力，这需要项目经理更娴熟地使用众多人际关系与团队技能：冲突管理、制定决策、领导力、影响力及情商。尤其是在项目执行过程中对人际、资源等冲突的解决更显突出。

9.5.1.1 冲突管理

在项目环境中，冲突不可避免。冲突的来源包括资源稀缺、进度优先级排序和个人工作风格差异等。采用团队基本规则、团队规范及成熟的项目管理实践可以减少冲突的数量。成功的冲突管理可提高生产力，改进工作关系。同时，如果管理得当，意见分歧有利于提高创造力和改进决策。

1. 冲突类型

从冲突的类型看，主要分成两类：建设性冲突与破坏性冲突。

（1）建设性冲突的主要特点。冲突双方对实现共同的目标都十分关心；彼此乐意了解对方的观点、意见；大家以争论问题为中心；互相交换情况不断增加。

（2）破坏性冲突的主要特点。双方对赢得自己观点的胜利十分关心；不愿听取对方的观点、意见；由问题的争论转为人身攻击；互相交换情况不断减少，以致完全停止。

一般来说，组织内部的团队之间需要适当的建设性冲突，破坏性冲突则应该被减低到最小程度。

2. 冲突来源

项目中的冲突主要来源于项目的优先级、资源使用权、进度安排、技术意见、组织程序、相关方个性、相关方个人工作风格等。图 9-4 展示了不同项目阶段的主要冲突来源。

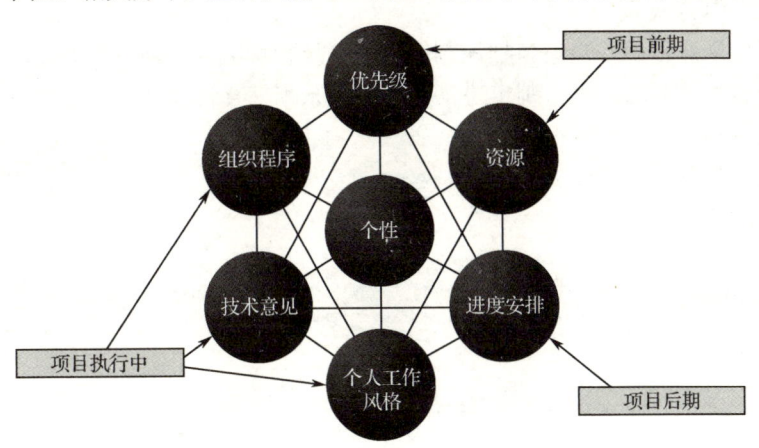

图 9-4 不同项目阶段的主要冲突来源

3. 冲突管理基本步骤
- ✓ 首先由项目团队成员负责解决。
- ✓ 如果冲突升级，项目经理应提供协助，采用直接和合作的方式，尽早并且通常在私下处理冲突。
- ✓ 如果破坏性冲突继续存在，则可使用正式程序，包括采取惩戒措施。

4. 影响冲突解决方法的因素

项目经理解决冲突的能力往往决定其管理项目团队的成败。不同的项目经理可能采用不同的解决冲突方法。影响冲突解决方法的因素包括：
- ✓ 冲突的重要性与激烈程度。
- ✓ 解决冲突的紧迫性。
- ✓ 涉及冲突的人员的相对权力。
- ✓ 维持良好关系的重要性。
- ✓ 永久或暂时解决冲突的动机。

5. 冲突解决方法
- ✓ 撤退/回避：从实际或潜在冲突中退出，将问题推迟到准备充分的时候，或者将问题推给其他人员解决。
- ✓ 缓和/包容：强调一致而非差异；为维持和谐与关系而退让一步，考虑其他方的需要。常用"求同存异"形容。
- ✓ 妥协/调解：为了暂时或部分解决冲突，寻找能让各方都在一定程度上满意的方案，但这种方法有时会导致"双输"局面。
- ✓ 强迫/命令：以牺牲其他方为代价，推行某一方的观点；只提供赢 — 输方案。通常是利用权力来强行解决紧急问题，这种方法通常会导致"赢—输"局面。
- ✓ 合作/解决问题：综合考虑不同的观点和意见，采用合作的态度和开放式对话引导各方达成共识和承诺，这种方法可以带来双赢局面。

9.5.1.2 制定决策

在管理团队过程中，决策包括谈判能力，以及影响组织与项目管理团队的能力，而不是简单地做出判断的决策。制定决策是通过一系列综合管理技能驱动的有效决策，它需要具备以下基本的决策意识：
- ✓ 着眼于所要达到的目标。
- ✓ 遵循决策流程。
- ✓ 研究环境因素。
- ✓ 分析可用信息。
- ✓ 激发团队创造力。
- ✓ 理解风险。

9.5.2 典型试题

1. 两名项目团队成员一直对产品设计意见不一致。即使经过多次尝试，项目经理仍无法解决这个问题，项目现在落后于进度计划。项目经理应该用什么冲突解决技术来立即解决这个问题？

　　A．缓和/包容

　　B．妥协/调解

　　C．撤退/回避

　　D．强迫/命令

答案： D

解析： 题干描述的是紧急情况。强迫/命令，以牺牲其他方为代价，推行某一方的观点；只提供单赢的方案。通常是利用权力来强行解决紧急问题，好处就是能够快速处理，目前进度落后，所以应该用 D。

2. 一个初级项目团队成员对一位高级团队成员提交的建议书中的方法提出质疑。这两名团队成员的争论现在威胁到项目进度。仔细考虑之后，项目经理同意初级团队成员的意见。

项目经理使用的是什么方法？

　　A．合作

　　B．缓解

　　C．强迫

　　D．撤退

答案： C

解析： 参考管理项目团队的工具/冲突管理，项目经理做出决定是强迫。

3. 一个项目经理最近奖励并晋升了一个雇员，只有非常小的工资增加量，但是充分地赋予了更多责任。项目经理看上去喜欢满足雇员的_____需要。

　　A．金钱

　　B．生理

　　C．尊重

　　D．自我实现

答案： C

解析： 马斯洛的需求层次理论包括 5 个层次：生理、安全、社会需求、尊重和自我实现，其中本题描述的内容属于尊重层次。

4. 由于之前识别到的障碍未能解决，项目可交付成果将不能按计划完成。项目经理应该事先做什么？

　　A．与团队一起定期审查问题日志

　　B．持续更新执行、负责、咨询和知情（RACI）图

C. 定期审查相关方登记册
D. 开展质量审计

答案：A

解析： 在管理项目团队过程中，总会出现各种问题。可用问题日志记录由谁负责在目标日期内解决特定问题，并监督解决情况。

要点总结

- ✓ 管理项目团队的目的。
- ✓ 项目管理团队与项目团队。
- ✓ 冲突管理：来源、冲突解决方法。
- ✓ 制定决策。

9.6 控制资源

控制资源过程相对于建设、管理团队关注项目人员，更关注实物资源，如设备、材料、设施和基础设施。在进行项目资源调控时，项目管理者必须充分理解项目的临时性也体现在对资源的管理中，项目资源在使用结束要及时释放以保证资源的有效性，即便项目型组织在资源使用完毕也要解散或释放。所谓控制资源就是通过确保按计划为项目分配实物资源，以及根据资源使用计划监督资源实际使用情况，采取必要纠正措施，并在所有项目阶段和整个项目生命周期期间持续且适时、适地和适量地分配和释放资源，使项目能够持续进行。

控制资源过程主要关注内容：

- ✓ 监督资源支出。
- ✓ 及时识别和处理资源缺乏/剩余情况。
- ✓ 确保根据计划和项目需求使用和释放资源。
- ✓ 在出现资源相关问题时通知相应的相关方。
- ✓ 影响可以导致资源使用变更的因素。
- ✓ 在变更实际发生时对其进行管理。

9.6.1 控制资源过程的输入

在控制资源时主要涉及的参考和支撑文档有项目管理计划、项目文件、协议（主要是外部的采购合同）、工作绩效数据等。

其中，项目文件中的实物资源分配单描述了资源的预期使用情况及资源的详细信息，如类型、数量、地点及属于组织内部资源还是外购资源。实物资源分配单是动态的，会因可用性、项目、组织、环境或其他因素而发生变更。经过控制资源过程后根据工作绩效信息可能得到更新。

9.6.2 控制资源过程的工具与技术：问题解决

问题解决有助于项目经理解决控制资源过程中出现的问题。

这些问题可能来自组织内部（组织中另一部门使用的资源未及时释放，造成进度风险增大），也可能来自组织外部（主要供应商因原料产地发生疫情）。项目经理应采取有条不紊的步骤来解决问题。

本节讨论的控制资源技术是项目中最常用的，而在特定项目或应用领域中，还可采用许多其他控制资源技术。

9.6.3 典型试题

1. 你被分配为大型电信项目的项目经理。这个一年的项目已经完成一半。项目团队由 5 个提供商和 20 名公司的职员组成。你希望了解在这个项目中谁负责干什么，在哪里可以找到此类信息？

A．责任分配矩阵　　B．资源柱状图　　C．甘特图　　D．项目组织图

答案：A

解析： 责任分配矩阵和项目组织图是容易混淆的选项。责任分配矩阵是用来对项目团队成员进行分工，明确其角色与职责的有效工具，通过这样的关系矩阵，项目团队每个成员的角色，也就是谁做什么，以及他们的职责，也就是谁决定什么，得到了直观反映。项目的每个具体任务都能落实到参与项目的团队成员身上，确保了项目的事有人做，人有事干。

项目组织图把每种内在联系通过图形进行表达，或者在组织机构图上加上各种联系符号，以更好地反映、表达各部门间的真实关系。组织结构图不是简单的组织机构表，在描述组织结构图时注意不能只简单地表示各部门之间的隶属关系。

2. 一个关键项目接近主要里程碑，但是多个关键可交付成果都面临严重困难。其中一个原因是一名项目团队成员及合同团队中多名资源休假所造成的。若要防止这个问题，项目经理应该怎么做？

A．确保所有资源的可用性都已记录在资源日历中

B．获得承包商经理的最终承诺

C．在项目执行阶段引入一个"无假期"政策

D．项目计划获得所有项目资源的批准

答案：A

解析： 题目中出现的问题是因为对项目成员的工作日与休假日不了解而造成的，而这一内容本应在获取资源时就反映在资源日历中。资源日历是在项目日历上定义的工作时间和休息日，是每个资源或资源组的默认工作时间。换句话说，资源日历初始确定为项目日历。如果需要，可以为个别资源自定义资源日历以指定其特殊工作时间、假期、缺勤和计划个人时间。这有助于创建更准确的日程，特别是如果资源之间的工作时间有

明显区别时。

3. 对于一个具有战略意义的重要客户项目，项目经理在确认矩阵组织中的资源可用性时，发现某个关键资源已调往一个内部项目。项目经理首先应采取何种行动？

   A. 与项目赞助人协商推迟项目
   B. 要求项目管理办公室将资源重新调回项目
   C. 更新风险登记簿
   D. 与职能经理协商将资源重新调回项目

   答案：C

   解析：题目中出现的状况属于项目中的风险，尤其对于一个战略意义的项目，大多数人会认为那就应该赶紧把资源调回来，而选择 D。这样的处理没问题，但题目的问题是项目经理首先应该干什么，这是 PMP®考试中常有的问题设置方式，此时在选择答案时要选择所有选项中出现的处理过程中的第一个步骤。题中的情况是资源被调用的风险事件，第一步要识别并记录到风险登记册，提出应对策略，D 只是应对策略中的一个选项。

4. 在每次召开项目团队会议时，项目经理都要向团队成员询问他们正在做什么工作，然后项目经理再将新的工作分配给团队成员。由于有很多不同的工作要分配，所以每次会议召开时间很长。这可能是由于下列原因引起的，除了____。

   A. 缺少 WBS
   B. 缺少责任分配矩阵
   C. 缺少资源平衡
   D. 项目团队成员没有参与制订项目计划

   答案：C

   解析：选项 A 缺少 WBS，表明项目没有分解到工作包层面，导致每次会议都有新任务分解出来，然后进行分配。选项 B 由于没有 RAM，所以每次都需要重新分派。选项 D 如果成员参与了项目计划制订，则他们应该了解自己应该干什么。所以选项 A、B、D 都是可能原因。有没有进行资源平衡，与人们不知道自己干什么，没有直接关系。问题是除了，所以选择 C。

5. 增加资源以后，它对项目的影响是____。

   A. 不确定的
   B. 增加项目成本
   C. 加快项目进度
   D. 提高项目质量

   答案：A

   解析：这道题看似简单，但反映了项目环境中资源控制很容易被误导的问题，资源多并不意味着就是好事，项目中充满了不确定性。增加资源可能增加项目成本，也可能由于缩短了项目工期，而降低了项目总成本。因此，选择 A。

要点总结
- ✓ 控制资源过程的作用。
- ✓ 实物资源分配单。
- ✓ 问题解决的步骤。

第10章
项目沟通管理

沟通的最基本作用是信息的交换，在项目中，沟通的作用不仅是交换信息，还要通过了解项目相关方的沟通需求提前制定沟通策略，在项目中有效执行这些策略，引导相关方的行为以达到实现项目目标的目的。规划和执行沟通策略的主要负责人都是项目经理，而且项目经理在项目中90%以上的时间都在进行沟通协调，所以具备优秀的沟通能力是一个项目经理需要具备的基础能力，一个仅具有技术能力的专家骨干而不具备良好沟通能力的项目经理，往往在领导项目走向成功时阻力更大。

沟通是一项基础能力，同时也是比较难以被简单习得的，不仅和项目经理的个人能力有关，还与个性、认知背景等有很大关系，更需要通过长期的训练实现。在项目经理制订项目沟通计划时既要了解自己的沟通能力，还要了解沟通双方的需求，并能清楚各种沟通工具、沟通方式、沟通技能。

在整个项目周期中会出现若干相关方，管理这些人的参与不是一件容易的事。一方面，相关方众多，各方沟通需求不同；另一方面，随着项目的推进沟通策略要不断进行调整才能达到更好的效果。

项目沟通管理的三个实现过程，如表10-1所示。

表 10-1 项目沟通管理实现过程

知识领域	过程组				
	启动过程组	规划过程组	执行过程组	监控过程组	收尾过程组
10.项目沟通管理		10.1 规划沟通管理	10.2 管理团队	10.3 监督沟通	

沟通的过程就是交换信息的过程，信息是指想法、指示或情绪。为了让项目中的沟通能达到更好的效果，需要沟通目的明确，尽量了解沟通接收方，满足其需求及偏好，监督并衡量沟通的效果，并会采用各种可能的沟通方法、沟通技能和沟通活动。

沟通方式主要包括：
- ✓ 书面形式，实物或电子形式。
- ✓ 口头形式。面对面或远程形式。
- ✓ 正式或非正式形式（用正式纸质或社交媒体）。
- ✓ 手势动作。语调和面部表情。
- ✓ 媒体形式。图片、行动，甚至只是遣词造句。
- ✓ 遣词造句。表达一种想法的词语往往不止一个，且各词语的含义会存在细微差异。

主要沟通技能有：
- ✓ 积极倾听，与说话人保持互动，并总结对话内容，以确保有效的信息交换。

- ✓ 理解文化和个人差异，提升团队对文化及个人差异的认知，减少误解，提升沟通能力。
- ✓ 识别、设定并管理相关方期望，与相关方磋商，减少相关方群体中自相矛盾的期望。
- ✓ 强化技能，强化所有团队成员开展以下活动的技能：说服个人、团队或组织采取行动；激励和鼓励人们，或者帮助人们重塑自信；指导人们改进绩效和取得期望结果；通过磋商达成共识及减轻审批或决策延误；解决冲突，防止破坏性影响。

沟通活动根据不同维度主要可分为：

- ✓ 内部沟通：针对项目内部或组织内部的相关方。
- ✓ 外部沟通：针对外部相关方，如客户、供应商、其他项目、组织、政府、公众和环保倡导者。
- ✓ 正式沟通：报告、正式会议（定期及临时）、会议议程和记录、相关方简报和演示。
- ✓ 非正式沟通：采用电子邮件、社交媒体、网站，以及非正式临时讨论的一般沟通活动。
- ✓ 层级沟通：相关方相对于项目团队的位置将会以如下方式影响信息传递的形式和内容：向上沟通，针对高层相关方；向下沟通，针对承担项目工作的团队和其他人员；横向沟通，针对项目经理或团队的同级人员。
- ✓ 官方沟通：年报，呈交监管机构或政府部门的报告。
- ✓ 非官方沟通：采用灵活非正式手段，建立和维护与项目团队及相关方之间强有力的关系。
- ✓ 书面与口头沟通、社交媒体发布等。

关于沟通中有效信息的传递：美国传播学家艾伯特·梅拉比安曾给出一个公式：

信息的全部表达=7%语调+38%声音+55%肢体语言

这个公式的另一层意思是如果我们把声音和肢体语言都作为非语言交往的符号，那么人际交往过程中信息沟通就只有 7%是由言语进行的。这个理论在人际沟通领域被认可的程度较高，考试中也会有所涉及。

书面沟通的 5C 原则：在项目沟通中，需要尽力预防理解错误和沟通错误，在传统的书面或口头信息传递时，应用书面沟通的 5C 原则，可以适当减轻理解的错误，但无法完全消除：

- ✓ 正确的语法和拼写。语法不当或拼写错误会分散注意力，还有可能扭曲信息含义，降低可信度。
- ✓ 简洁的表述和无多余字。简洁且精心组织的信息能降低误解信息意图的可能性。
- ✓ 清晰的目的和表述（适合读者的需要）。确保在信息中包含能满足受众需求与激发其兴趣的内容。
- ✓ 连贯的思维逻辑。写作思路连贯，以及在整个书面文件中使用诸如"引言"和"小结"的小标题。

✓ 受控的语句和想法承接。可能需要使用图表或小结来控制语句和想法的承接。

2020年的一场疫情改变了很多人之前的生活和工作方式，尤其是沟通方式，更多地基于互联网形成的社交方式使人们开始进一步习惯远程办公或视频、音频沟通，如钉钉、微信、微博等社交平台。在现代项目的沟通中，社交工具的使用也日益增多，以硬件平台、社交媒体服务和个人便携设备为代表的社交工具已经改变组织及其人员的沟通和业务方式。

在这样的时代背景下，敏捷项目中需求的高易变性要求对不断演变和出现的细节情况，进行更频繁和快速的沟通。因此，应该尽量简化团队成员获取信息的通道，频繁进行团队检查，并让团队成员集中办公。

项目经理在沟通中的角色：项目在沟通中的角色其实与在项目管理下团队领导者的角色基本一致：整合者、谈判者、聆听者、协调者、释疑者。项目经理的这些角色需要通过不同的工作内容来体现。

✓ **规划者**：为了确保项目的成功，需对项目进行完整的定义，并和各相关方共同确认这些工作方式的可行性。所需要的资源能够得到支持，以及每个过程在各自的位置上都能够得到执行和控制。

✓ **组织者**：使用工作分解、估算和进度管理技术，定义需要完成项目的各项工作，此过程中需要排列合适的活动顺序，当工作分配确认完成后，谁来负责具体执行，所涉及的工作需要耗费多少成本等。

✓ **焦点所有者**：在整个沟通过程中，作为口头沟通和书面沟通的中心点，为其他各类沟通环节提供支持和服务。

✓ **说服者**：与相关方在项目定义、成功标准和方法上获得一致意见；在整个项目过程中管理相关方期望，平衡时间、成本和质量竞争要求，同时获得关于资源决策和问题解决措施方面的一致观点。

✓ **问题解决者**：通过根本原因分析过程经验，就任何必要问题提出纠正措施。

✓ **教练**：与每一位项目团队成员进行沟通，让他们感受到各自在项目中角色的重要性，为项目的成功贡献力量；寻找方法来激励每一位员工，帮助员工改善工作技能，同时及时获取工作反馈以提升他们的绩效。

✓ **销售者**：说服者和教练角色的延伸，但是这个角色更强调将项目的利益"销售"给组织，像"变更代理者"那样服务，鼓舞团队成员实现项目目标，并且克服项目过程中的各种挑战。

✓ **促进者**：确保观点不同的团队成员能相互理解并配合工作内容，共同实现项目目标。

10.1 规划沟通管理

在很多失败的项目中总是把沟通当成重要且紧急的事情来对待，这样，觉得沟通是必要的但又是偶发的，却忽略了沟通是需要提前规划的，尽可能把它放到重要但不紧急的维度内才会让项目成功更有保障。所以在项目生命周期早期就应该考虑相关方的沟通需求多样性,制订有效的沟通计划且在项目执行期间不断审核并修改这份计划。在大多数成功的项目中,都需要很早就开展沟通规划工作,例如在识别相关方及制订项目管理计划期间。

为及时向相关方提供相关信息,引导相关方有效参与项目,项目团队会制订书面沟通计划,这份计划基于每个相关方或相关方群体的信息需求、可用的组织资产及具体项目的需求,为项目沟通活动制定恰当的方法。

10.1.1 规划沟通管理过程的工具与技术

10.1.1.1 沟通需求分析

沟通有效性的前提是对沟通双方需求的了解程度,在项目中需要充分了解的相关方需求主要有:
- ✓ 相关方登记册及相关方参与计划中的相关信息和沟通需求。
- ✓ 潜在沟通渠道或途径数量,包括一对一、一对多和多对多沟通。
- ✓ 组织结构图。
- ✓ 项目组织与相关方的职责、关系及相互依赖。
- ✓ 开发方法。
- ✓ 项目所涉及的学科、部门和专业。
- ✓ 有多少人在什么地点参与项目。
- ✓ 内部信息需要(如何时在组织内部沟通)。
- ✓ 外部信息需要(如何时与媒体、公众或承包商沟通)。
- ✓ 法律要求。

10.1.1.2 沟通技术

沟通技术是指沟通双方传递信息的方法,如会议、书面、网站等。选择哪种沟通技术需要考虑一些因素:
- ✓ 信息需求的紧迫性,信息传递的紧迫性、频率和形式可能因项目而异,也可能因项目阶段而异。
- ✓ 技术的可用性与可靠性,用于发布项目沟通工件的技术,应该在整个项目期间都具备兼容性和可得性,且对所有相关方都可用。
- ✓ 易用性,沟通技术的选择应适合项目参与者,而且应在合适的时候安排适当的培训活动。
- ✓ 项目环境,团队会议与工作是面对面还是在虚拟环境中开展,成员处于一个还是多个时区,他们是否使用多语种沟通,是否还有能影响沟通效率的其他环境因素(如与文化有关的各个方面)。
- ✓ 信息的敏感性和保密性,需要考虑的一些方面有:拟传递的信息是否属于敏感或机密信息?如果是,可能需要采取合理的安全措施。

为员工制定社交媒体政策，以确保行为适当、信息安全和知识产权保护。

10.1.1.3 沟通模型

在第 6 版中 PMI 采用了适用于跨文化沟通的沟通模型，这相对于之前的线性沟通模型更具有双向互动性，并且融合了发送方或接收方的人性因素、沟通复杂性。图 10-1 为跨文化沟通的沟通模型。

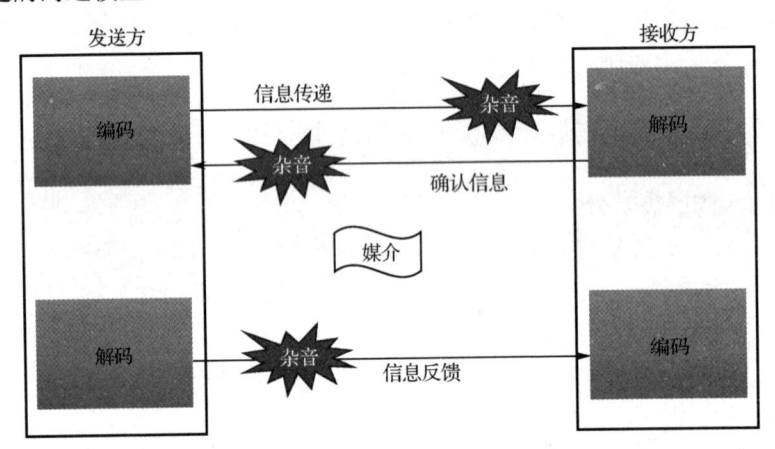

图 10-1 跨文化沟通的沟通模型

1. 发送方和接收方

发送与接收的双方是相互的，两种角色是在沟通中互动的。信息的第一次传递中发送方组织信息向接受方传递。

2. 编码

把信息编码为各种符号，如文本、声音或其他可供传递（发送）的形式。

3. 传递信息

通过沟通渠道发送信息。

4. 杂音

信息传递可能受各种物理因素的不利影响，如不熟悉的技术或不完备的基础设施。可能存在杂音和其他因素，导致信息传递和（或）接收过程中的信息损耗。

5. 解码

接收方将收到的数据还原为对自己有用的形式。

6. 确认已收到

收到信息时，接收方需告知对方已收到信息（确认已收到）。这并不一定意味着同意或理解信息的内容，仅表示已收到信息。

7. 反馈/响应

对收到的信息进行解码并理解之后，接收方把还原出来的思想或观点编码成信息，再传递给最初的发送方。如果发送方认为反馈与原来的信息相符，代表沟通已成功完成。在沟通中，可以通过积极倾听实现反馈。

在跨文化沟通中，确保信息理解会面临挑战。沟通风格的差异可来源于工作方法、年龄、国籍、专业学科、民族、种族或性别差异。不同文化的人会以不同的语言沟通，并喜欢采用不同的沟通过程和礼节。这一模型将沟通描述为由发送方与接收方参与的沟通过程，但它更强调确保信息理解的必要性。此模型包括任何可能干扰或阻碍信息理解的噪声，如接收方注意力分散、接收方的认知差异，或者缺少适当的知识或兴趣。互动沟通模型中新增了确认已收到和反馈/响应。

10.1.1.4 沟通方法

《PMBOK®指南》中的沟通方法是指在沟通中信息分享的方向性，主要分为以下3种。

1. 互动沟通

在两方或多方之间进行的实时多向信息交换，如通过会议、电话、即时信息、社交媒体和视频会议等沟通媒介进行的沟通。

2. 推式沟通

向需要接收信息的特定接收方发送或发布信息。这种方法可以确保信息的发送，但不能确保信息送达目标受众或被目标受众理解。在推式沟通中，可以使用的沟通媒介包括信件、备忘录、报告、电子邮件、传真、语音邮件、博客、新闻稿。

3. 拉式沟通

适用于大量复杂信息或大量信息受众的情况。它要求接收方在遵守有关安全规定的前提下自行访问相关内容。这种方法包括门户网站、企业内网、电子在线课程、经验教训数据库或知识库。

10.1.1.5 人际关系与团队技能：沟通风格评估

在沟通中会遇到各种各样的相关方，每一种相关方的社会和文化背景、个性、风格等的不同会带来诸多不同的风格，沟通风格评估就是用于识别不同沟通风格和沟通偏好的技术，尤其是对于不支持项目的相关方的评估。

先开展相关方参与度评估，再开展沟通风格评估。在相关方参与度评估中，找出相关方参与度的差距。再通过规划不同的沟通活动与方式弥补这种差距。

10.1.1.6 会议

首先要明确的是项目中的问题不能都靠会议解决，但会议是解决项目问题的重要方式，且有效的项目会议是规划出来的而非临时提议的。

开会是一种正式沟通的渠道，项目经理通过会议解决问题，安排工作，制订计划和决策，是推动项目最终达成目标的重要手段。因此，项目会议管理就变得十分重要。通过项目会议，项目经理可以将有关政策和指标传达给项目团队成员，使与会者了解项目共同目标。

进行项目会议管理时应该坚持以下原则：
- ✓ 制定会议管理的政策。
- ✓ 会议应在真正需要的时候召开，会议应该解决一定的实际问题。
- ✓ 确定会议的目的，不召开无意义、无目的的"糊涂会"。
- ✓ 明确参加会议的人员，与会议议题无关的人员无须参加会议。

- ✓ 准备会议议程。
- ✓ 准备会议材料。
- ✓ 严格遵守会议的开始时间。
- ✓ 按议程进行，提高会议效率。
- ✓ 鼓励与会者的积极参与，发扬民主，集思广益。
- ✓ 掌握和控制会议，引导会议发言朝着结论进行，避免会议跑题太远。
- ✓ 会议不要超时，避免冗长的会议，在必须延长会议时间时，应征得大家的同意。
- ✓ 结束时进行总结，编写会议记录（或会议纪要）。
- ✓ 即时分发会议记录与会议成果。

10.1.2 规划沟通管理过程的输出：沟通管理计划

沟通管理计划是项目管理计划的组成部分，描述将如何规划、结构化、执行与监督项目沟通，以提高沟通的有效性。项目沟通管理计划包含的主要信息有：

- ✓ 相关方的沟通需求。
- ✓ 需沟通的信息，包括语言、形式、内容和详细程度。
- ✓ 信息传递的步骤。
- ✓ 发布信息的原因。
- ✓ 发布所需信息，确认已收到或做出回应的时限和频率。
- ✓ 负责沟通相关信息的人员。
- ✓ 负责授权保密信息发布的人员。
- ✓ 接收信息的人员或群体，包括他们的需要、需求和期望。
- ✓ 用于传递信息的方法或技术，如备忘录、电子邮件、新闻稿或社交媒体。
- ✓ 为沟通活动分配的资源，包括时间和预算。
- ✓ 项目不同阶段相关方群体的变化，更新与优化沟通管理计划的方法。
- ✓ 项目信息流向图、工作流程（可能包含审批程序）、报告清单和会议计划等。
- ✓ 来自法律法规、技术、组织政策等的制约因素。
- ✓ 关于项目状态会议、项目团队会议、网络会议和电子邮件等的指南和模板。

10.1.3 典型试题

1. 软件开发项目的发起人很随意地通知项目经理，一个新沟通产品将很快在整个组织实施。项目经理应该怎么做？

    A. 更新沟通管理计划

    B. 向项目相关方通知新产品

    C. 指示项目团队在新产品过程中发送项目更新信息

    D. 等待接收正式通知

答案：D

解析：更新项目沟通管理计划需要走整体变更控制流程，最好等待收到正式的通知。

2．一个项目需要在技术部门之间进行详细信息交流，项目团队位于不同位置。一些团队成员对提议的沟通系统没有经验。项目经理应该使用什么来解决这个问题？

A．沟通管理计划
B．沟通技能
C．项目沟通渠道
D．沟通技术

答案：D

解析：从简短的谈话到冗长的会议，从简单的书面文件到可在线查询的广泛资料（如进度计划、数据库和网站），都是项目团队可以使用的沟通技术。需要确认团队将面对面工作或在虚拟环境下工作，成员将处于一个或多个时区，他们是否使用多种语言，以及是否存在影响沟通的其他环境因素。

3．编制沟通计划时，项目经理确定了 10 名相关方，之后其中两名相关方离开了项目，沟通渠道数量将发生什么样的变化？

A．增加 2 个
B．增加 17 个
C．减少 2 个
D．减少 17 个

答案：D

解析：所属知识领域：项目沟通管理。所属过程组：规划过程组。解析：沟通管理计划中关于沟通渠道的计算：10×9/2=45,8×7/2=28,45-28=17，所以项目团队减少了 2 名队员，沟通渠道减少 17 个。考点：沟通需求分析。

4．一个成本控制敏感项目团队分布在三个位置，存在时区、语言、沟通问题。若要解决这些问题，项目经理应该怎么做？

A．召开定期的视频会议
B．使用电子邮件让沟通可跟踪
C．使用拉式沟通方法
D．确保关键任务分配给处于单独位置的团队

答案：B

解析：由于是成本控制敏感项目，且存在时差，因此召开定期视频会议不合适。使用拉式沟通方法要求接收者自主自行地访问信息内容，不如使用电子邮件让沟通可跟踪的沟通效果好。

5．一家大型、全球性公司的员工分布在七个不同国家。为确保项目成功，每个人——无论其物理位置——必须能够方便地通过安全的内部网站访问培训。这使用的是哪种沟通方法？

A．交互式沟通
B．编码沟通

C. 拉式沟通
D. 推式沟通

答案：C

解析：拉式沟通用于信息量很大或受众很多的情况，要求接收者自主自行地访问信息内容。这种方法包括门户网站、企业内网、电子在线课程、经验教训数据库、知识库等。

要点总结
- ✓ 沟通计划的作用。
- ✓ 项目经理在沟通中的角色。
- ✓ 书面沟通的5C原则。
- ✓ 沟通有效信息传递方式。
- ✓ 沟通方式、沟通技能、沟通技术与沟通活动。

10.2 管理沟通

管理沟通简单说就是执行沟通计划，需要在项目中促成在整个项目期间保证项目团队与相关方之间的有效信息流动。管理沟通过程会涉及与开展有效沟通有关的所有方面，包括使用适当的技术、方法和技巧，以满足相关方及项目不断变化的需求。管理沟通当然不局限于发布相关信息，它还设法确保信息以适当的格式正确生成和送达目标受众。

10.2.1 管理沟通过程的输入：工作绩效报告

管理沟通是四个以工作绩效报告作为输入依据的过程之一，根据沟通管理计划的定义，工作绩效报告会通过本过程传递给项目相关方。

10.2.2 管理沟通过程的工具与技术：项目报告发布

项目报告发布是收集和发布项目信息的行为。项目信息应发布给众多相关方群体，应针对每种相关方来调整项目信息发布的适当层次、形式和细节。从简单的沟通到详尽的定制报告和演示，报告的形式各不相同。可以定期准备信息或基于例外情况准备，虽然工作绩效报告是监控项目工作过程的输出。

10.2.3 管理沟通过程的输出：项目沟通记录

项目沟通记录的内容可能包括：绩效报告、可交付成果的状态、进度进展、产生的成本、演示，以及相关方需要的其他信息。

10.2.4 典型试题

1. 项目经理注意到有一个部门完成每个项目活动花费的时间都比计划长。到目前为止，这些活动/工作包都不在关键路径上，也没有影响已经发生的关键链计划编制。项目经理担心关键链会出问题，因为接下来的 5 个关键路径活动中有 4 个要由该部门完成。项目经理打了 3 个电话，最后总算能和部门经理说上话了，项目经理想知道发生了什么。对话进行得很慢，因为两个人说的是不一样的母语，他们试着用法语——共同语言讲话。为了使谈话更容易，项目经理总是让部门经理再说一遍。部门经理说，他的下属遵照一项公司政策，该政策要求 2 级测试。谈话中，部门经理还做出一些评论，这让项目经理相信该政策会增加工作量。这已经是该项目经理第 4 次听到这样的评论了。他该怎么办？

  A．编制更好的沟通管理计划，要求该项目使用一种语言，并安排翻译随时候命
  B．联系部门中其他的能更流利地说项目经理母语的成员，来确认部门经理的意见
  C．确认接下来的活动是否要重新估算
  D．通过不断地改进存在问题的政策，提高执行机构的效率

答案：D

解析：选项 A 和选项 B 是在解决沟通的问题，而这道题问的并非沟通的问题，因为项目经理通过"用法语"和"让部门经理再说一遍"已经解决了沟通的问题，并且对于该评论，项目经理也已经听到 4 次了，因此并非沟通的问题，所以选项 A 和选项 B 不正确。选项 C 并没有找到问题的关键，问题的关键不是通过重新评估去变更计划，而是因为政策有问题影响执行的效率，所以选项 C 不正确。选项 D 找到了问题的关键是政策，通过改进政策提高执行效率，所以选项 D 正确。

2. 你刚刚被分配到一个处于实施阶段中期的项目为项目经理，你正在确定你将如何控制这个项目，控制这个项目的最佳方法是____。

  A．使用综合的沟通方法（使用多面性沟通方法）
  B．召开项目进度会议
  C．每周参照甘特图
  D．定期与管理层开会

答案：A

解析：选项 B、C、D 都是监控进度的工具和技术，你的管理和沟通方法需要随着具体情况的变化而改变，没有最好的方法，只有最适用的方法。

3. 当信息发送者和信息接收者怎样沟通时，沟通通常会得到提高？
  A．信息发送者是信息接收者的下属
  B．信息发送者使用更多肢体语言
  C．信息发送者慢慢地说话
  D．信息发送者对信息接收者表示关心

答案 D

解析：信息发送方有责任发送清晰、完整的信息，以便接收方正确接收，也有责任确认信息已被正确理解。对信息接收者表示关心有助于对方以更好的情绪接收信息，降低了信息传送的噪声。

4. 有效沟通中一个最普遍的陷阱是____。
A. 没有选择正确的方法
B. 没有换位思考
C. 假定一个信息一旦发出，就会被接收到
D. 以上都是

答案：C

解析：沟通中信息发出者常犯的错误就是认为，信息一旦发出就能被接收者接收和理解，而现实中往往相反。所以有效的沟通需要进行"沟通需求分析、建立沟通模型、确定相应的沟通方法"，从而确保信息传达的有效性。

5. 倾听不只包含听声音。好的聆听者____。
A. 反馈或重复一些说过的话
B. 完成讲话人的句子
C. 写下一切
D. 频繁地点头

答案：A

解析：沟通中要善于聆听，倾听的同时不断重复信息发出者说过的一些话，表示给予信息发出者及时的反馈。

要点总结
- ✓ 项目报告发布的内容。
- ✓ 项目沟通记录的内容。

10.3 监督沟通

监督沟通以确保满足项目及其相关方的信息需求为目的，主要工作是按沟通管理计划和相关方参与计划的要求优化信息传递流程。监督沟通可能触发规划沟通管理或管理沟通过程的迭代，以便修改沟通计划并开展额外的沟通活动，来提升沟通的效果。这种迭代体现了项目沟通管理各过程的持续性质。监督沟通在整个项目生命周期间开展。

10.3.1 监督沟通过程的工具与技术：沟通渠道

项目团队沟通的有效性是保证项目高效推进的前提，项目团队人员越多，沟通的渠道就越复杂。项目经理在项目之初能了解清楚项目沟通的复杂性对于项目的管理会有利。在这一版本的项目沟通知识领域中并未涉及项目沟通渠道数的计算，但在考试中偶尔还

会出现考题。

$$沟通渠道数 = N(N-1)/2（N 代表团队成员的数量）$$

根据公式可以看出，项目团队成员越多，沟通渠道越多，管理的难度也就越大。项目团队的人数多少最合适，这与项目的特性与规模有关，没有通用的定论，但对于一般规模的项目来说，5～12 人比较合适。

例题：项目经理计算沟通渠道，有 6 个团队成员，发现还应该包括 11 个相关方，那么项目中的沟通渠道一共有多少条？

$$17×（17-1）/2=136$$

根据题干得知，除了 6 名团队成员，还有 11 名相关方，项目经理要包含在其中，故该项目相关方为 6+11=17。

10.3.2 典型试题

1. 在项目执行阶段，项目经理意识到项目相关方一直延迟答复敏感性电子邮件。项目经理应该怎么做？

   A. 将其作为一个沟通问题记录在风险登记册中
   B. 参阅监督沟通过程，获得替代沟通方式
   C. 修订沟通管理计划中使用的沟通渠道
   D. 请求项目发起人解决该项目相关方的问题

   答案：B

   解析：可能影响沟通技术选择的因素包括信息的敏感性和保密性。题目中说到敏感性电子邮件，说明需要采取相应的安全措施，并在此基础上选择最合适的沟通方式。项目经理意识到相关方一直延迟，首先要调整沟通方式，如果沟通管理计划中没有合适的替代方式再进行修订，之后才是将其记录在风险登记册中。

2. 一名项目团队成员未能按照沟通管理计划完成时间表。该团队成员没有这么做的正当理由。项目经理应该怎么做？

   A. 将问题上报给发起人
   B. 评估对项目进度计划的影响
   C. 提醒该团队成员需要遵循正确的程序
   D. 委派另一名团队成员完成时间表

   答案：B

   解析：发现问题首先评估影响。

3. 你决定要在公司中组建一个 PMP® 考试的学习小组，邀请公司内部其他的项目经理一起参加，以此帮助大家更好地准备这次考试。由于公司总经理已经决定要奖励每个通过考试的人 5 000 美元，所以每个人都有了很强的动力。那么，在组织这个学习小组的过程中你要采用什么类型的沟通方式呢？

   A. 横向沟通

B．向下沟通

C．正式沟通

D．外部沟通

答案：A

解析：横向沟通：针对项目经理或团队的同级人。

4．担心与项目无关的邮件数量，一名团队成员认为其中一个可交付成果将延迟，因为在读和回复邮件上花费了大量时间。项目经理应该怎么做？

A．要求团队成员加班完成工作

B．要求项目团队更改项目沟通管理计划

C．与项目团队一起巩固时间管理计划指南

D．与项目团队一起巩固沟通管理计划指南

答案：D

解析：沟通管理计划主要是规定"谁以什么样的方式通过什么样的途径发送给谁什么样的信息"的计划，根据题干，应该是项目成员对如何发送、发送给谁等要求不明确，所以首先不应该是更改，应该是巩固沟通计划。

5．相关方感觉他们收到的信息十分复杂，难以理解，因此，不能正确做出决定。若要解决这个问题，应该怎么做？

A．审查沟通需求

B．减少报告数量

C．包含一个常用术语表

D．添加解释性附件

答案：A

解析：相关方感觉收到的信息复杂，难以理解，是因为没有收集到相关方有效的沟通需求，没有正确的规划沟通，包括合适的沟通内容和沟通方式。因此需要审查沟通需求。

要点总结

✓ 监督沟通的作用。

✓ 沟通渠道数的计算。

第11章
项目风险管理

项目本身就是一件临时且独特事件，这两点特性决定了项目充满了不确定性，它的表现形式是变更与风险，狭义的理解甚至可以说不确定性就是风险。项目中90%的风险都是可以预测与管理的，而项目整个生命周期都充满了不确定性，所以也可以说项目管理主要管理的就是这些不确定性，即风险管理。项目风险管理旨在通过规划风险管理、识别风险、开展风险分析、规划风险应对、实施风险应对和监督风险的这些过程识别和管理未被其他项目管理过程所管理的风险。

项目风险管理实现的七个过程，如表11-1所示。

表11-1 项目风险管理实现过程

知识领域	过程组				
	启动过程组	规划过程组	执行过程组	监控过程组	收尾过程组
11.项目风险管理		11.1 规划风险管理 11.2 识别风险 11.3 实施定性风险分析 11.4 实施定量风险分析 11.5 规划风险应对	11.6 实施风险应对	11.7 监督风险	

风险并非只有带来损失的纯粹风险，也就是《PMBOK®指南》中所定义的威胁，还有可能带来收益的机会风险，也就是《PMBOK®指南》中所定义的机会。在项目的推进中，不仅要面对各种制约因素和假设条件，而且还要应对可能相互冲突和不断变化的相关方期望。组织应该有目的地以可控方式去冒项目风险，以便平衡风险和回报，并创造价值。

《PMBOK®指南》把风险分成了两个层面：单个项目风险和整体项目风险。
- **单个项目风险**是一旦发生，会对一个或多个项目目标产生正面或负面影响的不确定事件或条件。
- **整体项目风险**是不确定性对项目整体的影响，是相关方对于项目结果正面和负面变异的区间。整体项目风险来源于包括单个风险在内的所有不确定性。

整体项目风险也有分正负面。管理整体项目风险就是通过减少负面不确定性的发生的动因，加强正面机会发生的动因，以及最大化实现整体项目目标的概率，把项目风险敞口保持在可接受的范围之内。
- **风险敞口**：风险敞口又可译成风险暴露，术语表中的表述为在某个项目、项目集或项目组合中，针对任一特定对象，而适时做出的对所有风险的潜在影响的综合评估。这个概念本来是金融领域的术语，通常是指金融机构对于风险未采取任何防范措施而可能导致出现损失的部分的承受力，之所以要在这里提及是考虑到《PMBOK®指南》中的定义并不是很好理解。通过两组定义的对比可以看出所谓敞口就是在不施加任何措施的前提下风险带来的结果，也就是相关方所能承受的结果临界值，这个临界值越大也就意味着相关方的风险承受力也就越强，相反也就越弱。风险临界值反映了组织与项目相关方的风险偏好程度，是项目目标的可接受的不确定程度。应该明确规定风险临界值，并传达给项目团队，同时反映在项目的风险影响级别定义中。

随着项目风险管理日益被重视，对于风险类型的研究也越来越细，关注面越来越大。

- ✓ **非事件类风险**：大多数项目只关注作为可能发生或不发生的不确定性未来事件的风险。例如，关键供应商可能因为政策因素而停业。非事件类风险有两种主要类型：
  — 变异性风险，已规划事件、活动或决策的某些关键方面存在不确定性，就导致变异性风险。例如，在项目实施过程中所在地发生地震。
  — 模糊性风险，对未来可能发生什么，存在不确定性。知识不足可能影响项目达成目标的能力，例如，人工智能在教育培训领域的运用究竟会带来什么影响。
- ✓ **项目韧性**：随着对所谓"未知-未知"因素意识的增强，人们也越来越明确地知道确实存在突发性风险。这种风险只有在发生后才能被发现，可以通过加强项目韧性来应对突发性风险。这就要求每个项目：
  — 除了为已知风险列出具体风险预算，还要为突发性风险预留合理的应急预算和时间。
  — 采用灵活的项目过程，包括强有力的变更管理，以便在保持朝项目目标推进的正确方向的同时，应对突发性风险。
  — 授权目标明确且值得信赖的项目团队在商定限制范围内完成工作。
  — 经常留意早期预警信号，以尽早识别突发性风险。
  — 明确征求相关方的意见，以明确为应对突发性风险而可以调整项目范围或策略的领域。
- ✓ **整合式风险管理**：项目存在于组织背景中，可能是项目集或项目组合的一部分。在项目、项目集、项目组合和组织这些层面上，都存在风险。应该在适当的层面上承担和管理风险。在较高层面识别出的某些风险，将被授权给项目团队去管理；而在较低层面识别出的某些风险，又可能上交给较高层面去管理（如果在项目之外管理最有效）。应该采用协调式企业级风险管理方法，来确保所有层面的风险管理工作的一致性和连贯性。这样就能使项目集和项目组合的结构具有风险效率，有利于在给定的风险敞口水平下创造最大的整体价值。

在敏捷环境中项目易变性很高，尤其越是变化的环境就存在越多的不确定性和风险，可在很多关于敏捷管理的书籍中很少明确地看到风险管理的内容，这并非不重视而是将风险管理融入项目的每一个环节当中，风险管理成为不能抽离的思想，处处都是在为处理变化而行动。

11.1 规划风险管理

风险管理是项目中最重要的工作之一，但如何将风险管控工作在整个项目生命周期中做好，如何协调风险管理与其他过程的关系，而不会造成过多冲突，甚至关于对现有项目的风险管控到什么程度，采用哪些方法工具，需要提前进行界定以保证有章可循，这就是规划风险管理过程的目的。在第 6 版《PMBOK®指南》中每一个知识领域在规划过程组中的第一个动作都是规划××管理，可以看出项目管理界的几点共识：一是凡事都要有基本的指导思想，预则立，不预则废；二是对项目计划本身的规划是项目管理团队成熟的重要标志。这样做就是因为在现实项目实践中经常发生的问题在于，项目之初还热情高涨地对风险等管理充满信心，可因为没有任何可遵循的章法而在执行过程中所有事真的成了临时性的事，而无法有效管理的结果就是"顺应命"，项目的临时性不是说偶发性，而是有意为之的临时，这样才能有意识地对不确定性有足够的管理前提。

规划风险管理是定义如何实施项目风险管理活动的过程，它在项目构思阶段就应开始，并在项目早期完成。

11.1.1 规划风险管理过程的工具与技术：会议

开会是协调资源解决大多数问题的方式，项目开工会上讨论风险管理计划的编制是一项重要工作。参会人员可能包括项目经理、指定项目团队成员、关键相关方，或者负责管理项目风险管理过程的团队成员；如果需要，也可邀请其他外部人员参加，包括客户、卖方和监管机构。

11.1.2 规划风险管理过程的输出：风险管理计划

风险管理计划是项目管理计划的组成部分，描述如何安排与实施风险管理活动。项目风险管理计划是重要的项目管理计划之一，主要内容包括以下几个。

（1）**风险管理战略**：描述用于管理本项目的风险的基础方法。

（2）**风险管理方法论**：确定用于开展本项目的风险管理的具体方法、工具及数据来源。

（3）**角色与职责**：确定每项风险管理活动的领导者、支持者和团队成员，并明确他们的职责。

（4）**风险管理资金**：确定开展项目风险管理活动所需的资金，并制订应急储备和管理储备的使用方案。

（5）**时间安排**：确定在项目生命周期中实施项目风险管理过程的时间和频率，确定风险管理活动并将其纳入项目进度计划。

（6）风险类别：确定对单个项目风险进行分类的方式。通常借助风险分解结构来构建风险类别。风险分解结构是潜在风险来源的层级展现。风险分解结构有助于项目团队考虑单个项目风险的全部可能来源，对识别风险或归类已识别风险特别有用。组织可能有适用于所有项目的通用风险分解结构，也可能针对不同类型项目使用几种不同的风险分解结构框架，或者允许项目量身定制专用的风险分解结构。

✓ **风险分解结构**：这一结构列出了一个典型项目中可能发生的风险分类和风险子分类。不同的风险分解结构适用于不同类型的项目和组织。这种方法的一个好处是提醒风险识别人员风险产生的原因是多种多样的。图 11-1 为风险分解结构示例。

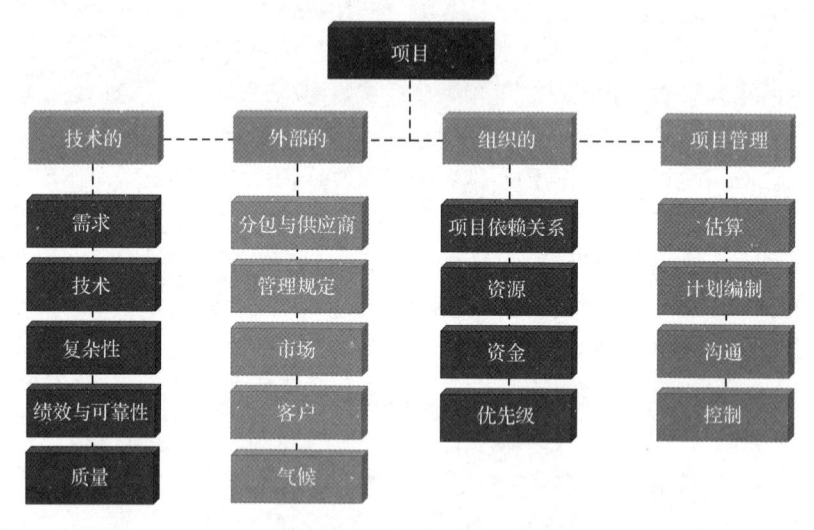

图 11-1　风险分解结构示例

风险概率和影响定义：为了在之后制定风险概率影响矩阵时有据可依，以及在风险定性和定量分析时更准确有效，项目团队要根据具体的项目环境、组织和关键相关方的风险偏好和临界值，来制定风险概率和影响定义。

项目团队可自行制定关于概率和影响级别的具体定义，也可用组织提供的通用定义。

应该根据拟开展项目风险管理过程的详细程度，来确定概率和影响级别的数量，即更多级别（通常为五级）对应更详细的风险管理方法，级别越少对应的方法越简单，一般不少于三级。

通过将影响定义为负面威胁（工期延误、成本增加和绩效不佳）和正面机会（工期缩短、成本节约和绩效改善），表格所示的量表可同时用于评估威胁和机会。图 11-2 展示了风险概率和影响定义的基本形式。

概率和影响矩阵：定性风险分析的主要工具之一，组织可在项目开始前确定优先级排序规则，并将其纳入组织过程资产，或者也可为具体项目量身定制优先级排序规则。图 11-3 为概率和影响矩阵示例。

级别	概率	对项目基准的影响		
		时间	成本（美元）	质量
很大	>65%	>5个月	>500万	对整体功能影响很大
大	50%~65%	3~5个月	100万~500万	对整体功能影响大
一般	31%~50%	1~3个月	50万~100万	对关键功能有影响
小	21%~30%	1~4周	10万~50万	对关键功能影响不大
很小	11%~30%	1周	<10万	对辅助功能有些许影响

图 11-2　风险概率和影响定义的基本形式

	威胁					机会					
很高 0.90	0.05	0.09	0.18	0.36	0.72	0.72	0.36	0.18	0.09	0.05	很高 0.90
高 0.70	0.04	0.07	0.14	0.28	0.56	0.56	0.28	0.14	0.07	0.04	高 0.70
中 0.50	0.03	0.05	0.10	0.20	0.40	0.40	0.20	0.10	0.05	0.03	中 0.50
低 0.30	0.02	0.03	0.06	0.12	0.24	0.24	0.12	0.06	0.03	0.02	低 0.30
很低 0.10	0.01	0.01	0.02	0.04	0.08	0.08	0.04	0.02	0.01	0.01	很低 0.10
	很低 0.05	低 0.10	中 0.20	高 0.40	很高 0.80	很高 0.80	高 0.40	中 0.20	低 0.10	很低 0.05	
	消极影响					积极影响					

图 11-3　概率与影响矩阵示例

图 11-3 是常见的概率和影响矩阵，同时列出了机会和威胁；概率和影响可以用描述性术语（如很高、高、中、低和很低）或数值来表达。如果使用数值，就可以把两个数值相乘，得出每个风险的概率-影响分值，以便据此在每个优先级组别之内排列单个风险相对优先级。

报告格式：确定将如何记录、分析和沟通项目风险管理过程的结果。在这一部分，描述风险登记册、风险报告及项目风险管理过程的其他输出的内容和格式。

11.1.3　典型试题

1．为了制订一份前后一致的风险管理计划，项目经理需要考虑哪些因素？
A．客户的风险态度及组织过程资产
B．项目管理计划和事业环境因素
C．风险登记册和范围说明书
D．潜在响应列表和项目管理计划
答案：B
解析：项目管理计划和事业环境因素都是规划风险管理过程的输入。

2．一家公司的仓储设施受到风暴影响，这对项目的完成日期和里程碑产生不利影响。项目经理应查阅哪份文件来找到将解决这种情况的人员的角色和职责？

　　A．相关方管理计划

　　B．风险管理计划

　　C．资源管理计划

　　D．沟通管理计划

　　答案：B

　　解析：风险管理计划可包括：风险管理战略，描述用于管理本项目的风险的一般方法；方法论，确定用于开展本项目的风险管理的具体方法、工具及数据来源；角色与职责，确定每项风险管理活动的领导者、支持者和团队成员，并明确他们的职责；资金，确定开展项目风险管理活动所需的资金，并制订应急储备和管理储备的使用方案。

3．一位项目经理刚刚为一个 387 000 美元的工程项目编制完风险应对计划。他下一步很可能怎么做？

　　A．确定项目整体风险级别

　　B．开始分析项目图纸上出现的问题

　　C．在项目的工作分解结构中增加工作包

　　D．重估项目风险

　　答案：C

　　解析：本题是在项目计划编制时发生的。选项 A 确定项目整体风险级别在定量风险分析过程中完成，应该早就完成了；选项 B 是在项目执行期间完成的工作，重新评估项目风险；选项 D 在风险监控过程中发生，是编制应对计划的下一步。但是本题没有问风险管理过程的下一步是什么。只有选项 C 是在项目计划编制之后要实施的。风险应对计划必须深入 WBS 工作包的层级。

4．项目团队制作了一份图表，将已识别风险的类别和子类别联系起来。项目团队正在制作下列哪一项？

　　A．风险登记册

　　B．风险分解结构

　　C．定性风险分析

　　D．定量风险分析

　　答案：B

　　解析：①对单个项目风险进行分类通常借助风险分解结构，风险分解结构是潜在风险来源的层级展现；②风险分解结构有助于项目团队考虑单个项目风险的全部可能来源，对识别风险或归类已识别风险特别有用。

5．随着竞争的陡然加剧，一家知名公司的业务开始流失。公司聘请了一名项目经理分析情况并提供纠正措施建议。项目经理研究发现，项目实施过程尤其是风险管理方面存在差距，没有可用的风险管理计划。项目经理首先应该采取下列哪项行动？

　　A．头脑风暴并识别风险

　　B．增加风险预算

C. 实施定性风险评估
D. 制订风险管理活动实施计划

答案：D

解析： 根据题意，需要制订风险管理计划，风险管理计划描述了将如何安排与实施项目风险管理，因此选 D。

要点总结
- ✓ 概率与影响矩阵。
- ✓ 不同的分解结构。

在对《PMBOK®指南》的学习中会碰到不少的分解结构，现在我们对这些主要的分解结构做个总结。

- ✓ 工作分解结构（Work Breakdown Structure，WBS）：以可交付成果为导向的工作层级分解。其分解的对象是项目团队为实现项目目标、提交所需可交付成果而实施的工作。工作分解结构组织并定义了项目的全部范围。
- ✓ 组织分解结构（Organization Breakdown Structure，OBS）：显示工作被分配到组织单元。
- ✓ 资源分解结构（Resource Breakdown Structure，RBS）：对项目将使用的资源按种类与形式进行划分的层次结构。
- ✓ 风险分解结构（Risk Breakdown Structure，RBS）：按照风险类别说明已识别风险的层次结构。
- ✓ 成本分解结构（Cost Breakdown Structure，CBS）：以 WBS 底层工作包为基础通过自下而上汇总的成本结构。
- ✓ 合同工作分解结构（Contractual WBS，CWBS）：定义卖方提供给买方报告的层次，类似 WBS 但不如其详细。

11.2 识别风险

风险是由三个要素构成的——风险事件、风险概率及风险带来的影响及结果，对这三点的理解可以很容易地理解接下来风险管理的过程逻辑。

若想对风险进行管理就需要先全面识别出项目可能发生的风险，然后对这些风险进行发生概率的分析及量化结果带来的影响以帮助判定是否需要及如何制定应对措施。所以在识别风险之后要实施定性风险分析、定量风险分析及制定风险应对，应对措施是否实施及实施后的情况如何，就是监督风险要做的工作。这就是风险管理的各过程之间的逻辑。

风险识别时要识别的不单单是事件本身，更重要的是风险事件的来源，这样能为之后制定应对策略提供有效的依据。所以这一过程的主要作用是记录现有的单个项目风险，以及整体项目风险的来源；同时，汇集相关信息，并记录初步的风险应对措施，待规划风险应对过程审查和确认，以便项目团队能够以合适方式应对已识别的风险。

在整个项目生命周期中，单个项目风险可能随项目进展而不断出现，整体项目风险的级别也会发生变化。因此，识别风险是一个迭代的过程。迭代的频率和每次迭代所需的参与程度因情况而异，应在风险管理计划中做出相应规定。

11.2.1　识别风险过程的输入：采购文档

在进行风险识别时，基本项目管理计划与项目文件的主要内容都是它的参考依据，这里重点强调一下采购文档。

从外部进行采购的行为被视为通过减少组织资源带来的技术与成本风险影响的一种方式，但若对采购管理不当同样会带来不小的问题。

如果需要从外部采购项目资源，就应该审查初始采购文档，因为从组织外部采购商品和服务可能提高或降低整体项目风险，并可能引发更多的单个项目风险。

11.2.2　识别风险过程的工具与技术

11.2.2.1　核对单

核对单是数据收集的一种工具，是包括需要考虑的项目、行动或要点的清单。它常被用作提醒。核对单的编制基于之前类似项目和其他信息来源积累的历史信息和知识。编制核对单，列出过去曾出现且可能与当前项目相关的具体单个项目风险，这是吸取已完成的类似项目的经验教训的有效方式。

11.2.2.2　根本原因分析

根本原因分析在风险识别时常用于发现导致问题的深层原因并制定预防措施。可以用问题陈述作为出发点，来探讨哪些威胁可能导致该问题，从而识别出相应的威胁。也可以用收益陈述作为出发点，来探讨哪些机会可能有利于实现该效益，从而识别出相应的机会。

11.2.2.3　提示清单

提示清单是一份预设清单，记录了关于可能引发单个项目风险及可作为整体项目风险来源的风险类别；可作为框架用于协助项目团队形成想法。可以用风险分解结构底层的风险类别作为提示清单，来识别单个项目风险。某些常见的战略框架更适用于识别整体项目风险的来源，如 PESTLE（政治、经济、社会、技术、法律、环境）、TECOP（技术、环境、商业、运营、政治）或 VUCA（易变性、不确定性、复杂性、模糊性）。

11.2.3　识别风险过程的输出

11.2.3.1　风险登记册

风险登记册是风险管理整个过程中最重要的文件之一，登记册中记录了已识别单个项目风险的详细信息，这些信息主要包括以下几种。

✓ 已识别风险的清单：在风险登记册中，每项单个项目风险都对已识别风险进行详细描述。本身与风险原因及风险影响区分开来。
- ✓ 潜在风险责任人：如果已在识别风险过程中识别出潜在的风险责任人，就要把该责任人记录到风险登记册中。随后将由实施定性风险分析过程进行确认。
- ✓ 潜在风险应对措施清单：如果已在识别风险过程中识别出某种潜在的风险应对措施，就要把它记录到风险登记册中。随后将由规划风险应对过程进行确认。根据风险管理计划规定的风险登记册格式，可能还要记录关于每项已识别风险的其他数据，包括：简短的风险名称、风险类别、当前风险状态、一项或多项原因、一项或多项对目标的影响、风险触发条件（显示风险即将发生的事件或条件）、受影响的 WBS 组件，以及时间信息（风险何时识别、可能何时发生、何时可能不再相关，以及采取行动的最后期限）。

随着实施定性风险分析、规划风险应对、实施风险应对和监督风险等过程的开展，这些过程的结果也要记入风险登记册。风险登记册可能包含有限或广泛的风险信息，这取决于具体的项目变量（如规模和复杂性）。

11.2.3.2 风险报告

风险报告提供关于整体项目风险的信息，以及关于已识别的单个项目风险的概述信息，如已识别的威胁与机会的数量、风险在风险类别中的分布情况、测量指标和发展趋势。

风险报告的编制也是一项渐进式的工作。随着实施定性风险分析、实施定量风险分析、规划风险应对、实施风险应对和监督风险过程的完成，这些过程的结果也需要记录在风险登记册中。

11.2.4 典型试题

1. 由于不可预测的项目整合复杂性和资源可用性，导致项目发生进度超支。为了满足项目期限，职能经理要求项目经理在未经测试的情况下上线。若要避免这种情况，项目经理事先应该做什么？

   A. 管理进度偏差
   B. 管理风险
   C. 识别风险
   D. 识别质量问题

   答案：C

   解析：避免项目在执行过程中发生问题，需要规划项目风险管理，首先识别风险，然后分析和管理风险。

2. 项目经理审查风险登记册，并希望识别风险原因。应该使用下列哪项分析和绘图技术？

   A. 故障树分析和鱼骨图
   B. 计划评审技术和因果分析

C．失效模式与影响分析和关键性分析
D．蒙特卡洛模拟和偏差分析

答案：A

解析：故障树分析从一个可能的事故开始，自上而下、一层层地寻找顶事件的直接原因事件和间接原因事件，直到基本原因事件，并用逻辑图把这些事件之地间的逻辑关系表达出来。鱼骨图可以识别风险原因。

3．异常的天气状况危及一个关键可交付成果的时间线，在这个时候，下列哪一份项目文件对项目经理有帮助？
A．风险登记册
B．工作分解结构
C．项目进度
D．风险分解结构

答案：A

解析：异常天气作为一个风险被记录在风险登记册中，已识别的风险应对措施也被记录在风险登记册中，所以选 A。

4．通过商业论证，确定项目的成本及效益等经济价值，确定不同的项目管理方法的优劣。

由于一台设备设计规格中的某一项被忽略了而导致项目延期，而赶制此项需要更长的交货期。为避免这种情况的发生，项目经理在项目规划期间应完成下列哪一项？
A．制订应急计划
B．选择更为可靠的供应商
C．在识别风险过程上花费更多的努力
D．确保该项不在关键路径上

答案：C

解析：出现这种情况说明识别风险不充分。

5．以下哪一项最好地说明了在信息有限的情况下进行的成本或周期预测的特点？
A．它应该是需要的管理储备规划的一部分
B．它是识别风险的输入项
C．它是识别风险的输出项
D．它是项目风险优先排序中必须考虑的因素

答案：B

解析：成本估算和持续时间估算作为项目文件，是识别风险的输入项。

要点总结

✓ 问题日志：用于记录和监督问题的解决。它可用来促进沟通，确保对问题的共同理解。问题日志强调相关方对项目的关注和关心，他们所关注的可能是项目的问题，也可能是项目的风险。若考试中是针对强调相关方的关注、强调沟通等关键词的，就是在考核问题日志这个概念。

- ✓ 风险登记册：记录已识别**单个项目风险**的详细信息，以及风险分析和风险应对规划的结果。在已识别的单个风险事件状态发生变化时需要及时更新。这里要注意风险发生了将会变成项目的问题，针对该问题往往需要提出变更请求。
- ✓ 风险报告：主要记录的是整体项目风险的信息，以及已识别的单个项目风险的概述信息。风险报告与登记册最主要的区别在于，登记册只记录单个项目风险的所有信息，而报告要记录整体项目风险的详细信息及单个项目风险的**概述信息**，所以报告涵盖的内容更广。另外，风险报告会议结构化的方式对项目风险管理的整体状态进行汇报；在定量风险分析中，输出只有风险报告而没有风险登记册；风险报告会记录在监督风险过程中对风险管理审计的结论中。

11.3 实施定性风险分析

实施定性风险分析如同识别风险是一个在整个项目生命周期中都要开展的过程，在敏捷开发环境中，实施定性风险分析过程通常要在每次迭代开始前进行。基本目的在于对单个项目风险发生的概率和影响及其他特征进行评估分析，以便对已识别出的风险进行优先级的排序，帮助项目管理团队重点关注高优先级的风险，从而为后续分析或行动提供基础。

这里要注意的是定性分析主要针对的是已识别的单个项目风险的优先级。定性分析更多的是基于项目团队和其他相关方对风险的感知程度，意味着主观性稍强。为了能够更加有效地得到分析结果，需要认清和管理本过程关键参与者对风险所持的态度。风险感知会导致评估已识别风险时出现偏见，所以应该注意找出偏见并加以纠正。

对风险所持的态度有一个经济学术语叫作风险效用函数（俗称风险偏好程度），它将市场参与者的风险偏好分为三类：风险厌恶、风险爱好和风险中性。它属于事业环境因素的范畴，决定了人们对待风险的态度。

11.3.1 实施定性风险分析过程的工具与技术

11.3.1.1 数据分析

适用于本过程的数据分析技术有以下几种。

1. 风险数据质量评估

风险数据是开展定性风险分析的基础。风险数据质量评估旨在评价关于单个项目风险的数据的准确性和可靠性。

使用低质量的风险数据，可能导致定性风险分析对项目来说基本没用。数据质量主要包括数据的完整性、客观性、相关性和及时性，进而对风险数据的质量进行综合评估。

2. 风险概率和影响评估

风险概率和影响评估是对概率和影响两个方面的分别评估，风险概率评估考虑的是特定风险发生的可能性，而风险影响评估考虑的是风险对一项或多项项目目标的潜在影响，如进度、成本、质量或绩效。威胁将产生负面的影响，机会将产生正面的影响。要对每个已识别的单个项目风险进行概率和影响评估。低概率和影响的风险将被列入风险登记册中的观察清单，以供未来监控。

3. 其他风险参数评估

为了方便未来分析和行动，在对单个项目风险进行优先级排序时，项目团队可能考虑（除概率和影响以外的）其他风险特征。此类特征主要包括：

- ✓ 紧迫性：为有效应对风险而必须采取应对措施的时间段。时间短就说明紧迫性高。
- ✓ 邻近性：风险在多长时间后会影响一项或多项项目目标。时间短就说明邻近性高。
- ✓ 潜伏期：从风险发生到影响显现之间可能的时间段。时间短就说明潜伏期短。
- ✓ 可管理性：风险责任人（或责任组织）管理风险发生或影响的容易程度。如果容易管理，可管理性就高。
- ✓ 可控性：风险责任人（或责任组织）能够控制风险后果的程度。如果后果很容易控制，可控性就高。
- ✓ 可监测性：对风险发生或即将发生进行监测的容易程度。如果风险发生很容易监测，可监测性就高。
- ✓ 连通性：风险与其他单个项目风险存在关联的程度大小。如果风险与多个其他风险存在关联，连通性就高。
- ✓ 战略影响力：风险对组织战略目标潜在的正面或负面影响。如果风险对战略目标有重大影响，战略影响力就大。
- ✓ 密切度：风险被一名或多名相关方认为要紧的程度。被认为很要紧的风险，密切度就高。

相对于仅评估概率和影响，考虑上述某些特征有助于进行更稳健的风险优先级排序。

11.3.1.2 数据表现

适用于本过程的数据表现技术有以下几种。

1. 概率和影响矩阵

概率和影响矩阵是把每个风险发生的概率和一旦发生对项目目标的影响映射起来的表格。此矩阵对概率和影响进行组合，以便把单个项目风险划分成不同的优先级组别。基于风险的概率和影响，对风险进行优先级排序，以便未来进一步分析并制定应对措施。

基本的操作方法：通过采用风险管理计划中规定的风险概率和影响定义，逐一对单个项目风险的发生概率及其对一项或多项项目目标的影响（若发生）进行评估。然后，基于所得到的概率和影响的组合，使用概率和影响矩阵，来为单个项目风险分配优先级别。

2. 层级图

如果使用了多于两个的参数对风险进行分类，那就不能使用概率和影响矩阵，而需要使用其他图形。层级结构图就是将多因素关系通过层级结构展现出来，所以称层级结构图更准确些，组织结构、工作分解结构其实都属于层级图，只是风险定性分析的层级图要表现出不同因素间的关系。在《PMBOK®指南》中提到的层级图是气泡图（图11-4为气泡图示例）。

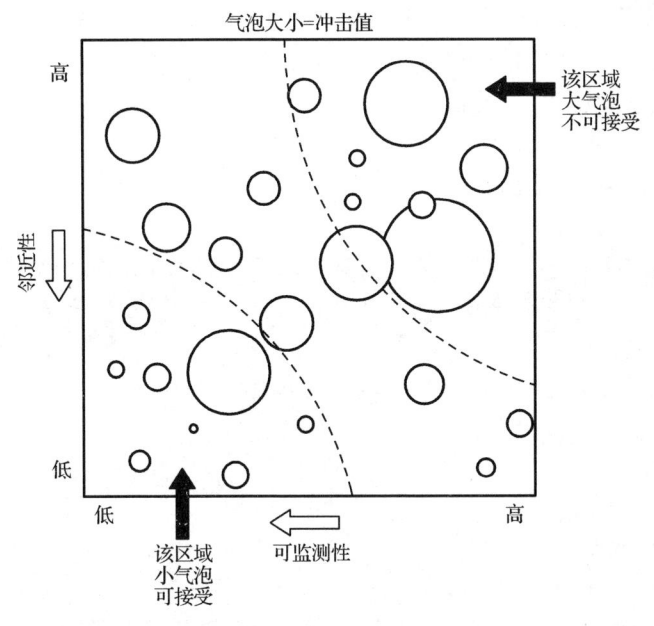

图 11-4　气泡图示例

11.3.2　实施定性风险分析过程的输出

11.3.2.1　风险登记册
用实施定性风险分析过程生成的新信息更新风险登记册中的每项单个项目风险的概率和影响评估、优先级别或风险分值、指定风险责任人、风险紧迫性信息或风险类别，以及低优先级风险的观察清单或需要进一步分析的风险。

11.3.2.2　风险报告
更新的风险报告中记录了**最重要的单个项目风险**（概率和影响最高的风险），以及所有已识别风险的优先级列表及简要的结论。

11.3.3　典型试题

1. 在一次项目审查后，项目经理询问风险问题汇总并进行风险优先级排序，此过程需要用到哪种方法？

　　A．三点估算

　　B．概率和影响矩阵

　　C．风险评估

　　D．风险等级

　　答案：B

解析：考点：实施定性风险分析的工具"概率和影响矩阵"，可对风险进行优先级排序。

2. 本地专家警告天气情况可能影响项目进度计划，项目经理接下来应该怎样做？
   A. 将与受影响区域天气情况有关的已识别风险排列优先级顺序
   B. 继续监控本地专家的警告
   C. 向客户请求进度灵活性来完成该项目
   D. 从项目范围中减少潜在受影响区域

答案：A

解析：题目描述了一个识别风险的结果，即天气会影响进度，敏感词是"接下来"，需要选一个马上开始的选项，识别风险后，应马上做定性分析，A 正确。所属过程组：规划过程组。

3. 风险评估是在哪一个项目风险管理过程中执行的？
   A. 制订风险管理计划
   B. 识别风险
   C. 开展定性风险分析
   D. 规划风险应对

答案：C

解析：实施定性风险分析工具与技术包含数据分析。数据分析工具中包含风险的质量评估、概率和影响评估及参数评估。

4. 项目经理遇到了项目预算的挑战。在项目伊始，他得到了 100 万美元的项目预算，这些预算如下：200 000 美元用于材料支出；100 000 美元用于差旅；100 000 美元用于资本折旧。项目开始后，在有限的资金预算中，新的需求出现了，那就是需要额外的 50 000 美元来支付给工人，但是项目经理不能得到额外的资金。因为项目进度十分紧张且不能延期，项目经理应该怎么做？
   A. 与项目发起人协商，继续项目之前获得足够的预算
   B. 与项目团队协商，继续项目之前获得一份意见
   C. 要求更多的时间来交付项目
   D. 接受预算短缺作为一项风险，并继续项目

答案：D

解析：因为项目进度紧张且不能延期，故 A、B 继续项目之前先协商的做法不可取。C 不可能，已经说明不可延期。D 作为风险进行识别并记录。

5. 识别风险之后，项目团队对项目结果的影响意见不一致，项目经理首先应该怎么做？
   A. 定量风险分析
   B. SWOT 分析
   C. 头脑风暴
   D. 定性风险分析

答案：D

解析：项目团队的风险处理方式会导致风险评估中的偏颇，则应该注意对偏颇进行分析与纠正。B、C 是识别风险时的工具，题目是识别风险后，所以 B、C 是不正确的。在识别风险后先要进行定性分析，定量分析并非每一个项目都必要的，而且一般是在风险定性分析之后。

要点总结
- ✓ 其他风险参数。
- ✓ 气泡图。
- ✓ 风险报告在此过程更新的内容。

11.4 实施定量风险分析

定量风险分析是在定性分析的基础上对整体项目风险敞口进行量化的过程，它需要通过已识别的单个项目风险和不确定性的其他来源对整体项目目标的影响进行定量分析。

需要强调的是，并非所有项目都需要实施定量风险分析，一般情况下，项目风险管理计划会规定是否需要使用定量风险分析，定量分析最可能适用于大型或复杂的项目、具有战略重要性的项目、合同要求进行定量分析的项目，或者主要相关方要求进行定量分析的项目。

能否开展有效准确的量化分析取决于是否有关于单个项目风险和其他不确定性来源的高质量数据，以及与范围、进度和成本相关的扎实项目基准。定量风险分析通常需要运用专门的风险分析软件，以及编制和解释风险模式的专业知识，还需要额外的时间和成本投入。在定量分析中通常会用到预期货值概念，这使得量化后的结果对于项目的预算也有很大的影响。

11.4.1 实施定量风险分析过程的输入：项目文件

在进行定量分析时除项目管理计划中的项目基准外，项目文件中有关成本和进度的项目文件也是重要的分析依据。
- ✓ 成本估算。成本估算提供了对成本变化性进行评估的起始点。
- ✓ 成本预测。成本预测包括项目的完工尚需估算（ETC）、完工估算（EAC）、完工预算（BAC）和完工尚需绩效指数（TCP）。把这些预测指标与定量成本风险分析的结果进行比较，以确定与实现这些指标相关的置信水平。
- ✓ 持续时间估算。持续时间估算提供了对进度变化性进行评估的起始点。
- ✓ 进度预测。可以将预测与定量进度风险分析的结果比较，以确定与实现预测目标相关的置信水平。

11.4.2　实施定量风险分析过程的工具与技术：不确定性表现方式

不确定表现方式是一种模拟出来的模型，如果活动的持续时间、成本或资源需求是具有不确定性的，这就需要通过某些模型用概率分布来表示其数值的可能区间。就好比为进度风险设立一个你认为合适大小的标靶，标靶就是不确定性模型，它的大小的设定基于项目团队对概率的判定程度。

概率分布可能有多种形式，最常用的有三角分布、正态分布、对数正态分布、贝塔分布、均匀分布或离散分布。对于考试来说，对正态分布有了解就可以。

11.4.3　实施定量风险分析过程的输出

11.4.3.1　数据分析工具

1. 模拟

在定量风险分析中，会经常使用一些模型来模拟单个项目风险和其他不确定性原因造成的综合影响，以便评估它们对项目目标的潜在影响。通常使用较多的方法是蒙特卡洛分析。

蒙特卡洛分析是一种采用随机抽样法的模拟统计方法，通过统计来估算结果，可用于估算圆周率，由约翰·冯·诺伊曼提出。由于计算结果的精确度很大程度上取决于抽取样本的数量，一般需要大量的样本数据，因此在计算机时代才受到重视。

例如，对成本风险进行蒙特卡洛分析时，使用项目成本估算作为模拟的输入；对进度风险进行蒙特卡洛分析时，使用进度网络图和持续时间估算作为模拟的输入。开展综合定量成本-进度风险分析时，同时使用这两种输入。其输出就是定量风险分析模型。进行分析时，用计算机软件数千次迭代运行定量风险分析模型。每次运行，都要随机选择输入值（如成本估算、持续时间估算或概率分支发生频率）。这些运行的输出构成了项目可能结果（如项目结束日期、项目完工成本）的区间。

2. 敏感性分析

敏感性分析是一种风险的量化分析法，用于确定哪些单个项目风险或其他不确定性因素对项目结果具有最大的潜在影响。它把所有其他不确定因素保持在基准值的条件下，考察项目的每项要素的不确定性对目标产生多大程度的影响。敏感性分析的结果通常用龙卷风图来表示。

所谓的敏感就是由于某种因素的作用，给项目指标带来牵一发而动全身的变化。

敏感性分析就是分析项目不确定因素发生变动而导致某一项目指标发生变动的灵敏度，从中找出敏感因素，并确定其影响程度与影响的正负方向，进而制定控制负敏感因素的对策，确保项目目标成功实现的安全性，图 11-5 为龙卷风图。

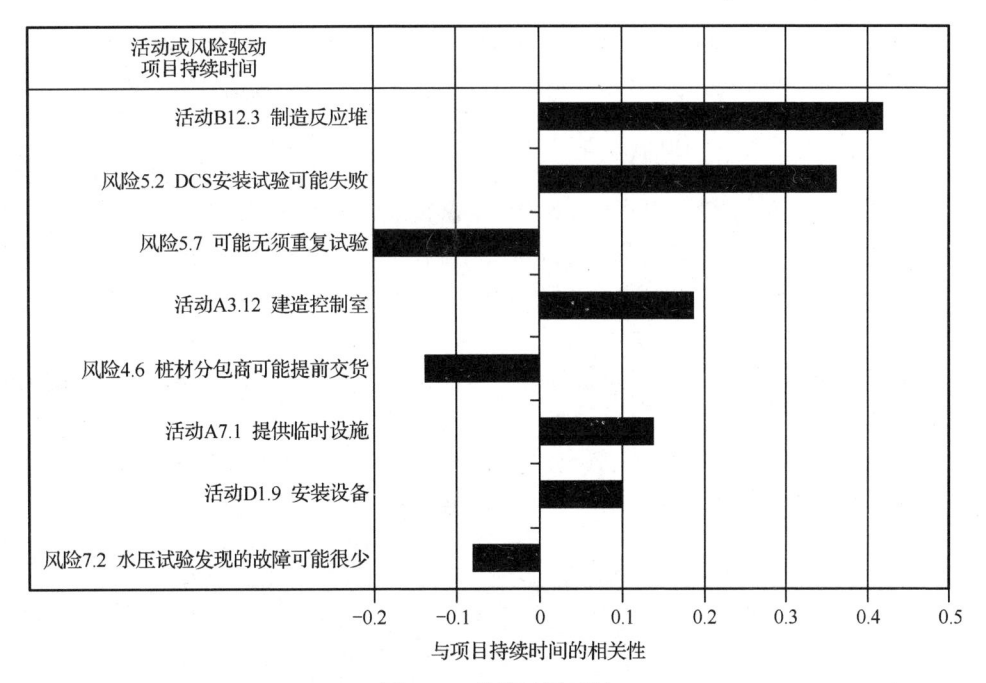

图 11-5 龙卷风图示例

3. 预期货币值与决策树分析

"决策就是从多种方案中选择一个行动方针的认知过程。每一个决策过程都会产生一个最终选择。"很多决策需要为未来发生的结果而做出,预期货币价值和决策树分析就可以帮助做出这种决策。

(1) 预期货币值(EMV)。每一项风险都由三个要素构成:事件、概率、影响(结果)。例如,在一个项目中,识别出两项风险:A 技术无法达到预期效果和 B 项目团队成员离职风险,通过定性分析的结果可以知道 A 风险事件的概率是 5%,一旦发生会造成的结果是损失 500 000 元;B 事件发生的概率是 40%,一旦发生根据预测可能造成的结果是项目延误 5 天,每天可能造成 10 000 元人民币的损失,这两项风险的预期货币值分别是:

A:EMV=500 000×5%=25 000(元)　　B:EMV=10 000×3×20%=6 000(元)

通过预期货币值的量化计算后可以看出 B 事件造成的损失比 A 事件要小,从定性分析角度看,B 发生的概率更大,优先级靠前,但量化分析后 A 事件的损失量要比 B 事件大,此时 A 的优先级就被提升了上来,要引起项目团队的重视。

(2) 决策树分析。在预期货币值计算基础上,决策树在若干备选行动方案中选择一个最佳方案。决策树分支的终点表示沿特定路径发展的最后结果,可以是负面的,也可以是正面的结果。

决策树分析是用图形或表格方式描述正在考虑中的某项决策及选择某个备用方案的潜在后果,它将每条由事件和决策构成的逻辑路径,都综合考虑得失,并利用预期货币价值帮助识别各种方案的相对价值。

例如，某公司计划进行一项新产品的研制，该产品的研发成本是 30 万元，研发成功的概率预计为 70%。如果研发不成功，该项目将被取消。如果成功，生产部门必须决定是要投入 50 万元新建一条生产线，还是要花 30 万元改造一条既有的生产线来制造新产品。新建生产线的产出能力将高于既有生产线改造的。据市场部门预计，市场销售良好的概率是 40%，在销售良好的情况下，新生产线能带来 150 万元的利润。改造生产线因为产能限制，只能带来 100 万元的利润。但是市场销售不能达到预期水平的概率为 60%，在这种情况下，新生产线只能带来 90 万元的利润，改造生产线的盈利能力为 35 万元。

根据上述描述，这个新产品是否应该开发？如果决定开发，是应该新建生产线还是改造生产线呢？

运用决策树分析，根据题意，画出决策树，厘清每一条决策链，找出决策点。图 11-6 是根据题意得到的决策树分析模型。

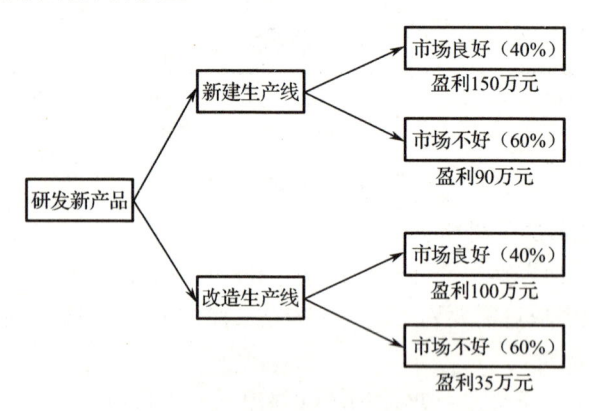

图 11-6 根据题意得到的决策树分析模型

决策 1：新建生产线还是改造既有生产线
新建生产线的 EMV：40%×（150-50-30）+60%×（90-50-30）=34（万元）
改造既有生产线的 EMV：40%×（100-30-30）+60%×（35-30-30）=1（万元）
结论：决定新建生产线，因为新建生产线的 EMV 大于改造既有生产线的 EMV。
决策 2：研发还是不研发新产品
研发新产品的 EMV=70%×34+30%×（-30）=14.8（万元）
不研发新产品的 EMV=0
结论：决定研发新产品。
在决策树分析中，通过计算每条分支的预期货币价值，就可以选出最优的路径。

11.4.3.2 更新的风险报告

在这一过程中只有一份项目文件更新即风险报告，报告要反映出定量风险分析的结果，主要包括：

✓ 对整体项目风险敞口的评估结果。
✓ 项目成功的可能性：基于已识别的单个项目风险和其他不确定性来源，项目实现其主要目标（例如，既定的结束日期或中间里程碑、既定的成本目标）的概率。
- ✓ 项目固有的变异性：在开展定量分析之时，可能的项目结果的分布区间。
- ✓ 项目详细概率分析的结果：列出定量风险分析的重要输出，如龙卷风图和关键性指标，以及对它们的叙述性解释。定量风险分析的详细结果可能包括：所需的应急储备、对项目关键路径有最大影响的单个项目风险或其他不确定性来源的清单、整体项目风险的主要驱动因素，即对项目结果的不确定性有最大影响的因素。
- ✓ 单个项目风险优先级清单：根据敏感性分析的结果，列出对项目造成最大威胁或产生最大机会的单个项目风险。
- ✓ 定量风险分析结果的趋势：随着在项目生命周期的不同时间重复开展定量风险分析，风险的发展趋势可能逐渐清晰。发展趋势会影响对风险应对措施的规划。
- ✓ 风险应对建议：风险报告可能根据定量风险分析的结果，针对整体项目风险敞口或关键单个项目风险提出应对建议。这些建议将成为规划风险应对过程的输入。

11.4.4 典型试题

1. 一个产品开发项目关键部件遭遇供应链的中断，未来的部件交付将会延迟几个星期，结果生产线停止，有一个替代供应商能够提供相同质量的部件，但是使用该替代供应商需要变更技术规范，变更技术规范及证明该部件合乎质量要求的成本为 260 万美元，而且需要 8 周时间，原始供应商的部件将会无限期延迟的可能性有 50%。项目经理应该怎么做？

A. 推迟项目直至规定部件继续供应为止
B. 开展更换供应商对项目成本影响的定量风险分析
C. 放弃风险分析，立即开始采用替代供应商，让项目跟上进度
D. 采用替代供应商，并在一旦原始供应商能继续交付时，平衡两家供应商的交付量

答案：B

解析：实施定量风险分析可以利用数据分析技术，确定风险对项目整体目标的影响。

2. 在识别和了解项目风险过程中，项目团队希望通过图形化方式表现风险。这些关键元素包括决策、不确定元素、因果关系和目标。团队应使用哪种类型的风险图解技术？

A. 章程图
B. 帕累托图
C. 德尔菲图
D. 影响图

答案：D

解析：数据分析工具影响图作为风险定量分析的工具：用图形方法表示变量与结果之间的因果关系、事件时间顺序及其他关系。另外，四个选项中只有影响图可显示因果关系。

3. 项目经理要求风险经理开展每月的定量风险分析。风险经理应该提交什么？

A．蒙特卡洛累积图

B．风险重新评估

C．概率和影响矩阵

D．根据概率和影响等级来识别风险

答案：A

解析：实施定量风险分析的输出是风险登记册的更新，包括项目的概率分析即蒙特卡洛累积图。B、D 是工具不是输出，并且不是定量风险的工具。C 是定性风险分析使用的工具和输出。

4. 项目经理正在定量计算其项目的风险。她的几名专家都不在身边，但是她想把他们放进来。这该怎么办？

A．用互联网作为工具，采用蒙特卡洛分析

B．采用关键路径法

C．决定纠正措施的备选方案

D．采用德尔菲技术

答案：D

解析：德尔菲技术在取得技术问题、项目或产品的范围或风险的专家意见时最为常用。背靠背的评价，用德尔菲。

5. 公司管理层正在削减预算，因此必须做出如何削减某个正在进行的关键项目预算。项目经理首先应该怎么做？

A．提交能够减少成本的更新进度计划，并减少最终可交付成果

B．解散某些分配的资源并延长项目时间线

C．减少管理储备以保持项目进行

D．使用敏感性分析评估不同风险

答案：D

解析：消减预算为一项风险，所以需先评估不同消减预算方法所导致的风险后果，再决定采用哪种方法给项目带来的风险更小，敏感性分析是风险定量分析的重要工具技术。

要点总结

✓ 蒙特卡洛分析。

✓ 敏感性分析。

✓ 决策树分析。

✓ 预期货币值。

11.5 规划风险应对

规划风险应对的目的在于制定应对整体项目风险和单个项目风险的适当方法，这还

· 244 ·

将涉及分配资源，并根据需要将相关活动添加进项目文件和项目管理计划。这一过程制订出可选方案、选择应对策略并商定应对风险的具体行动。风险应对方案应该与风险的重要性相匹配，能经济有效地应对挑战，在当前项目背景下现实可行，能获得全体相关方的同意，并且每一项应对措施都要确定一名具体负责人。一旦完成对风险的识别、分析和排序，指定的风险责任人就应该编制计划，以应对项目团队认为足够重要的每项单个项目风险。这些风险会对项目目标的实现造成威胁或提供机会。

这里要明确一点考试中出现的问题，每一个应对都要有一个相应的具体负责人，那负责人都是一个人可以吗？当然可以，这种做法可能不妥当但没有问题，强调的是每一个应对方案都要有一个负责人但并非不能是同一人。项目经理是项目风险管理的最终负责人，如果都是项目经理也无可厚非。考试时要注意。

如果选定的策略并不完全有效，或者发生了已接受的风险，抑或发生次生风险即实施风险应对措施而直接导致的风险（如为了在项目中保护或恢复生态环境而导致的成本风险），这时就需要一些合适的应对措施，例如：

应急计划：接受项目风险的一种做法，事先计划好当接受的风险发生时，应该采取的具体步骤。需要建立一定的应急储备，用于应对已知风险和已知—未知型风险。应急计划中同时规定风险触发因素，即出现何种征兆时执行应急计划。

弹回计划：属于备用应对计划，在主应对计划不起作用的情况下使用。

权变措施：针对已发生的未知风险而紧急采取的、原来未规划的应对措施，需要通过分配管理储备进行应对。

纠正措施是变更的一种具体表现，应急计划和权变措施属于纠正措施。

弹回计划与应急计划都可以针对威胁或机会，而权变措施只能针对威胁。

这些措施往往需要为风险分配时间或应急储备，并可能需要说明动用应急储备的条件。

11.5.1 规划风险应对过程的输入

在制定风险应对规划时需要参考的主要项目文件：

- ✓ 项目团队派工单。项目团队派工单列明了可用于风险应对的人力资源。
- ✓ 资源日历。资源日历确定了潜在的资源何时可用于风险应对。
- ✓ 风险登记册。风险登记册包含了已识别并排序的、需要应对的**单个项目风险**的详细信息。每项风险的优先级有助于选择适当的风险应对措施。风险登记册列出了每项风险的指定风险责任人，还可能包含在早期的项目风险管理过程中识别的初步风险应对措施。
- ✓ 风险报告。风险报告中的项目**整体风险敞口**的当前级别，会影响选择适当的风险应对策略。风险报告也可能按优先级顺序列出了单个项目风险，并对单个项目风险的分布情况进行了更多分析。这些信息都会影响风险应对策略的选择。

11.5.2 规划风险应对过程的工具与技术

11.5.2.1 威胁应对策略

1. 上报

如果项目团队或项目发起人认为某威胁不在项目范围内,或者提议的应对措施超出了项目经理的权限,就应该采用上报策略。被上报的风险将在项目集层面、项目组合层面或组织的其他相关部门加以管理,而不在项目层面。项目经理确定应就威胁通知哪些人员,并向该人员或组织部门传达关于该威胁的详细信息。对于被上报的威胁,组织中的相关人员必须愿意承担应对责任,这一点非常重要。威胁通常要上报给其目标会受该威胁影响的那个层级。威胁一旦上报,就不再由项目团队做进一步监督,虽然仍可出现在风险登记册中供参考。

2. 规避

风险规避是指项目团队采取行动来消除威胁,或者保护项目免受威胁的影响。它可能适用于发生概率较高,且具有严重负面影响的高优先级威胁。规避策略可能涉及变更项目管理计划的某些方面,或者改变会受负面影响的目标,以便彻底消除威胁,将它的发生概率降低到零。风险责任人也可以采取措施,来分离项目目标与风险万一发生的影响。规避措施可能包括消除威胁的原因、延长进度计划、改变项目策略或缩小范围。有些风险可以通过澄清需求、获取信息、改善沟通或取得专有技能来加以规避。

3. 转移

转移涉及将应对威胁的责任转移给第三方,让第三方管理风险并承担威胁发生的影响。采用转移策略,通常需要向承担威胁的一方支付风险转移费用。风险转移可能需要通过一系列行动才得以实现,包括(但不限于)购买保险、使用履约保函、使用担保书、使用保证书等;也可以通过签订协议,把具体风险的归属和责任转移给第三方。

4. 减轻

风险减轻是指采取措施来降低威胁发生的概率和(或)影响。提前采取减轻措施通常比威胁出现后尝试进行弥补更加有效。减轻措施包括采用较简单的流程,进行更多次测试,或者选用更可靠的卖方。还可能涉及原型开发(见第 5.2.2.8 节),以降低从实验模型放大到实际工艺或产品中的风险。如果无法降低概率,也许可以从决定风险严重性的因素入手,来减轻风险发生的影响。例如,在一个系统中加入冗余部件,可以减轻原始部件故障所造成的影响。

5. 接受

风险接受是指承认威胁的存在,但不主动采取措施。此策略可用于低优先级威胁,也可用于无法以任何其他方式加以经济有效地应对的威胁。接受策略又分为主动或被动方式。最常见的主动接受策略是建立应急储备,包括预留时间、资金或资源以应对出现的威胁;被动接受策略则不会主动采取行动,而只是定期对威胁进行审查,确保其并未发生重大改变。

11.5.2.2 机会应对策略

1. 上报

如果项目团队或项目发起人认为某机会不在项目范围内，或者提议的应对措施超出了项目经理的权限，就应该取用上报策略。被上报的机会将在项目集层面、项目组合层面或组织的其他相关部门加以管理，而不在项目层面。项目经理确定应就机会通知哪些人员，并向该人员或组织部门传达关于该机会的详细信息。对于被上报的机会，组织中的相关人员必须愿意承担应对责任，这一点非常重要。机会通常要上报给其目标会受该机会影响的那个层级。机会一旦上报，就不再由项目团队做进一步监督，虽然仍可出现在风险登记册中供参考。

2. 开拓

如果组织想确保把握住高优先级的机会，就可以选择开拓策略。此策略将特定机会的出现概率提高到 100%，确保其肯定出现，从而获得与其相关的收益。开拓措施可能包括：把组织中最有能力的资源分配给项目来缩短完工时间，或者采用全新技术或技术升级来节约项目成本并缩短项目持续时间。

3. 分享

分享涉及将应对机会的责任转移给第三方，使其享有机会所带来的部分收益。必须仔细为已分享的机会安排新的风险责任人，让那些最有能力为项目抓住机会的人担任新的风险责任人。采用风险分享策略，通常需要向承担机会应对责任的一方支付风险费用。分享措施包括建立合伙关系、合作团队、特殊公司或合资企业来分享机会。

4. 提高

提高策略用于提高机会出现的概率和（或）影响。提前采取提高措施通常比机会出现后尝试改善收益更加有效。通过关注其原因，可以提高机会出现的概率；如果无法提高概率，也许可以针对决定其潜在收益规模的因素来提高机会发生的影响。机会提高措施包括为早日完成活动而增加资源。

5. 接受

接受机会是指承认机会的存在，但不主动采取措施。此策略可用于低优先级机会，也可用于无法以任何其他方式加以经济有效地应对的机会。接受策略又分为主动或被动方式。最常见的主动接受策略是建立应急储备，包括预留时间、资金或资源，以便在机会出现时加以利用；被动接受策略则不会主动采取行动，而只是定期对机会进行审查，确保其并未发生重大改变。

11.5.2.3 应急应对策略

可以设计一些仅在特定事件发生时才采用的应对措施。对于某些风险，如果项目团队相信其发生会有充分的预警信号，那么就应该制订仅在某些预定条件出现时才执行的应对计划。应该定义并跟踪应急应对策略的触发条件，例如，未实现中间的里程碑或获得卖方更高程度的重视。采用此技术制订的风险应对计划，通常称为应急计划或弹回计划，其中包括已识别的、用于启动计划的触发事件。

11.5.2.4 整体项目风险应对策略

风险应对措施的规划和实施不应只针对单个项目风险,还应针对整体项目风险。用于应对单个项目风险的策略也适用于整体项目风险。

11.5.3 规划风险应对过程的输出

1. 项目团队派工单

一旦确定应对策略,应为每项与风险应对计划相关的措施分配必要的资源,包括用于执行商定的措施的具有适当资质和经验的人员(通常在项目团队中)、合理的资金和时间,以及必要的技术手段。

2. 风险登记册

需要更新风险登记册,记录选择和商定的风险应对措施。风险登记册的更新可能包括(但不限于):
- ✓ 商定的应对策略。
- ✓ 实施所选应对策略所需要的具体行动。
- ✓ 风险发生的触发条件、征兆和预警信号。
- ✓ 实施所选应对策略所需要的预算和进度活动。
- ✓ 应急计划,以及启动该计划所需的风险触发条件。
- ✓ 弹回计划,供风险发生且主要应对措施不足以应对时使用。
- ✓ 在采取预定应对措施之后仍然存在的残余风险,以及被有意接受的风险。
- ✓ 由实施风险应对措施而直接导致的次生风险。

11.5.4 典型试题

1. 项目经理很高兴公司在新地区取得项目。项目经理识别了该项目风险并予以排序。项目经理接下来应采取下列哪项行动?
   A. 启动风险过程
   B. 识别威胁和机遇
   C. 计划促进机会并降低威胁
   D. 审查并更新风险信息

答案:C

解析:识别风险并排序,说明已经完成了定性风险分析,可以进入规划风险应对。A、B 选项此时已经完成。D 选项还未开始。

2. 最终确定进度计划时,项目经理注意到关键路径上的多项任务被安排在关键资源可能休假的夏季期间。项目经理决定将这些任务重新分配给位于另一个国家的一支团队,在该国夏季期间一般不会休假。项目经理使用的是哪一项风险应对策略?
   A. 规避
   B. 接受

C．转移

D．减轻

答案：A

解析：风险规避是指项目团队采取行动来消除威胁，或者保护项目免受风险影响的风险应对策略。通常包括改变项目管理计划，以完全消除威胁。项目经理通过重新分配任务避免关键路径受夏季休假的影响，属于风险规避。

3. 为了缩短完工时间，并向客户提供比原计划更低的成本，公司向项目分配了关键性人才。公司的战略是，消除与某个特定积极风险相关的不确定性，确保机会肯定出现。公司所采用的是下列哪一项风险响应战略？

A．开拓

B．分摊

C．避免

D．减轻

答案：A

解析：开拓指将特定机会的出现概率提高到 100%，确保其肯定出现，从而获得与其相关的收益。与题干描述相符。

4. 政府法律的变更会对现有项目产生潜在影响。项目风险减轻计划用于解决潜在影响及要求的行动。在政府法律变更发生之后，执行了必要措施，但是导致了新的风险。这属于哪种风险类型？

A．触发风险

B．残余风险

C．次生风险

D．减轻风险

答案：C

解析：次生风险指由于执行风险应对计划直接导致的风险。

5. 由于爆炸发生的工厂是公司的首选供应商，供应商告诉项目经理之前预定的那些货物不能按时交付。幸亏其他货物可以替换这些货物，这样项目经理就使用此供应商的货物，这也是在之前的风险管理计划中提到的。这个例子是下面的哪个呢？

A．一个应急计划

B．一个应急津贴

C．一个可能的变通方法

D．后备计划

答案：A

解析：风险发生时执行已规划好的应急计划。应急计划是接受项目风险的一种做法，事先计划好当接受的风险发生时，应该采取的具体步骤。需要建立一定的应急储备，用于应对已知风险和已知—未知型风险。应急计划中同时规定风险触发因素，即出现何种征兆时执行应急计划。

要点总结
- ✓ 威胁应对策略。
- ✓ 机会应对策略。
- ✓ 应急应对策略。

11.6 实施风险应对

实施风险应对的主要作用是在项目整个生命周期中，确保根据风险管理计划执行商定的风险应对措施，来管理整体项目风险敞口、最小化单个项目威胁，以及最大化单个项目机会。

风险管理在项目的实践中经常会出现的问题是项目团队努力识别和分析风险并制定应对措施，然后把经商定的应对措施记录好，但是不采取实际行动去管理风险。所以，确定明确的风险责任人，并努力去实施商定的应对措施，项目的整体风险敞口和单个威胁及机会才能得到主动管理。

11.6.1 实施风险应对过程的输出：变更请求

实施风险应对后，可能就成本基准和进度基准，或者项目管理计划的其他组件提出变更请求。应该通过实施整体变更控制过程（见第4.6节）对变更请求进行审查和处理。

11.6.2 典型试题

1. 在开发一个新产品时，耐久性测试是关键路径上的一项重要活动。然而，测试设施被一个优先级较高的项目占用，且占用时间比原计划长。项目经理接下来应该怎么做？
    A．为延迟的项目开展根本原因分析
    B．审查风险登记册中的适当响应
    C．将延期情况通知项目相关方
    D．将问题上报给高级管理层

答案：B

解析：项目经理应该事先考虑此项重要风险。风险登记册中应有相应的应对计划，因此在风险发生时要做审查风险登记册的应对计划。选项A：延迟原因已明确，多此一举。选项 C 和 D：项目经理应该努力解决问题，而不是直接通知项目相关方。

2. 项目经理了解到主题专家正在考虑离开公司，该专家资源在其主题领域拥有深厚知识，很难被替代，为确保主题专家能在整个项目期间留在项目中，项目经理与主题专家的经理讨论可能的措施，这些措施应记录在哪些文件中？
    A．人力资源计划

B．风险登记册
C．风险管理计划
D．组织分解结构
答案：B

解析：根据题意，一个关键的、很难被替代的主题专家考虑离开公司，为了应对这个风险，项目经理与主题专家的经理讨论应对措施，这些措施应该记录在风险登记册中。

3．项目预测显示项目将在测试阶段落后于进度，由于产品上市的时间是强制性的，在项目开始时，这个事件就被记录为已知风险。由于目前项目尚处于分析阶段，项目经理决定将测试任务外包，并开始与选定的供应商讨论。这是哪个风险策略的事例？
A．回避
B．转移
C．分享
D．减轻
答案：B

解析：风险转移是指把某风险的部分或全部消极影响连同应对责任转移给第三方。转移风险是把风险管理责任简单地推给另一方，而非消除风险。外包和保险是典型的风险转移方法。

4．在评估一个项目时，项目团队识别到多个风险，其中大部分风险都具有风险减轻计划。然而，其中一个可能的风险不能减少。项目经理应该怎么做？
A．将问题上报给高级管理层
B．要求额外资源
C．使用管理储备
D．实施应急储备
答案：D

解析：针对威胁的应对策略，对于那些已知但又无法主动管理的风险，要分配一定的应急储备。

5．在执行阶段，项目经理跟踪风险并在风险登记册中更新已计划风险的状态。该登记册中还包含属于实施风险响应直接结果的风险。这个风险可称作下列哪一项？
A．监控清单
B．应急储备金
C．名义风险
D．次生风险
答案：D

解析：考察次生风险定义。

要点总结
✓ 实施风险应对的主要作用。

11.7 监督风险

监督风险过程主要关注三件事：一是监督是否在出现已识别的风险时实施了计划好的应对措施并评估实施的有效性是否达到预期；二是跟踪已识别的风险，随时监控风险触发因素，以达到及时实施应对措施；三是识别并分析新风险。监督风险与识别风险构成了风险管理闭环的两端。

项目管理团队应及时确保项目的各相关方了解项目风险管理的有效性，以及未来风险对项目的影响程度。

监督风险必须在过程中确认的内容主要有：
- 实施的风险应对是否有效。
- 整体项目风险级别是否已改变。
- 已识别单个项目风险的状态是否已改变。
- 是否出现新的单个项目风险。
- 风险管理方法是否依然适用。
- 项目假设条件是否仍然成立。
- 风险管理政策和程序是否已得到遵守。
- 成本或进度应急储备是否需要修改。
- 项目策略是否仍然有效。

11.7.1 监督风险过程的输入：工作绩效报告

工作绩效报告是通过分析绩效测量结果得到的，能提供关于项目工作绩效的信息，包括偏差分析结果、挣值数据和预测数据。在监督与绩效相关的风险时，需要使用这些信息。

11.7.2 监督风险过程的工具与技术

11.7.2.1 分析技术

适用于本过程的数据分析技术包括（但不限于）：
- 技术绩效分析：开展技术绩效分析，把项目执行期间所取得的技术成果与取得相关技术成果的计划进行比较。它要求定义关于技术绩效的客观的、量化的测量指标，以便据此比较实际结果与计划要求。技术绩效测量指标可能包括重量、处理时间、缺陷数量、储存容量等。实际结果偏离计划的程度可以代表威胁或机会的潜在影响。
- 储备分析：在整个项目执行期间，可能发生某些单个项目风险，对预算和进度应急储备产生正面或负面的影响。储备分析是指在项目的任一时点比较剩余应急储备与剩余风险量，从而确定剩余储备是否仍然合理。可以用各种图形（如燃尽图）来显示应急储备的消耗情况。

11.7.2.2 审计

风险审计是一种审计类型，可用于评估风险管理过程的有效性。项目经理负责确保按项目风险管理计划所规定的频率开展风险审计。风险审计可以在日常项目审查会上开展，可以在风险审查会上开展，团队也可以召开专门的风险审计会。在实施审计前，应明确定义风险审计的程序和目标。

11.7.3 监督风险过程的输出

11.7.3.1 工作绩效信息

工作绩效信息是经过比较单个风险的实际发生情况和预计发生情况，所得到的关于项目风险管理执行绩效的信息。它可以说明风险应对规划和应对实施过程的有效性。

11.7.3.2 更新项目文件

监督风险过程的主要更新文件：
- ✓ 风险登记册。记录在监督风险过程中产生的关于单个项目风险的信息，可能包括添加新风险、更新已过时风险或已发生风险，以及更新风险应对措施等。
- ✓ 风险报告。随着监督风险过程生成新信息，反映重要单个项目风险的当前状态，以及整体项目风险的当前级别。风险报告还可能包括有关的详细信息，诸如最高优先级单个项目风险、已商定的应对措施和责任人，以及结论与建议。风险报告也可以收录风险审计给出的关于风险管理过程有效性的结论。

11.7.4 典型试题

1. 离完成分配的任务只剩 30 天时，一名项目团队成员离开公司。可惜的是，没有可用的替代资源。项目经理在项目进度计划中包含一个应急储备金。为了计算剩余的应急储备金，项目经理应该使用什么技术？

   A．风险审计
   B．趋势分析
   C．储备分析
   D．技术绩效衡量

   答案：C

   解析：所属过程组：监控过程组。所属知识领域：项目风险管理。考点：风险监督的工具和技术：储备分析。

2. 在项目开始后，一名关键资源计划退休。项目经理应该怎么做？

   A．修订工作分解结构
   B．与项目发起人合作，找到适合的替代资源
   C．与职能经理协商获得一名同等相当资源

D. 更新风险登记册

   答案：D

   解析：实施风险应对的输出：项目文件更新。一名关键资源计划退休是新识别的风险，应首先更新风险登记册。

3. 在项目期间发生了多个计划内的风险，工作只完成了 15%，项目经理应该使用什么技术来评估剩余的应急储备是否足够应对风险？

   A. 挣值管理
   B. 风险审计
   C. 风险重新评估
   D. 储备分析

   答案：D

   解析：监督项目风险的过程使用工具储备分析，是为了评估剩余的储备是否可以应对剩余的风险。

4. 正在执行一个全球性项目的项目经理遇到及时交付办公室设备的风险，办公设备可能比项目进度提前交付，但办公空间还没准备好安装这些设备。若要尽可能减少对项目的影响，项目经理下一步应该怎么做？

   A. 将这个可能性记录在问题登记册中，并调整项目进度计划
   B. 重新评估风险，更新风险登记册并修订风险应对计划
   C. 为紧跟任务压缩工期
   D. 推迟设备交付，与项目进度保持一致

   答案：B

   解析：在监督风险中，在会议中对现有风险进行再评估。根据当前的风险估确定是否需要调整成本或进度应急储备。

5. 项目经理要求团队提供对项目应急计划的评估。若要完成这项工作，团队应该使用什么？

   A. 定性风险分析
   B. 风险审计
   C. 风险再评估
   D. 风险分类

   答案：B

   解析：风险审计是检查并记录风险应对措施在处理已识别风险及其根源方面的有效性，以及风险管理过程的有效性。

要点总结

- ✓ 监督风险工作的主要内容。
- ✓ 风险审计。

第12章
项目采购管理

关于项目采购管理，大多数人没有从事过相对规范的项目采购工作及相应的合同管理，所以基于有限的采购知识和合同知识学习本章内容有一定困难，但并不需要忧心，考试并非要求所有人成为采购专家，而是相对了解，明确采购决策机制、采购招投标工具方法、合同类型及管理三个重点。所以它涉及了规划采购管理、实施采购、控制采购三个过程，规划采购管理涉及如何做出采购决策、采用何种合同类型，实施采购涉及通过执行招投标来获取资源的过程，控制采购涉及在进行采购实施时进行的相应管理及出现问题时候的索赔。

项目采购管理实现的三个过程，如表 12-1 所示。

表 12-1 项目采购管理实现过程

知识领域	过程组				
	启动过程组	规划过程组	执行过程组	监控过程组	收尾过程组
12.项目采购管理		12.1 规划采购管理	12.2 实施采购	12.3 控制采购	

项目采购管理包括从项目团队外部采购和获取所需资源服务或成果的各个过程，它是包括编制和管理协议所需的管理和控制所有过程的合集。这一定义是指从采购决策即买还是不买、找谁买、以什么方式买到。实施采购即确定卖方、管理买卖关系，即如何管理合同的一系列过程的总和。

在这里要明确一下采购管理与资源管理之间的区别，资源管理着重于内部资源整合，而采购管理是从外部获取资源的一种模式。资源管理时项目经理要通过对组织内部、客户内部及项目团队内部的资源协调达到资源的有效利用。在资源管理中，获取资源的主要方式是与职能部门等相关负责人的谈判来获得实物及人力资源，一切沟通协调工作的相关责任都要落在项目经理身上。

在项目采购管理过程中，项目经理虽然需要深入地参与其中，但他无权签署对组织有约束力的法律协议，如合同，这项工作一般是由相关的职能部门或职权部门来进行的。在小型组织或组织的初期，一般未设置购买、合同或采购部门的组织，项目经理可以拥有采购职权，能够直接谈判并签署合同，或者根据每一个项目的不同需求进行采购，合同管理相对分散，属于分散式采购。在相对成熟的组织中，由专设部门开展实际的采购和合同签署工作，即采购、谈判和签署合同是由专门部门统一实施的，属于集中式采购。所以项目经理，虽然不必成为采购管理法律法规方面的专家，可是他要对整个过程有足够的了解，尤其对于合同的实施和合同涉及的各相关方关系有认知，这样才能保证项目的正常推进。比如，根据应用领域不同，卖方可能是承包商、供货商、服务提供商或供应商；买方可能为最终产品的所有人、分包商、收购机构、服务需求者或购买方。每个采购合同的实施也可以看作一个项目的执行，所以合同也具有生命周期，在一个合同生命周期中卖方首先是投标人，然后是中标人，之后是签约供应商或供货商。中标人之后是签约供应商或供货商。

在本章中有这样一个假设，项目所需物品或服务的买方是项目团队，或者是组织内部的某个部门，同时假设卖方是为项目提供物品或服务的一方，且通常来自执行组织外部。所以在考试中，如果题目未特别注明，那么你所在的项目团队就是买方。

在当下的采购管理中，随着物流与供应链管理的不断发展，对采购管理中的工具、合同签署及风险管理都有了多方面长足的发展。

比如，在工程项目中，建筑信息模型软件的应用日益广泛，为工程项目节省了大量时间和资金。它能够大幅减少施工索赔，从而降低成本、缩短工期，因此世界各地的主要公司和政府都开始要求在大型项目中使用建筑信息模型。

在风险管理领域日益流行的一个趋势是，在合同中明确规定风险管理是合同工作的一部分，即编制合同时准确地将具体风险分配给最有能力对其进行管理的一方。同时为了减少合同变化带来的风险，众多大型基础建设项目为了减少执行过程中的问题和索赔，采用国际公认的标准合同范本也日益普遍，FIDIC合同就是其中一种。

试用采购方法的广泛推广：在进行大批量采购之前，有些项目会试用多个候选卖方，向他们采购少量的可交付成果和工作产品。这样一来，买方可以在推进项目工作的同时，对潜在合作伙伴进行评估。

另外，在敏捷环境管理中可能需要与特定卖方协作来扩充团队。这种协作关系是为了营造风险共担式的采购，让买方和卖方共担项目风险和共享项目奖励。

12.1 规划采购管理

规划采购管理是对项目是否决定采购进行记录、对采购方法进行明确，以及识别潜在卖方的过程。更完整的作用描述就是，确定是否从项目外部获取货物和服务，如果要采购，则要继续确定将在什么时间、以什么方式采购什么货物和服务。采购管理涉及的资源一般是从组织外部采购的，有时也会从执行组织的其他部门采购。本过程仅开展一次或仅在项目的预定义点开展，这里的预定义点一般在阶段关卡，或者项目团队认为必要的采购时间节点。

规划采购管理中需要完成的工作和顺序：

（1）准备采购工作说明书或工作大纲。

（2）准备高层级的成本估算，制定预算。

（3）发布招标广告。

（4）确定合格卖方的短名单。

（5）准备并发布招标文件。

（6）由卖方准备并提交建议书。
（7）对建议书开展技术（包括质量）评估。
（8）对建议书开展成本评估。
（9）准备最终的综合评估报告（包括质量及成本），选出中标建议书。
（10）结束谈判，买方和卖方签署合同。

采购管理过程中会涉及众多不同相关方，他们的角色和职责最好规划采购管理早期加以确定。项目经理应确保在项目团队中配备具有所需采购专业知识的人员。采购过程的参与者可能包括购买部或采购部的人员，以及与采购相关法律方面的人员。这些人员的职责也应记录在采购管理计划中。

12.1.1 规划采购管理的输入

12.1.1.1 项目管理计划

范围管理计划：一般会在范围管理计划中明确在项目的执行阶段如何管理承包商的工作范围。这就涉及工作范围说明书与采购工作说明书的区别，后面会提到，请引起注意。

质量管理计划：质量规划是包含产品质量和项目质量也就是过程质量的规划，在项目采购时需要遵循的行业标准与准则就写在这部分内容中。这些标准与准则应写入招标文件，如建议邀请书，并将最终在合同中引用。这些标准与准则也可用于供应商资格预审，或者作为供应商甄选标准的一部分。

资源管理计划：包括关于哪些资源需要采购或租赁的信息，以及任何可能影响采购的假设条件或制约因素，这些信息提供采购内容的来源。

其实从广义上讲，采购管理也属于资源管理的一部分，只是第 9 章侧重内部资源，但资源管理计划也会说明哪些是内部没有的资源，这部分就需要通过外部获取；第 12 章侧重从外部获取资源，但获得这些资源也需要组织内部人力资源的实施。这从另一个方面也说明了每一个项目计划都是相互关联的整体，这就需要在学习中由总到分地理解计划与计划之间的关系，而非割裂地分析。

资源管理是对项目所有管理资源的获取与管理，其中包含内部和外部实物资源及人力资源，内部主要通过资源管理计划管控，外部主要通过采购管理计划进行。彼此相互关联而又有侧重。

虽然在《PMBOK®指南》中并未将项目进度计划单独作为输入项，但项目进度计划对规划采购管理过程中的采购策略制定有重要影响。在制订采购管理计划时所做出的决定也会影响项目进度计划。在开展制订进度计划过程、估算活动资源过程及制定自制或外购决策时，都需要考虑这些决定。

12.1.1.2 项目文件

项目团队派工单：这份文件包含关于项目团队技能和能力的信息，以及它们可用于支持采购活动的时间。

资源需求：它是规划资源管理过程的重要输出，记录了需要获取的资源的具体的可能需要采购的团队及实物资源。

风险登记册：这里使用风险登记册是将项目中需要通过外包或采购进行应对的风险事件进行识别，以便采购协议转移给第三方。

12.1.1.3 合同类型

合同管理是项目采购管理中的重点内容，而合同类型又是合同管理和考试的重点，在《PMBOK®指南》中它是组织过程资产的一部分。要求项目经理根据项目具体情况选择合适的合同管理模式和类型。

合同是项目外部资源整合的一种机制，当从外部获取相关资源时，需要通过合同的方式进行，而项目采购管理就是围绕合同管理而开展的，所以在进行采购管理规划时，与合同相关的内容就需要被提前界定清晰。

采购合同是买方与供方经过谈判，协商一致同意而签订的"供需关系"的法律性文件，合同双方都应遵守和履行。签订合同的双方都有各自的经济目的，采购合同是经济合同。

合同管理是当事人双方或数方确定各自权利和义务关系的协议，依法成立的合同具有法律约束力，项目管理人员根据合同进行项目的监督和管理。对于合同的管理是法学、经济学理论和管理科学在组织实施合同中的具体运用，如果想要深入掌握合同的管理就要对多个学科有所涉猎。

合同管理全过程是由洽谈、草拟、签订、生效开始，直至合同失效为止的。不仅要重视签订前的管理，更要重视签订后的管理。系统性就是凡涉及合同条款内容的各部门都要一起来管理。动态性就是注重履约全过程的情况变化，特别要掌握对自己不利的变化，及时对合同进行修改、变更、补充或中止和终止。

1. 主要合同类型

PMP®考试中的合同类型在考试中虽然降低了一些难度，但仍然是重点，考生必须掌握三类合同类型的区别和常用合同类型合同总额的计算。《PMBOK®指南》中主要涉及三种经济合同类型：总价合同、工料合同、成本补偿合同。图12-1展示了主要合同类型与卖方风险程度。

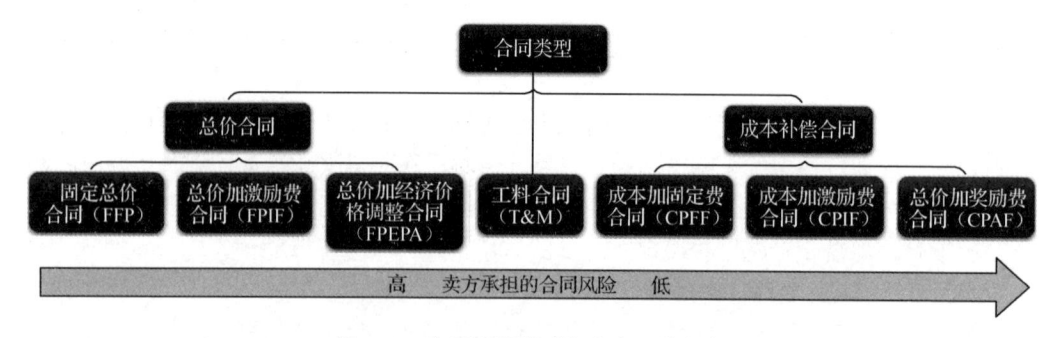

图12-1 主要合同类型与卖方风险程度

2. 三大类合同特点

(1) 总价合同。 这一合同类型为既定产品、服务或成果的采购设定一个总价。这种合同的使用有两个大前提：明确需求定义、项目中不会出现重大范围变更。

总价合同的类型包括：

- 固定总价合同（FFP），这是最常用的一种合同类型。货物采购的价格在一开始就已确定，并且在买方对工作范围发生变更的情况下，不允许改变。对于卖方而言，需要在签订合同时就对需求和范围充分理解，并计算好自己的利润额，一旦在项目执行过程中出现材料或人工价格上涨等风险都由己方承担，所以承担的合同风险是最大的。

- 总价加激励费合同（FPIF）。这一类型合同为买方和卖方提供了一定的灵活性，允许一定的绩效偏离，并对实现既定目标给予相关的经济奖励（通常取决于卖方的成本、进度或技术绩效）。总价加激励费合同的特点是设置了合同总价的同时还设置了价格上限，低于合同总价的部分卖方也可以根据分摊比例获得相应奖励，高于此价格上限的全部成本将由卖方承担；这一合同类型与固定总价合同相比，卖方有了利润拓展的空间，所以风险也就相对降低了一些。图 12-2 展示了 FPIF 合同在不同情况下合同额的计算方法。

总价加激励费（FPIF）			
	合同	实际1	实际2
成本	100 000	80 000	130 000
利润	10 000	10 000	0
分担比例	80:20	4 000	0
最高定价	120 000		120 000
总价		94 000	120 000
实际利润		14 000	-10 000

图 12-2 FPIF 合同在不同情况下合同额的计算

- 总价加经济价格调整合同（FPEPA）。这种合同适用于两种情况：卖方合同生命周期较长，可能跨越几年时间或更长时间，或者将以不同货币方式支付价款。它虽然是总价合同的一种类型，但合同中包含了特殊条款，允许根据条件变化，如通货膨胀、某些特殊商品的成本增加（或降低），以事先确定的方式对合同价格进行最终调整。对于周期较长的项目，卖方的风险也就相对降低一些。

(2) 成本补偿合同。 相对于总价合同提前设定总价，卖方的利润额相对固定的情况，补偿类合同是在项目完成时向卖方支付为完成工作而发生的全部合法实际成本，也就是可报销成本，在这一基础上再外加一笔费用作为卖方的利润，这笔费用一般在合同中以百分比形式提前得到双方的认可并写入合同。这种合同适用的范围：工作范围预计会在合同执行期间发生重大变更，买方对项目的范围不够明确，或者对项目的进度要求较高。

成本补偿合同又可分为：

- 成本加固定费合同（CPFF）。为卖方报销履行合同工作所发生的一切可列支成本，并向卖方支付一笔固定费用。该费用以项目初始估算成本的某一百分比计列。除非项目范围发生变更，否则费用金额维持不变。图 12-3 展示了一般成本补偿合同与成本加固定费合同的合同额计算演示。

一般成本补偿合同（CPPC）和成本加固定费合同（CPFF）			
类目	合同条款	CPPC	CPFF
成本		110 000	110 000
利润费率（10%）	10 000（固定费用）	11 000	10 000
总价		121 000	120 000

图 12-3　CPPC 与 CPFF 合同的合同额计算演示

图 12-3 演示了 CPPC 和 CPFF 两种合同的主要特点。
CPPC：实际发生的成本为 110 000，合同设定的利润率是 10%，则
$$合同总额=110\ 000+(110\ 000×10\%)=121\ 000$$
CPFF：实际发生成本为 110 000，合同设定的固定费用是 10 000，则
$$合同总额=110\ 000+10\ 000=120\ 000$$

✓ 成本加激励费合同（CPIF）。这一合同要为卖方报销履行合同工作所发生的一切可列支成本，激励费是在卖方达到合同规定的绩效目标时，向卖方支付预先确定的一笔费用。同时，在 CPIF 中，如果最终成本低于或高于原始估算成本，则买方和卖方需要根据事先商定的成本分摊比例来分享节约部分或分担超支部分，通常的分摊比例为 80/20，80%属于买方，20%属于卖方。图 12-4 为 CPIF 不同情况下合同额的计算演示。

成本加激励费合同（CPIF）			
类目	合同条款	实际情况1	实际情况2
成本	10 000（估算成本）	80 000	110 000
激励费用	10 000	10 000	10 000
分担比例	80:20	4 000	-2 000
总价	—	94 000	11 8000

图 12-4　CPIF 不同情况下合同额的计算演示

图 12-4 演示了 CPIF 的主要特点。
若在规定的绩效内完工，实际发生成本与估算成本相同，
$$合同总额=100\ 000+10\ 000=110\ 000$$
实际情况 1：若在规定的绩效内完工，实际发生成本为 80 000，估算成本为 10 000，合同设定的激励费用是 10 000，分担比例是 80∶20，
$$合同总额=80\ 000+10\ 000+（100\ 000-80\ 000）×20\%=94\ 000$$
实际情况 2：若在规定的绩效内完工，实际发生成本为 110 000，估算成本为 10 000，合同设定的激励费用是 10 000，分担比例是 80∶20，
$$合同总额=110\ 000+10\ 000+（100\ 000-110\ 000）×20\%=118\ 000$$

✓ 总价加奖励费合同（CPAF）。为卖方报销一切合法成本，但只有在卖方满足合同规定的、某些笼统主观的绩效标准的情况下，才向卖方支付大部分费用。奖励费

用完全由买方根据自己对卖方绩效的主观判断来决定，并且通常不允许申诉。

（3）工料合同（T&M）。工料合同（又称时间和手段合同）兼具成本补偿合同和总价合同特点。根据对前两种合同的了解，会发现从总价合同到成本补偿合同，卖方承担的风险在逐渐降低，工料合同是对前两种合同特点的融合，使得买卖双方的风险承担相对均衡。

合同类型的选择与项目的类型，买卖双方对项目需求和范围的理解程度及对项目不同绩效的关注有关。

在现阶段的项目实践中，合同类型在符合相关法律的前提下，会因为不同项目类型和项目管理成熟度的不同出现更具实际意义的合同类型，如混合型合同。这种合同往往适用于：在无法快速编制出准确的工作说明书的情况下扩充人员、聘用专家或寻求外部支持。

12.1.2 规划采购管理的工具与技术

12.1.2.1 自制或外购分析

自制或外购分析是一种数据分析技术，同时它也是一种通用的管理技术，用来确定某项工作最好由项目团队自行完成，还是必须从外部采购。采用自制还是外购的考虑因素主要包括：组织资源的制约因素可能影响自制或外购决策；自制或外购决策可能包括为应对某些已识别风险而购买保险或履约担保的决定；自制或外购分析应考虑全部相关成本，包括直接成本与间接成本。

在自制或外购分析中，也可以使用回收期、投资回报率、内部报酬率、现金流贴现、净现值、收益成本或其他分析技术，来确定某种货物或服务是应该在项目内部自制，还是从外部购买。

在自制或外购分析中可能涉及一些有关固定成本、变动成本与盈亏平衡点的关系，有时会将自制与外购引申为购买或租赁，这些都有可能涉及部分计算。比如，某项目需要使用大量的零部件，这些零部件可以通过购买生产线自己制造，也可以直接购买成品。如果购买设备自己生产，需要产生一笔4万元的固定费用，同时，每生产一个零部件需要耗费2元的生产变动成本；购买每个零部件的成本是10元。在这样的条件下，如果生产4 000个零部件，自制和外购的费用相等，即若项目需要超过4 000个零部件时，购买生产线自制就是最优选择，低于4 000个时外购就是最好的选择。此时的4 000个就相当于生产销售策略制定中所经常用到的盈亏平衡点。

12.1.2.2 供方选择分析

供方选择标准的制定是实施项目采购招投标时重要的依据，所以供方选择分析尤为重要，对甲方选择合适的供应商，以及乙方在这种竞争性选择中对投标要求和如何评估的了解都有重要的意义。

供方选择分析常常会考虑不同的投标人竞争性评估方法，主要有：
✓ 最低成本。最低成本法适用于标准化或常规采购。此类采购有成熟的实践与标准，有具体明确的预期成果，可以用不同的成本来取得。
- ✓ 仅凭资质。仅凭资质的选择方法适用于采购价值相对较小，不值得花时间和成本开展完整选择过程的情况。买方会确定短名单，然后根据可信度、相关资质、经验、专业知识、专长领域和参考资料选择最佳的投标人。
- ✓ 基于质量或技术方案得分。邀请一些公司提交建议书，同时列明技术和成本详情；如果技术建议书可以接受，再邀请它们进行合同谈判。采用此方法，会先对技术建议书进行评估，考察技术方案的质量。如果经过谈判，证明它们的财务建议书是可接受的，那么就会选择技术建议书得分最高的卖方。
- ✓ 基于质量和成本。在基于质量和成本的方法中，成本也是用于选择卖方的一个考虑因素。一般而言，如果项目的风险和（或）不确定性较高，相对于成本而言，质量就应该是一个关键因素。
- ✓ 独有来源。买方要求特定卖方准备技术和财务建议书，然后针对建议书开展谈判。由于没有竞争，因此仅在有适当理由时才可采用此方法，而且应将其视为特殊情况。
- ✓ 固定预算。固定预算法要求在建议邀请书中向受邀的卖方披露可用预算，然后在此预算内选择技术建议书得分最高的卖方。因为有成本限制，所以卖方会在建议书中调整工作的范围和质量，以适应该预算。买方应该确保固定预算与工作说明书相符，且卖方能够在该预算内完成相关任务。此方法仅适用于工作说明书定义精确、预期不会发生变更，而且预算固定且不得超出的情况。

12.1.3 规划采购管理过程的输出

12.1.3.1 采购管理计划

采购管理计划是一份对在采购过程中开展的各种活动的记录文件。这里要明确采购管理计划不涉及具体的采购内容，但必须有关于开展重要采购活动的时间表和用于管理合同的采购测量指标。这份计划还是一份主要用于协调采购与项目其他工作的文件，如项目成本计划的制订和控制。其次，项目采购计划里要明确与采购有关的相关方角色和职责、司法管辖权和付款货币、相关风险管理事项等。

根据项目情况的不同，采购管理计划可以是正式或非正式的、非常详细或高度概括的。

12.1.3.2 采购工作说明书

采购工作说明书需要充分详细地说明拟采购的产品、服务或成果，以便潜在卖方确定是否有能力提供。根据采购品的性质、买方的需求或拟采用的合同形式，工作说明书的详细程度会有较大不同。工作说明书的内容包括规格、所需数量、质量水平、绩效数据、履约期间、工作地点和其他要求。

1. 项目采购说明书与项目范围说明书

这两份说明书是项目管理过程中很重要的两份文件。项目范围说明书是对项目为实现项目可交付成果及所需的工作进行的详细阐述，它与 WBS、WBS 词典共同构成了范围基准。采购说明书则是基于范围基准，为每次采购编制工作说明书，仅对将要包含在相关合同中的那一部分项目范围进行定义，其中项目范围说明书起到了很关键的作用。在考试中有时会只提及工作说明书，一定要根据题目背景分析所在的过程判断说的是哪一份工作说明书。

2. 工作大纲

工作大纲是出现在采购管理中的术语，这一大纲与工作说明书类似，同样是对所要采购内容的详细描述，只不过它是对无形的服务内容采购进行阐述的文件。

12.1.3.3 采购策略

在确定需要外购相关项目资源后，就要制定一份相关的策略以规定项目交付方法（包括买卖双方是将所采购产品或服务进行分包还是双方设立合资企业；施工项目中涉及何种交付模式——交钥匙式、设计—建造、设计—招标—建造、设计—建造—运营、建造—拥有—运营—转让及其他）、具有法律约束力的协议类型，以及如何在采购阶段推动采购进展。

12.1.3.4 招标文件

招标文件是项目招标时的工作大纲，是供应商、承包商等乙方的工作依据，是向投标方提供参加投标所需要的一切情况的描述。因此，招标文件的编制质量和深度关系着整个招标工作的成败。招标文件的繁简程度，要视项目的性质和规模而定。

招标文件根据对卖方的不同选择标准，所使用的术语也有所不同。如果主要依据价格来选择卖方，通常就使用标书、投标或报价等术语；如果其他考虑因素（如技术能力或技术方法）相对重要，则通常使用建议书之类的术语。具体使用的采购术语也可能因行业或采购地点而异。在《PMBOK®指南》中对招标文件术语的界定是信息邀请书、报价邀请书、建议邀请书，或者其他适当的采购文件。使用不同文件的条件如下：

- ✓ 信息邀请书，需要卖方提供关于拟采购货物和服务的更多信息时使用。
- ✓ 报价邀请书，需要供应商提供关于将如何满足需求和（或）将需要多少成本的更多信息时使用。
- ✓ 建议邀请书，项目中出现问题且解决办法难以确定时使用。

在通常情况下，报价邀请书和建议邀请书在信息邀请书之后使用。

12.1.4 典型试题

1. 项目开始时，项目发起人通知项目经理必须优先考虑成本控制。在规划期间，项目经理确定由外部供应商制造的部件需求明确，不大可能发生变化。项目经理应该对该供应商使用什么合同类型？

A. 总价加激励费合同（FPIF）

B. 成本加激励费合同（CPIF）

C. 工料合同（T&M）

D. 固定总价合同（FFP）

答案：D

解析：采用总价合同，买方需要准确定义拟采购的产品或服务。虽然可能允许范围变更，但范围变更通常会导致合同价格提高。固定总价合同（FFP）是最常用的合同类型。大多数买方都喜欢这种合同，因为采购的价格在一开始就确定，并且不允许改变（除非工作范围发生变更）。

2. 一名团队成员声称一名供应商未能满足可交付成果要求。哪一份文件将帮助项目经理确定这项主张的有效性？

　　A. 供应商出价
　　B. 采购工作说明书
　　C. 采购管理计划
　　D. 工作分解结构

答案：B

解析：依据项目范围基准，为每次采购编制工作说明书，仅对将要包含在相关合同中的那一部分项目范围进行定义。工作说明书会充分详细地描述拟采购的产品、服务或成果，以便潜在卖方确定是否有能力提供此类产品、服务或成果。根据采购品的性质、买方的需求，或者拟采用的合同形式，工作说明书的详细程度会有较大不同。工作说明书的内容包括规格、所需数量、质量水平、绩效数据、履约期间、工作地点和其他要求。

3. 一个项目要求从外部供应商购买一些服务器。标准程序要求在做出采购决策前需考虑三个供应商的报价。项目经理应该怎么做？

　　A. 发出投标邀请书
　　B. 准备建议邀请书
　　C. 提交采购订单
　　D. 发出洽谈邀请

答案：A

解析：采购文件是用于征求潜在卖方的建议书。如果主要依据价格来选择卖方（如购买商业或标准产品时），通常就使用标书、投标或报价等术语。如果主要依据其他考虑（如技术能力或技术方法）来选择卖方，通常就使用诸如建议书的术语。采购订单是采购方直接向供应商下单的，并未体现供应商报价的环节。

4. 进行自制或外购分析后，项目经理将已经包含工作分解结构中的内容进行外包，项目经理应该采取下列哪一项措施？

　　A. 将需要外包的可交付成果从 WBS 中移除
　　B. 将需要外包的可交付成果保留在 WBS 中
　　C. 创建另一个 WBS，仅包含将需要外包的可交付成果
　　D. 等到选定外包供应商后才对 WBS 进行更改

答案：B

解析：WBS 是对项目团队为实现项目目标、创建可交付成果而需要实施的全部工

作范围的层级分解。外包的可交付成果仍然是项目目标的组成部分,所以不应该移除。

5. 项目团队正在讨论。幸运的是项目经理已经建立了奖励机制和团队建设,有助于鼓励团队进一步合作。团队最近讨论的一件事是他们是应自己完成一工作包还是外包给其他人。他们现在肯定是在采购过程的哪个阶段?

A. 控制采购
B. 规划采购管理
C. 实施采购
D. 结束采购

答案:B

解析:自制或外购决策分析是规划采购管理的重要工具技术,通过自制或外购分析,做出某项特定工作最好由项目团队自己完成,还是需要从外部渠道采购的决策。

要点总结
- 项目采购管理的作用。
- 自制与外购分析。
- 采购合同的三种类型。
- 采购工作说明书。
- 项目采购策略。
- 信息邀请书、报价邀请书和建议邀请书。

12.2 实施采购

实施采购是基于采购管理计划进行招投标实施的获取资源的全部过程,主要涉及的工作包括选定合格卖方并签署关于货物或服务交付的法律协议(包括正式合同)。实施采购作为采购的具体执行过程,会根据采购的进度安排而开展,所以会根据需要在整个项目期间定期开展。

12.2.1 实施采购过程的输入

12.2.1.1 采购文档

采购文档是用于达成法律协议的各种书面文件,其中可能包括当前项目启动之前的较旧文件。采购文档可包括招标文件、采购工作说明书、供方选择标准、独立成本估算。

供方选择标准:实施招标时需要明确投标人的标准,此类标准描述如何评估投标人的建议书,包括评估标准和权重。为了减轻风险,买方可能决定与多个卖方签署协议,以便在单个卖方出问题并影响整体项目时,降低由此导致的损失。

独立成本估算:为了能够合理地控制采购成本,买方可能选择内部或外部人员评估投标人提交的建议书的合理性。

采购文档与采购文件:采购文档是对项目采购管理过程中项目启动之前到签署、执行及结束合同时所使用的所有文件。采购文件是指在招投标过程中使用的相关文件，如投标邀请书、谈判邀请书、信息邀请书、报价邀请书和建议邀请书及包含卖方应答的文件等。采购文档包含了采购文件中的内容。图 12-5 对比了主要类型的项目采购文件。

采购管理计划	采购策略	采购工作说明书	招标文件
• 协调采购与项目的其他工作，尤其是项目资源、进度计划和预算工作 • 开展重要采购活动的时间表 • 用于管理合同的采购测量指标 • 与采购有关的相关方角色和职责 • 如果执行组织有采购部，项目团队拥有的职权和受到的限制 • 可能影响采购工作的制约因素和假设条件 • 司法管辖权和付款货币 • 是否需要编制独立估算，以及是否应将其作为评价标准 • 风险管理事项，包括对履约保函或保险合同的要求，以减轻某些项目风险 • 拟使用的预审合格的卖方（如果有）	采购交付方法 协议类型 采购阶段	采购项目描述 规格、质量要求和绩效指标 所需附加服务描述 验收方法和验收标准 绩效数据和其他所需报告 质量 履约时间和地点 支付货币及进度计划担保	信息邀请书 报价邀请书 建议邀请书

图 12-5　项目采购文件比较

12.2.1.2　卖方建议书

卖方建议书是卖方为响应相关的采购文件而编制的建议书。所谓建议书也就是投标方使用的标书，包括价格建议书（商务标）、技术建议书（技术标），招标方会通过审阅、评估其中包含的基本信息，并对比供方选择标准审查建议书，然后选出最能满足采购组织需求的卖方。

12.2.2　实施采购过程的工具与技术

12.2.2.1　投标人会议

投标人会议又称承包商会议、供应商会议或投标前会议。此会议是在卖方提交相关建议书之前，在买方和潜在卖方之间召开的会议，目的是确保所有潜在投标人对采购要求都有清楚且一致的理解，并确保没有任何投标人会得到特殊待遇。

12.2.2.2　人际关系与团队技能

在本过程中需要用到人际关系与团队技能中的谈判技能。采购谈判是指在合同签署之前，对合同的结构、各方的权利和义务，以及其他条款加以澄清，以便双方达成共识。最终的文件措辞应该反映双方达成的全部一致意见。谈判以签署买方和卖方均可执行的合同文件或其他正式协议而结束。谈判应由采购团队中拥有合同签署职权的成员主导。项目经理和项目管理团队的其他成员可以参加谈判并提供必要的协助。

在考试中偶尔会对谈判策略与技巧有所考察，难度不大，但要求考生对一些基本的谈判策略与技巧有所了解，如最后期限策略等。

12.2.3 实施采购过程的输出：协议

这里的协议是指与选定的投标人所签署的合同，是对买卖双方都有约束力的法律文件。这份文件建立了受法律保护的买卖双方的关系。协议文本的主要内容会有所不同，但通常包括：采购工作说明书或主要的合同可交付成果；进度计划、里程碑，或者进度计划中规定的日期；定价和支付条款；对所购资源的检查、质量和验收标准；激励和惩罚；采购合同的一般条款和条件；终止条款和替代争议解决方法。

12.2.4 典型试题

1. 公司希望开展一个新的财务应用程序项目。完成自制或外购分析之后，公司审查了所有供应商建议书并选择了其中一家供应商。下一步做什么？
   A. 创建一份风险采购计划
   B. 对管理层外包项目的决定进行申诉
   C. 进行合同谈判
   D. 记录变更请求

   答案：C

   解析：实施采购阶段，已经确定供应商，下一步进行采购谈判并签订合同。

2. 项目在执行阶段被取消。项目经理将所有信息转移给项目发起人，但一名关键相关方不同意项目经理对分包商取消费用的估算。项目经理应该怎么做？
   A. 进行采购谈判
   B. 更新付款进度
   C. 等待分包商提交索赔
   D. 修订工作绩效信息

   答案：A

   解析：适用于本过程的人际关系与团队技能包括谈判。谈判是为达成协议而进行的讨论。采购谈判是指在合同签署之前，对合同的结构、各方的权利和义务，以及其他条款加以澄清，以便双方达成共识。最终的文件措辞应该反映双方达成的全部一致意见。谈判以签署买方和卖方均可执行的合同文件或其他正式协议而结束。

3. 在下列哪个过程中，项目团队将收到标书并根据预先定义的标准审查卖方资格？
   A. 实施采购
   B. 计划采购
   C. 管理采购
   D. 授予采购合同

   答案：A

   解析：实施采购过程要按照标准审查卖方资格，目的是选定卖方，在实施采购过程中，团队收到标书或建议书，并按事先确定的选择标准选出一家或多家有资格履行工作且可接受的卖方。

4. 有一部分项目工作从外部资源采购，项目团队制订采购计划，并向多个供应商发出建议邀请书，团队从潜在供应商那里获得关于工作的询问，为向潜在供应商提供响应，项目团队应该怎么做？

A. 向每一位供应商发送单独回复
B. 在项目团队中为每一位供应商指定单个联系人
C. 修订建议邀请书，将对所有问题的回复包含在内，并分发给所有供应商
D. 召开投标人会议，澄清所有供应商的全部问题

答案：D

解析：投标人会议（又称承包商会议、供货商会议或投标前会议）就是在投标书或建议书提交之前，在买方和所有潜在卖方之间召开的会议。会议的目的是保证所有潜在卖方对本项采购（包括技术要求和合同要求）都有清楚且一致的理解，保证没有任何投标人会得到特别优待。要把对问题的回答，以修正案的形式纳入采购文件。

5. 下列哪份文件说明了含有按合同规定所要提供的产品或服务？

A. 物料清单
B. 项目计划
C. 工作说明书
D. 工作分解结构

答案：C

解析：工作说明书是对项目所需交付的产品或服务的叙述性说明。采购工作说明书应该详细描述拟采购的产品、服务或成果，以便潜在卖方确定他们是否有能力提供这些产品、服务或成果。至于应该详细到何种程度，会因采购品的性质、买方的需要或拟用的合同形式而异。工作说明书中可包括规格、数量、质量、性能参数、履约期限、工作地点和其他内容。

要点总结
✓ 实施采购的作用。
✓ 项目采购文档与采购文件。
✓ 投标人会议。
✓ 谈判策略。

12.3 控制采购

控制采购基本上是贯穿整个项目期间开展的一项工作，当然还要看项目的具体需要。这一过程的有效实施是对采购计划正常实施的重要保证，它将确保采购关系得以管理，合同绩效得到监督，并有效地实施必要的变更和纠偏，以及合同的关闭。通过对以上一系列内容的保证，起到对买卖双方法律协议履行的保障，满足项目需求。在之前版

本的《PMBOK®指南》中在收尾过程组单独设立了结束采购过程作为合同收尾的重要工作，现在拓宽了控制采购的工作内容，所以控制采购实际上也兼有合同收尾的作用。

项目采购中合同是最重要的法律文件，它在实践中的形式有多种，买卖双方根据合同履行义务，同时也根据合同条款来维护自身权益。正因如此，合同管理可以说是控制采购过程最主要的工作，从合同开始履行、执行过程中出现的争议处理、索赔直到最后的合同结算。所以在这一过程中需要开展一定的财务管理工作，如监督向卖方付款。需要重点关注的地方是确保向卖方的付款与卖方实际已经完成的工作量之间有密切的关系。如果合同规定了基于项目输出及可交付成果来付款，而不是基于项目输入（如工时），那么就可以更有效地开展采购控制。

合同内容是否可以变更？ 合同当然是可以发生变化的。在合同收尾前，若双方达成共识，可以根据协议中的变更控制条款，随时对协议进行修改。通常要书面记录对协议的修改。

合同管理主要涉及的工作有哪些？
- 收集数据和管理项目记录，如维护对实体和财务绩效的详细记录，建立可测量的采购绩效指标。
- 完善采购计划和进度计划。
- 建立与采购相关的项目数据的收集、分析和报告机制，并为组织编制定期报告。
- 监督采购环境，以便引导或调整实施。
- 向卖方付款。

谁来执行和负责控制采购的工作？ 在对项目采购进行控制时很多组织都将合同管理视为独立于项目的一种组织职能。虽然采购管理员可以是项目团队成员，但通常还向另一部门的经理报告。

12.3.1　控制采购过程的输入

12.3.1.1　协议

在控制采购过程中涉及的协议主要是采购合同和谅解备忘录。对照合同，确认其中的条款和条件的遵守情况。若出现有争议的变更或其他一些需协商解决的问题，则可以使用谅解备忘录进行处理。谅解备忘录，现在越来越多地被运用在商业交易中，即参加方只是表明就其关系的某一方面达成谅解，而不是创设一项权利义务关系。这些无法律约束力的协议通常被称为谅解备忘录，或者被描述为"君子协定""无法律约束力的协议""事实性协议""非法律协议"。

12.3.1.2　工作绩效数据

这里所使用的绩效数据是根据合同进行对照后得到的包含受采购活动影响的项目状态有关的数据，如进展中或已结束的项目采购活动。数据中还可能包括向卖方付款的情况。

12.3.2 控制采购过程的工具与技术

12.3.2.1 索赔管理

索赔管理是在采购管理中时常出现的情况。

何为"索赔"？它是根据正式签订的合同条款，在发生不符合同的情况时，卖方向买方或买方向卖方提出的关于报酬或款项的要求或主张，"有争议的变更"就属于可以进行索赔的一种情形。

何为"索赔管理"？如果买卖双方不能就变更补偿达成一致意见，或者对变更是否发生存在分歧，那么被请求的变更就成为有争议的变更或潜在的推定变更。如果不能妥善解决，它们会成为争议并最终引发申诉。

索赔并非想象中一涉及索赔就要剑拔弩张地进入法律程序，而是要通过协商解决，无法协商时才会步入法律程序，一般的流程是：

申请索赔—确认索赔情况—协商处理

达成处理一致意见—实施索赔—跟踪索赔

未达成一致意见—按合同程序处理—通过仲裁使用替代争议解决方法

替代争议解决方法指可以被法律程序接受的，通过协议而非强制性的有约束力的裁定解决争议的任何方法。若替代争议解决方法都无法处理，则最终通过起诉进入法律程序来处理。但谈判是解决所有索赔和争议的首选方法。

12.3.2.2 采购审计

审计是对采购过程的结构化审查。应该在采购合同中明确规定与审计有关的权利和义务。买方的项目经理和卖方的项目经理都应该关注审计结果，以便对项目进行必要调整。采购审计是很重要的采购控制工具，它将从采购规划到合同管理的整个采购过程进行系统的审查，目的是找出可供本项目其他采购合同或实施组织内其他项目借鉴的成功与失败的经验。

12.3.3 控制采购过程的输出：采购关闭

谁关闭采购？买方通常通过其授权的采购管理员，向卖方发出合同已经完成的正式书面通知。

项目管理团队应该在关闭采购之前批准所有的可交付成果。

如何关闭采购？关于正式关闭采购的要求，通常已在合同条款和条件中规定，并包括在采购管理计划中。一般而言，这些要求包括：已按时按质按技术要求交付全部可交付成果，没有未决索赔或发票，全部最终款项已经付清。

12.3.4 典型试题

1. 项目经理希望在新项目中使用一名特定供应商。该供应商目前正在为项目经理管理的另一个项目工作。项目经理希望在开始为新项目工作之前，先完成当前项目。在供应商开始为新项目工作之前，项目经理应该做什么？

    A．与供应商一起评审合同协议

    B．更新采购文档

    C．执行采购审计

    D．要求供应商完成所有现有工作

   答案：C

   解析：采购审计是指对合同和采购过程的完整性、正确性和有效性进行的审查。采购审计的独立性和可信度，是采购系统可靠性的关键决定因素，所以买方在结束项目前需要进行核查，同时也是让卖方认可此过程，以免后续争议。

2. 一个项目需要内部资源和外部资源。外部资源通过一份标准采购计划活动获得。因一场飓风袭击供应商所在地，他们无法满足可交付成果要求的时间期限。哪个合同将澄清供应商未能满足该合同条款的财务解决方式？

    A．不可抗力退款

    B．激励条款

    C．补偿条款

    D．仲裁条款

   答案：A

   解析：所属过程组：执行、监控过程组。所属知识领域：项目采购管理。解析：合同中有关于不可抗力免责的条款。

3. 在与项目团队成员的非正式谈话中，项目经理发现某个关键部分的供应商在执行一个已获批准的产品变更时有问题。项目经理接下来应执行下列哪一项？

    A．实施对供应商的质量审计

    B．安排一次变更控制会议

    C．审查供应商的工作绩效

    D．与供应商的高级经理谈话

   答案：C

   解析：此处要进行绩效审查，即对照协议，对质量、资源、进度和成本绩效进行测量、比较和分析，以审查合同工作的绩效。它可以包括买方开展的检查、对卖方所编相关文件的审查，以及在卖方实施工作期间进行的质量审计。

4. 在进行检查期间，你发现一家供应商没有适当生产可交付成果的一个重要部件。你应该如何做？

    A．坚持卖方遵守质量保证计划

B. 就偏差，通知项目发起人
C. 通过函件，坚持要求遵守合同
D. 安排会议，讨论偏差

答案：C

解析：作为买方在进行采购管理时，主要对结果和目标进行监控，一般不涉及卖方的具体过程管理，备选答案 A 和 D 均属项目过程管理，属于卖方的职责，而 B 是否通知项目发起人需要根据问题的严重性而定。

5. 项目分包商没有按照合同规定期限交付工作产品。虽然一再警告，但分包商还是无法交付。项目经理将他们的担忧上报给分包商公司的管理层。但是这并没有对分包商的绩效带来任何改进。项目经理下一步应该采取下列哪一项措施？

A. 停止向分包商付款
B. 启动终止合同的程序
C. 对分包商采取法律措施
D. 采取其他纠纷解决过程

答案：B

解析：违反合同，屡教不改，提前终止。

要点总结

✓ 谅解备忘录。
✓ 索赔管理流程。
✓ 替代争议解决方法。
✓ 采购关闭。

第13章
项目相关方管理

项目为人而做，由人完成，这里的人就是相关方，在之前的版本中称为干系人。工具、技能和技术对于项目管理很重要，相关方的参与和对项目及其可交付成果的认知，却是成就项目或使项目失败的关键因素。所以，项目的成功标准最终还是要由相关方，尤其是项目成果受益人来定义的，甚至有些时候项目最终未能真正满足传统三重制约要素的要求，若能使可交付成果确实满足相关方的需求，那可能也会视项目为成功。

随着这一观念在项目管理界慢慢深入人心，相关方管理也渐渐超出了传统沟通管理知识领域的范畴，并成为项目管理的重要组成部分。这种趋势从《PMBOK®指南》（第5版）中开始增加了"干系人管理"知识领域一章得到验证。

在《PMBOK®指南》（第6版）中，项目相关方管理是通过分属于启动、规划、执行和监控过程组中四个环环相扣的过程来完成的。

项目相关方管理四个实现过程，如表13-1所示。

表 13-1 项目相关方管理实现过程

知识领域	过程组			
	启动过程组	规划过程组	执行过程组	监控过程组	收尾过程组
13.项目相关方管理	13.1 识别相关方	13.2 规划相关方参与	13.3 管理相关方参与	13.4 监督相关方参与	

相关方管理的主要作用与目的是通过识别能够影响项目或会受项目影响的人员、团体或组织，分析相关方对项目的期望和影响，并制定出合适的管理策略来有效调动相关方参与项目决策和执行。

为了实现项目收益，识别相关方和引导相关方参与的过程需要迭代开展。这样做的目的是希望能够有效引导相关方参与，不同的层面、不同阶段会有不同的相关方，不同的相关方又有不同的需求和期望，如何通过有效沟通管理、监督相关方参与就变得尤为关键，重视与所有相关方保持持续沟通（包括团队成员），以理解他们的需求和期望、处理所发生的问题、管理利益冲突，并促进相关方参与项目决策和活动。

- ✓ 通过现实项目中的不断摸索，项目相关方管理已经有了很多值得推荐的最佳实践。
- ✓ 尽可能识别出与项目相关的所有相关方。

- ✓ 确保所有团队成员都涉及引导相关方参与的活动，而非只是项目经理在做。
- ✓ 定期审查相关方群体，尤其是在每一次风险审查的时候。
- ✓ 将团队内受影响的相关方视为合作伙伴。
- ✓ 关注与相关方有效参与程度有关的正面及负面价值。正面价值是相关方（尤其是强大相关方）对项目的更积极支持所带来的效益；负面价值是因相关方未有效参与项目并对项目产生消极作用的影响。

在适应型项目环境中，更需要项目相关方的有效互动和参与。为了开展及时且高效的讨论及决策，适应型团队会直接与相关方互动，而不是通过层层的管理级别。客户、用户和开发人员在动态的共创过程中交换信息，通常能实现更高的相关方参与和满意程度。比如，在敏捷项目中，对于客户这一角色已经不再是付钱购买服务的人，而是希望获得项目最大价值的角色，这就要求客户也要尽可能地投入项目实施中，从而成为现场客户，而非等待结果，即便客户不能直接参与，项目团队内也会设定客户的角色以帮助更深刻地理解项目需求与期望。

13.1 识别相关方

想要对项目相关方进行管理的前提是先要找到相关方，识别相关方的过程就是辨别出项目相关方，并且分析和记录他们的利益、参与度、相互依赖性、影响力和对项目成功的潜在影响。基于相关方对项目的重要性，本过程应根据需要在整个项目期间定期开展。

谁是项目相关方？ 能影响项目决策、活动或结果的个人、群体或组织，以及会受或自认为会受项目决策、活动或结果影响的个人、群体或组织。简言之，受项目影响，参与项目工作或对项目有决策权的人，就是项目相关方。

13.1.1 识别相关方过程的输入

13.1.1.1 项目章程

项目章程中会列出关键相关方的清单，还可能包含与相关方职责有关的信息。虽然是这一过程的输入，但在实际情况中，识别相关方通常在编制和批准项目章程之前或同时首次开展。同时，在项目生命周期之外所创建的商业论证、效益管理计划也会为相关方的识别提供依据。

13.1.1.2 项目文件

在项目首次进行相关方识别时，大多数项目文件还未建立，并不需要项目文件作为识别依据，但这一过程需要在整个项目期间都要进行，所以项目经历启动阶段以后，将会生成更多项目文件，用于后续的项目阶段。涉及的主要项目文件有变更日志、需求文件和问题日志。

13.1.2 识别相关方过程的工具与技术

13.1.2.1 相关方分析

本过程虽然被称作识别相关方，但并非简单地找出并记录相关方的基本信息，还要对相关方可能对项目产生影响的信息进行有效分析：

- 个人或群体会受与项目有关的决策或成果的影响，他们对项目的兴趣大小很重要。
- 权利（合法权利或道德权利）。国家的法律框架可能已就相关方的合法权利做出规定，如职业健康和安全。道德权利可能涉及保护历史遗迹或环境的可持续性。
- 所有权。人员或群体对资产或财产拥有的法定所有权。
- 知识。专业知识有助于更有效地达成项目目标和组织成果，或者有助于了解组织的权力结构，从而有益于项目。
- 贡献。提供资金或其他资源，包括人力资源，或者以无形方式为项目提供支持，例如，宣传项目目标。

有时还会通过评估现有项目文件及以往项目经验教训，以识别相关方和其他支持性信息。

13.1.2.2 数据表现

在对相关方进行分析之后，需要对众多相关方进行分类，这样的分类有助于团队与已识别的项目相关方建立关系，并为下一阶段的各过程提供更准确的依据。用于此处进行相关方分类的工具有：

- 权力利益与权力影响方格，如图 13-1 所示。

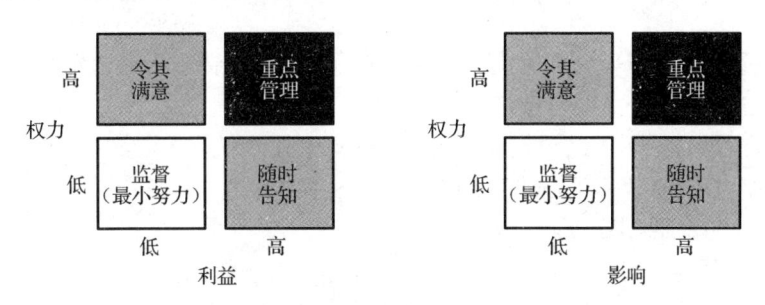

图 13-1 权力利益与权力影响方格

此方格可根据项目管理团队的需要和经验进行不同的组合，方格分为四个象限，代表着不同维度的四类相关方，方格内是针对这四类人的简单管理策略。

权力：相关方的职权级别。
利益：相关方对项目成果的关注程度。
影响：相关方主动参与项目的程度。
作用：相关方改变项目计划和执行的能力。

✓ 相关方立方体：这是上述方格模型的改良形式。本立方体把上述方格中的要素组合成三维模型，项目经理和团队可据此分析相关方并引导相关方参与项目。作为一个多维模型，它将相关方视为一个多维实体，更好地加以分析，从而有助于沟通策略的制定。
- ✓ 凸显模型：通过评估相关方的权力（职权级别或对项目成果的影响能力）、紧迫性（因时间约束或相关方对项目成果有重大利益诉求而导致需立即加以关注）和合法性（参与的适当性），对相关方进行分类。在凸显模型中，也可以用邻近性取代合法性，以便考察相关方参与项目工作的程度。这种凸显模型适用于复杂的相关方大型社区，或者在相关方社区内部存在复杂的关系网络。凸显模型可用于确定已识别相关方的相对重要性。
- ✓ 影响方向：可以根据相关方对项目工作或项目团队本身的影响方向，对相关方进行分类。可以把相关方分为：
— 向上（执行组织或客户组织、发起人和指导委员会的高级管理层）。
— 向下（临时贡献知识或技能的团队或专家）。
— 向外（项目团队外的相关方群体及代表，如供应商、政府、公众、最终用户和监管部门）。
— 横向（项目经理的同级人员，如其他项目经理或中层管理者，他们与项目经理竞争稀缺项目资源，或者合作共享资源或信息）。
- ✓ 优先级排序：如果项目有大量相关方、相关方社区的成员频繁变化，相关方和项目团队之间或相关方群体内部的关系复杂，可能有必要对相关方进行优先级排序。

13.1.3 识别相关方过程的输出：相关方登记册

识别相关方过程最重要的输出就是相关方登记册。它记录已经识别并加以相关方分析后的相关方的信息，主要包含：
- ✓ 身份信息。姓名、组织职位、地点、联系方式，以及在项目中扮演的角色。
- ✓ 评估信息。主要需求、期望、影响项目成果的潜力，以及相关方最能影响或冲击的项目生命周期阶段。
- ✓ 相关方分类。用内部或外部，作用、影响、权力或利益，上级、下级、外围或横向，或者项目经理选择的其他分类模型，进行分类的结果。

相关方登记册既是一份项目文件，也是一个相关方管理工具。项目团队应该确定适合本项目详细程度的登记册。一般情况下，相关方登记册只是一份简要文件，而非详细的规划文件。项目经理和项目团队应该根据自己的专业判断，确保相关方登记册适合自己的需要。项目经理还需要经常更新登记册，来添加、删除相关方，并做其他必要调整。图 13-2 为相关方登记册演示模板。

姓名	职位	联系信息				分类					排序	项目角色		状态		
		联系地址	电话1	电话2	电子邮箱	权力	利益	影响	作用	专业	群体	项目角色	项目任务	支持	中立	抵制
1																
2																
3																
4																
5																
6																

图13-2 相关方登记册演示模板

13.1.4 典型试题

1. 项目经理正在开展一个涉及动态环境中多名项目相关方的项目。结果，项目相关方的利益水平不一致。若要了解项目相关方的利益，项目经理应该怎么做？
   A．执行沟通需求分析
   B．召开强制性、每周一次的项目相关方会议
   C．更新相关方登记册
   D．使用拉式沟通方法
   答案：C
   解析：相关方登记册是识别相关方过程的主要输出，用于记录已识别的相关方的所有详细信息，包括评估信息、主要需求、主要期望、对项目的潜在影响、与生命周期的哪个阶段最密切相关。应定期查看并更新相关方登记册，因为在整个项目生命周期中相关方可能发生变化，也可能识别出新的相关方。

2. 项目具有高失败风险，然而，如果项目成功，将会使公司进入一个新的业务领域。项目开始后，商业环境气氛发生了变化，项目变成了公司优先业务的首选，若要识别哪些人在项目中存在业务利益，应参考下列哪份文件？
   A．人力资源计划
   B．风险登记册
   C．相关方登记册
   D．沟通计划
   答案：C
   解析：相关方登记册中记录了相关方的业务利益和需求，是识别所有受项目影响的人员或组织，并记录其利益、参与情况和对项目成功的影响的过程。相关方登记册是识别相关方过程的成果之一。

3. 项目团队刚刚完成一个新的订单跟踪系统的开发。项目发起人——销售总监对新系统非常满意。而生产总监对此不满，并要求重新设计该系统以满足生产需求。项目经理估计重新设计系统会导致项目实施延迟两个月。项目经理本应如何做就可以避免发生这种情况？
   A．在编制计划阶段完成角色和职责矩阵
   B．让项目相关方参与，确保要求不被忽略
   C．确保让销售总监批准该需求
   D．在编制项目计划阶段，制定有效的项目范围和变更控制流程
   答案：B
   解析：在规划项目、制订项目管理计划和项目文件时，项目团队应当鼓励所有相关方参与。

4. 成功的项目沟通管理始于下列哪一步？
A．发布信息
B．识别利害关系者
C．管理利害关系者期望
D．规划沟通

答案：B

解析：成功的项目沟通管理开始于识别相关方，相关方沟通和沟通管理计划制订首先要识别相关方。

5. 项目经理完成了项目章程。项目经理需要做的下一个活动是什么？
A．创建详细的相关方登记册
B．创建需求文件
C．创建相关方管理策略
D．创建质量管理计划

答案：A

解析：项目章程与识别相关方同属于启动过程组，项目章程是识别相关方的主要输入依据。另外，根据题目中所给出的答案，4个选项活动顺序依次为 A-C-B-D，相关方登记册是制订质量管理计划的依据。

要点总结
- 谁是项目相关方。
- 相关方分类：权力利益方格、权力影响方格。
- 项目章程与项目登记册的逻辑关系。
- 相关方登记的主要内容。

13.2 规划相关方参与

规划相关方参与是通过对相关方登记册中记录的相关方需求、期望、利益和对项目的潜在影响，制定他们参与项目的方法的过程。这一过程的主要作用是，提供与相关方进行有效互动的可行计划。这一计划为了满足项目相关方的多样性信息需求，最好在项目早期制订，然后，随着相关方群体的变化，定期审查和更新该计划。

13.2.1 规划相关方参与过程的输入：协议

这一过程所使用的协议主要是指采购管理中所使用的相关文档，因为在规划承包商及供应商参与时，通常涉及与组织内的采购小组和（或）合同签署小组开展合作，以确保对承包商和供应商进行有效管理。

13.2.2 规划相关方参与过程的工具与技术

13.2.2.1 相关方参与度评估矩阵

项目相关方因为各自需求和期望的不同，对项目的态度会有很大的不同，有消极的也有积极的，甚至还有中立的并可进一步细分。项目管理团队总是希望所有相关方都能积极支持，但想要达到这样的结果，就必须先通过有效的工具技术对相关方的参与程度进行评估。相关方参与度评估矩阵就用于将相关方当下的参与水平与期望的参与水平进行比较，是对相关方参与水平进行分类的方式之一。相关方评估矩阵参考模板，如表 13-2 所示。

表 13-2 相关方评估矩阵参考模板

相关方	不知晓	抵制	中立	支持型	领导
相关方 1	C			D	
相关方 2			C	D	
相关方 3				DC	

表 13-2 所示的相关方评估矩阵模型中，C 代表每个相关方的当前参与水平，而 D 是项目团队评估出来的、为确保项目成功所必不可少的参与水平（期望的）。应根据每个相关方的当前与期望参与水平的差距，设计相应的相关方参与计划，对他们的期望进行管理，从而有效地引导相关方参与项目。（用 C 还是 D 抑或其他方式代表对相关方参与度的状态由团队自己设定。）

13.2.2.2 相关方参与计划

基于对项目中的各相关方对项目态度的评估，以及项目管理团队对他们参与项目的期望，项目团队会把影响相关方的方案记录下来，为之后的实施和调整做依据。相关方参与计划是项目管理计划的组成部分。它记录了用于促进相关方有效参与决策和执行的策略和行动，基于项目的需要和相关方的期望。

13.2.3 典型试题

1. 下一次会议之前，一名关键项目发起人需要知道项目的高层级风险和主要需求。该项目发起人希望让项目相关方参与，确保他们的参与程度，并根据当前环境识别主要制约因素。项目经理首先应该为发起人准备哪一项？

A. 相关方登记册

B. 风险分解结构

C. 风险管理计划

D. 相关方参与度评估矩阵

答案：D

解析：可以通过在相关方参与度评估矩阵中记录相关方的当前参与程度，比较所有相关方的当前参与程度与计划参与程度（为项目成功所需的），识别出当前参与程度与所需参与程度之间的差距。项目经理可以通过给发起人提供相关方参与度评估矩阵来让发起人了解项目相关方参与程度的相关信息。

2．一名新项目经理必须了解项目相关方在项目中的利益、关系、期望和影响。项目经理需要根据这些关系建立联系。下列哪一项将帮助项目经理完成这项工作？

A．相关方分析
B．人际关系技巧
C．分析技术
D．相关方参与度评估矩阵

答案：A

解析：相关方分析是系统地收集和分析各种定量与定性信息，以便确定在整个项目中应该考虑哪些人的利益。通过相关方分析，识别出相关方的利益、期望和影响，并把他们与项目的目的联系起来。相关方分析也有助于了解相关方之间的关系（包括相关方与项目的关系，相关方相互之间的关系），以便利用这些关系来建立联盟和伙伴合作，从而提高项目成功的可能性。在项目或阶段的不同时期，应该对相关方之间的关系施加不同的影响。

3．一名新项目经理被授权管理一个正在执行的项目。针对这个项目，三天内将召开一次重要的里程碑核实会议。若要确保相应人员受邀参加会议，项目经理应该怎么做？

A．请求高级管理层提供建议
B．参照以往里程碑核实会议的与会者
C．与项目团队讨论该问题
D．查看相关方管理计划

答案：D

解析：相关方管理计划中有相关方的需求、期望、参与程度等相关信息，查阅相关方管理计划可以确认应该参加会议的人员。

4．一个新项目已经启动，且已识别许多相关方，但每名相关方对项目范围、预算和进度的期望不同。应该使用以下哪项工具来为相关方可能产生的影响排定优先级？

A．信息发布计划
B．权力/利益方格
C．沟通需求分析
D．人际关系技巧

答案：B

解析：①根据题目描述，要进行的是对相关方可能产生的影响进行优先级排序，可以确定需要进行相关方分析；②权利/利益方格是相关方分析工具的一种表现形式，根据相关方的职权（权力）大小及对项目结果的关注（利益）程度进行分类。

5. 由于组织结构的变化，相关方 A 承担了新的责任，并已经从指导管理委员会辞职，相关方 A 替代者相关方 B 提出与项目商业利益有关的问题。项目经理首先应该怎么做？
   A. 在问题登记册中记录该问题，并更新项目利益
   B. 更新项目管理计划
   C. 与相关方会面，包括项目发起人
   D. 更新相关方登记册，并参考相关方管理策略

答案：D

解析：相关方发生变化应该首先更新登记册，对于相关方对项目的态度和问题可参考相关方参与计划的内容调整管理策略。

要点总结
- ✓ 采购合同对识别相关方的作用。
- ✓ 相关方登记册的构成。
- ✓ 相关方评估矩阵。
- ✓ 相关方参与计划。

13.3 管理相关方参与

管理相关方参与时很能体现项目的独特性，每个相关方对待项目需求、期望和利益态度等都各不相同，这一过程的目的就是确保相关方明确了解项目目的、目标、收益和风险，以及他们的贡献将如何促进项目成功，并让项目经理能够提高相关方的支持，并尽可能地降低相关方的抵制。

在管理相关方参与时，与相关方进行沟通和协作是满足他们需求与期望、处理问题，并促进相关方合理参与的主要手段。

项目相关方存在于项目的整个生命周期，所以本过程也需要在整个项目期间开展若干有效活动来完成。这些活动主要包括：
- 在适当项目阶段引导相关方参与，以获取、确认或维持他们对项目成功的持续承诺。
- 通过谈判和沟通管理相关方期望。
- 处理与相关方管理有关的任何风险或潜在关注点，预测他们可能在未来引发的问题。
- 澄清和解决已识别的问题。

13.3.1 管理相关方参与过程的工具与技术

13.3.1.1 沟通技能

沟通是管理相关方参与的主要方式，所以在开展管理相关方参与过程时，应该根据

沟通管理计划，针对每个相关方采取相应的沟通方法。项目管理团队也应该使用反馈机制，来了解相关方对各种项目管理活动和关键决策的反应。反馈的收集方式主要包括正式与非正式对话、问题识别和讨论、会议、进展报告、调查。

在具体的管理中，沟通管理计划与相关方参与计划都是这一过程的重要实施依据，所以在管理项目相关方参与时会对沟通计划与相关方参与计划进行更新。

13.3.1.2 人际关系与团队技能

在这一过程中常用到的技能有冲突管理、文化意识、谈判、观察和交谈、政治意识。

13.3.2 典型试题

1．某一特殊的相关方以多次发起变更而闻名。项目之初，项目经理可以通过何种方法避免此情况发生？

A．不断对他说不，以阻止他提出更多的变更

B．让他尽早参与项目

C．直接找他的老板，要求把他的工作分配到别的项目上

D．把他排除在相关方名单外

答案：B

解析：我们不能躲避相关方（选项 C 和 D），因为项目中有他的利益。项目经理可以说不（选项 A），但这并不能解决根本问题。这些变更会有好的想法或建议。只有选项 B 在处理实质问题。变更并非都是负面的，变更通常源于项目之初对输入缺乏认识。如果我们尽早与这位相关方沟通（选项 B），项目计划执行过程中变更机会就会少很多，由此带来的负面影响就会减少。

2．项目工作过程中，项目经理所在公司被一家大型国际组织收购，项目经理担心这可能影响项目，项目经理接下来应该怎么做？

A．实施范围控制

B．管理相关方期望

C．执行变更管理

D．更新项目基准

答案：B

解析：通过积极管理相关方的参与，可以降低因相关方之间的未决问题而使项目不能达到目的和目标的风险，并减少项目过程中的混乱。

3．在项目实施期间发生组织重组，一名关键相关方被替换。新的相关方对项目成功抱有很高的兴趣并拥有足够的影响力，对项目结果产生重大影响。在执行相关方分析之后，项目经理该如何处理该新项目相关方？

A．监测相关方期望发生的任何变化

B．保持向相关方通知项目进度/状态

C．确保相关方满意项目进度/状态

D．密切管理相关方的期望

答案：D

解析： 规划相关方参与中要进行相关方分析，以便在执行过程中管理相关方参与，其中就包含管理相关方的期望。

4．管理层已经向你保证，如果你提前完成该项目，客户会给你一部分奖励。在最后完成一主要的交付成果时，你的团队告诉你该交付成果满足合同的要求但是不能提供客户所需的功能。如果该交付成果已经晚了，所以项目不能提前完成了。你应该采取什么措施？

A．就这样递交交付成果
B．告诉客户情况是这样的，寻找一个双方都能接受的解决方法
C．开始由客户编写引起延误的列表以准备谈判
D．悄悄削减其他活动以为修复该交付成果节约时间

答案：B

解析： 选项 A 和 D 忽略了客户的最大利益。应已与其他变更命令一起解决了任何延期，所以选项 C 不对。正确的解决方法是和客户谈（选项 B）。这样更可能找到一个双方都同意的解决方法。

5．在项目规划阶段，项目经理认识到与其中一名项目相关方在项目可交付成果方面的理解存在差异，从而造成与该项目相关方的关系紧张。要解决这个问题，项目经理应该怎么做？

A．忽视该项目相关方
B．安排一次与该项目相关方的会议，了解造成理解差异的原因，并予以解决
C．将该问题报给项目发起人，让他们为项目经理解决这个问题
D．让其他团队成员说服项目的相关方妥协

答案：B

解析： 解决问题首先要了解问题的原因，然后通过分析制订应对方案，建立决策。

要点总结

✓ 管理项目相关方参与目的与工作内容。
✓ 管理项目相关方参与使用到的软技能。

13.4 监督相关方参与

相关方参与计划及针对相关方的沟通管理计划执行如何，效果怎么样？需要项目管理团队进行监督，并随时了解相关方对项目的支持程度。为更好地推进他们的参与这一过程，要求项目管理团队在发现问题时及时通过修订参与策略和计划来引导相关方合理参与项目。

13.4.1 监督相关方参与过程的工具与技术

13.4.1.1 决策

对于相关方参与的程度仅由项目团队主观判断可能并不客观，所以对相关方参与程度的判定标准就显得重要，要对多种标准进行优先级排序和加权，识别出最适当的选项。用到的技术主要是多标准决策分析和投票。

13.4.1.2 软技能

在监督相关方参与中，需要运用多种人际关系与团队技能和沟通技术：冲突管理、文化意识、谈判、观察和交谈。

13.4.2 典型试题

1. 项目经理在项目中途发现，一个环境机构的新主任担心该项目可能对环境造成严重影响，并且该主任正在影响项目发起人。项目经理下一步应该怎么做？

    A. 将该主任添加到相关方登记册中

    B. 要求项目发起人预告与该主任之间的互动

    C. 继续执行项目

    D. 停止工作，直到主任担心的问题解决

   答案：A

   解析：监督项目相关方关系时，可通过修订参与策略和计划来引导相关方合理参与项目。

2. 为了识别和分析项目相关方，项目经理制定了相关方管理策略。完成初稿后，项目经理应该如何处理相关方分析？

    A. 查看项目团队是否有应加到该策略的详细内容

    B. 与项目发起人一起查看，寻求他们对于该策略的批准

    C. 检查计划是否完成，并作为每周状态报告的组成部分分发给关键相关方

    D. 检查信息是否正确，在与相关方分享之前，过滤出敏感性信息

   答案：D

   解析：项目经理应该意识到在监督相关方参与时要保持对相关方管理策略的敏感性，并采取恰当的预防措施。

3. 在项目执行过程中，你被任命为项目经理。项目各项指标都在基准的允许范围内，如果客户对项目绩效不满意，你首先应该做什么？

    A. 与项目团队一起讨论

    B. 重新计算基准

    C. 重新商谈合同

    D. 与客户见面

   答案：D

解析：注意你是在执行过程中被任命的，而且项目是按基准要求进行的，如果客户不满意，其原因可能是在项目规划期间没有完全识别顾客的全部需求，导致范围定义的缺失，或者客户又有新的想法和需求。客户能说出来的需求一般仅占实际需求的 20%。与客户面对面沟通是解决问题的方法之一。

4．你参与某个政府公共领域的项目，你公司从政府部门收到了预付订金以进行项目的研究活动。你必须从另外的研究中心获取数据，但是你的管理层已经将该笔用于获取研究数据的资金挪作他用，而你的项目经理要求你用不完整的数据来完成报告。你必须在下周向 CEO 提交正式的结果，根据报告，客户将按进度支付项目款项，在这种情形下，你应该____。

 A．根据你的知识准备一个粗略的估算来完成报告

 B．由于数据不完整，你通过书面解释及口头汇报说明无法完成报告

 C．即使你无法获得原始数据，但是你可以利用其他组织准备的报告

 D．通知管理层，你需要更多的准备时间，同时要求予以正式延期

答案：B

解析：A、C 描述的情况是没有获得应该获得的数据，而采用其他不是直接相关的数据编造报告，这样不允许。D 的问题在于，你面临的是没有金钱，没有数据，所以即使领导给你再多时间，也于事无补。所以 B，把你面临的问题直接地说出来，才有解决的可能。

5．一个客户现场的小组成员投诉工作条件不安全。项目经理处理这个投诉时，采用的最佳方法是____。

 A．既然只有一个员工投诉，置之不理

 B．会见员工，用友好的交谈来安慰该员工

 C．把问题留给客户，让他们自己解决

 D．让客户方安全经理检查现场，把潜在的危险告诉安全部门，同时跟踪该员工

答案：D

解析：项目经理必须主动积极地处理问题。所以 A 不对。B 没有实质解决问题，安全隐患依然存在。C 推诿责任。D 找到相关责任方，把隐患告诉责任方，具体如何采取措施当然由安全部门评估之后决定。同时还持续与该员工保持联系，了解整改过程（这是跟踪的意思），因此答案为 D。

要点总结

✓ 监督相关方参与软技能。

参 考 文 献

[1] 美国项目管理协会. 项目管理知识体系指南（PMBOK 指南）（第 6 版）[M]．北京：电子工业出版社，2018.

[2] 汪小金. 汪博士解读 PMP 第 6 版[M]．北京：电子工业出版社，2020.

[3] 索赔：https://baike.baidu.com/item/%E7%B4%A2%E8%B5%94/1162914?fr=aladdin.

[4] 谅解备忘录：https://baike.baidu.com/item/%E8%B0%85%E8%A7%A3%E5%A4%87%E5%BF%98%E5%BD%95.

[5] 融资：https://baike.baidu.com/item/%E8%9E%8D%E8%B5%84/426146.

[6] 资金筹集：https://baike.baidu.com/item/%E8%B5%84%E9%87%91%E7%AD%B9%E9%9B%86?fromtitle=%E7%AD%B9%E8%B5%84&fromid=3641293.

[7] 蒙特卡罗方法：https://baike.baidu.com/item/%E8%92%99%E7%89%B9%C2%B7%E5%8D%A1%E7%BD%97%E6%96%B9%E6%B3%95?fromtitle=%E8%92%99%E7%89%B9%E5%8D%A1%E7%BD%97%E5%88%86%E6%9E%90&fromid=1072771.

[8] 敏感性分析：https://baike.baidu.com/item/%E6%95%8F%E6%84%9F%E6%80%A7%E5%88%86%E6%9E%90.

[9] 概率与影响矩阵：https://baike.baidu.com/item/%E6%A6%82%E7%8E%87%E4%B8%8E%E5%BD%B1%E5%93%8D%E7%9F%A9%E9%98%B5.

[10] 戴明：https://baike.baidu.com/item/%E7%88%B1%E5%BE%B7%E5%8D%8E%E5%85%B9%C2%B7%E6%88%B4%E6%98%8E/7607401?fromtitle=%E6%88%B4%E6%98%8E&fromid=30569.

[11] 朱兰：https://baike.baidu.com/item/%E6%9C%B1%E5%85%B0/1343002.

[12] 克劳士比：https://baike.baidu.com/item/%E8%8F%B2%E5%88%A9%E6%B5%A6%C2%B7%E5%85%8B%E5%8A%B3%E5%A3%AB%E6%AF%94?fromtitle=%E5%85%8B%E5%8A%B3%E5%A3%AB%E6%AF%94&fromid=22136034.

[13] 马斯洛需求层次理论：https://baike.baidu.com/item/%E9%A9%AC%E6%96%AF%E6%B4%9B%E9%9C%80%E6%B1%82%E5%B1%82%E6%AC%A1%E7%90%86%E8%AE%BA.

[14] 领导风格理论：https://baike.baidu.com/item/%E9%A2%86%E5%AF%BC%E9%A3%8E%E6%A0%BC%E7%90%86%E8%AE%BA/276155.

[15] 谈判：https://baike.baidu.com/item/%E8%B0%88%E5%88%A4/4386470.

[16] 需求跟踪矩阵：https://baike.baidu.com/item/%E9%9C%80%E6%B1%82%E8%B7%9F%E8%B8%AA%E7%9F%A9%E9%98%B5.

[17] 资源分解结构：https://baike.baidu.com/item/%E8%B5%84%E6%BA%90%E5%

88%86%E8%A7%A3%E7%BB%93%E6%9E%84.

[18] 布鲁斯·塔克曼的团队发展阶段模型：https://baike.baidu.com/item/%E5%B8%83%E9%B2%81%E6%96%AF%C2%B7%E5%A1%94%E5%85%8B%E6%9B%BC%E7%9A%84%E5%9B%A2%E9%98%9F%E5%8F%91%E5%B1%95%E9%98%B6%E6%AE%B5%E6%A8%A1%E5%9E%8B.

[19] 控制图：https://baike.baidu.com/item/%E6%8E%A7%E5%88%B6%E5%9B%BE.

[20] 世界咖啡（会议模式）：https://baike.baidu.com/item/%E4%B8%96%E7%95%8C%E5%92%96%E5%95%A1/20282532.

[21] 质量屋：https://baike.baidu.com/item/%E8%B4%A8%E9%87%8F%E5%B1%8B.

[22] 配置管理：https://baike.baidu.com/item/%E9%85%8D%E7%BD%AE%E7%AE%A1%E7%90%86/10090499.

[23] 预期货币值：https://baike.so.com/doc/9376929-9715582.html.

[24] 风险敞口：https://baike.so.com/doc/3610696-3796102.html.